2024 中国城市

高质量发展监测报告

本书编写组　编

图书在版编目（CIP）数据

中国城市高质量发展监测报告.2024 / 本书编写组编.-- 北京：中国统计出版社，2024.9.-- ISBN 978-7-5230-0505-7

Ⅰ.F299.21

中国国家版本馆 CIP 数据核字第 20243EV840 号

中国城市高质量发展监测报告 2024

责任编辑 梁　超　冯诗萌
责任印制 王建生
出版发行 中国统计出版社有限公司
地　　址 北京市丰台区西三环南路甲 6 号
电　　话 （010）63376909
传　　真 （010）63376840
经　　销 全国新华书店
印　　刷 中煤（北京）印务有限公司
开　　本 710 毫米 ×1000 毫米　1/16
字　　数 330 千字
印　　张 21.25
版　　次 2024 年 9 月第 1 版　2024 年 9 月第 1 次印刷
定　　价 480.00 元

编委会

编辑部

编辑说明

1. 本书全面展示了 2023 年我国地级以上城市高质量发展总体情况及成效，包括发展监测系列报告和附录两个部分。其中，发展监测系列报告包括全国篇、区域篇、省际篇、典型城市篇报告和专题研究报告。

2. 本书所涉及的全国或全部城市统计指标，均未包括香港特别行政区、澳门特别行政区和台湾省。

3. 本书所涉及东部、中部、西部和东北地区的具体划分为：东部地区有 10 个省（直辖市），包括北京、天津、河北、上海、江苏、浙江、福建、山东、广东和海南。中部地区有 6 个省，包括山西、安徽、江西、河南、湖北和湖南。西部地区有 12 个省（自治区、直辖市），包括内蒙古（不包括蒙东地区，蒙东地区指呼伦贝尔市、兴安盟、通辽市、赤峰市和锡林郭勒盟）、广西、重庆、四川、贵州、云南、西藏、陕西、甘肃、青海、宁夏和新疆。东北地区包括辽宁、吉林、黑龙江和内蒙古蒙东地区。

4. 本书部分数据合计数或相对数由于单位取舍不同而产生的计算误差，均未作机械调整。

5. 本书数据主要来源于城市高质量发展统计监测和指数计算结果、全国及各地区国民经济和社会发展统计公报、相关部门统计公报，部分数据为快报数，正式数据以《中国统计年鉴》《中国城市统计年鉴》和各地出版的年鉴为准。

序言

2024年是中华人民共和国成立75周年，是实现“十四五”规划目标任务的关键一年，我们正意气风发迈上全面建设社会主义现代化国家新征程。新时代新征程，各行各业正在以改革激发活力，以创新驱动发展，走高质量发展之路，奋力谱写中国式现代化新篇章。城市是推动高质量发展、推进中国式现代化建设的重要载体。为全面贯彻落实党的二十大和二十届二中、三中全会精神，更好服务高质量发展，科学、客观、准确反映城市高质量发展情况，我们组织编写了《中国城市高质量发展监测报告2024》。

统计是经济社会发展的重要综合性基础性工作，统计部门始终把改革创新作为统计事业发展的不竭动力。国家统计局坚持以习近平新时代中国特色社会主义思想为指导，深入学习贯彻落实习近平总书记关于统计工作的重要讲话和重要指示批示精神，认真落实党中央、国务院关于统计改革发展的决策部署，细化和深化高质量发展综合绩效评价工作，提高城市统计工作能力和服务水平，启动了城市高质量发展统计监测改革。在过去一年多时间里，城市统计系统在局党组领导下，以习近平总书记关于城市工作的重要论述为指导，深入开展调研，广泛征求意见，围绕城市高质量发展新建统计监测报表制度，拓展数据来源，优化上报时间，强化质量审核，深化分析研究，全面推进城市高质量发展统计监测改革各项任务取得新进展新成效。

《中国城市高质量发展监测报告2024》是城市高质量发展统计监测改革的重要成果。借鉴国内外理论和实践成果，基于城市高质量发展内涵，立足我国城市发展实际，构建了包含综合质效、创新发展、协调发展、绿色发展、开放发展和共享发展六个方面 35 个指标的城市高质量发展评价指标体系，根据新制度收集整理了 2018-2023 年城市统计基础数据，采用组合赋权法计算了 2022 年和 2023 年我国地级以上城市的高质量发展指数，首次对我国城市高质量发展情况进行统计监测并撰写报告。全书系统介绍了 2023 年我国城市高质量发展的基本情况和积极成就，以城市高质量发展指数为主线，共分六大部分，分别为全国篇、区域篇、省际篇、典型城市篇、专题研究篇和附录。由于时间仓促，本书编写可能存在一些问题不足，欢迎广大读者提出宝贵意见。

尽管城市高质量发展统计监测改革已经取得阶段性成果，但改革只有进行时，没有完成时。我们将更加紧密地团结在以习近平同志为核心的党中央周围，完整、准确、全面贯彻新发展理念，根据城市社会经济新发展和统计工作新成就，持续推进城市统计改革各项工作，进一步丰富评价指标，不断优化指数计算方法，探索推进城市统计口径改革，适时发布统计监测成果，及时满足社会各界新需求，以高质量城市统计服务城市高质量发展，为全面建成社会主义现代化强国提供优质高效的统计支撑！

编 者

2024 年 9 月

目 录

中国城市高质量发展监测报告

2024

过一半。市辖区人均 GDP 中位数为 145770 元，远高于全国平均水平。二是人口集聚多。2023 年，50 强城市年末常住人口合计为 46083 万人，占全国的 32.7%。年末常住人口城镇化率中位数为 79.9%，远高于全国的 66.2%。三是科技实力强。50 强城市 R&D 人员和经费支出（规上）分别占全国城市的 68.6% 和 69.3%，发明专利数量占全国城市的 81.8%。四是绿色发展好。50 强城市 $PM_{2.5}$ 年平均浓度均值为 29.4 微克每立方米，比全国城市均值低 5.8 个百分点，优于年度目标。城区实体地域绿化覆盖率中位数为 35.2%，高于全国的 34.8%。五是开放水平高。50 强城市全年进出口总额占全国城市的 82.5%，新设立外商直接投资企业数占全国城市比重达 85.9%，均远高于全国平均水平。

（三）引领我国高质量发展

50 强城市以城市群、都市圈和区域协调发展等战略为依托，全面提高发展质量，为其他城市和地区高质量发展提供引领和示范。依托城市群促进全国高质量发展。29 个 50 强城市位于三大城市群，城市群一体化发展扎实推进，成为我国高质量发展的重要引擎。依靠都市圈持续推动区域高质量发展。各地区各部门积极培育发展现代化都市圈，23 个 50 强城市属于国家级都市圈[13]城市，都市圈积极推动基础设施互联互通构建便捷高效的通勤圈，推动产业功能协同协作培育梯次配套的产业圈，推动公共服务共建共享打造便利共享的生活圈，有力助推了超大特大城市发展方式转变、大中小城市和小城镇协调发展。依赖创新开放发挥辐射带动作用。50 强城市提高自主创新能力，大力发展先进制造业、高技术产业和服务业，不断提高外向型经济水平，增强高质量发展实力，通过区域联动和合作，有力促进了其他城市和区域的现代化建设。

五、需要关注的问题和政策建议

尽管总体上我国城市高质量发展稳步推进，但城市发展不平衡、不充分问题依然存在，部分城市在高质量发展方面仍然有一些短板弱项，需要关注改进。

（一）需要关注的问题

1. 城市发展不平衡问题明显。目前我国城市发展区域差距明显，城市间差距较大，空间布局需继续优化。一是南北城市[14]经济差距扩大。南方和北方城市人均 GDP 之比从 2019 的 1.15 扩

13. 截至 2023 年底，获得国家批复的国家级都市圈共 13 个，分别为沈阳、南京、杭州、福州、青岛、郑州、武汉、长株潭、广州、深圳、重庆、成都和西安都市圈。

14. 以秦岭 – 淮河一线为南北分界线，以北为北方地区，以南为南方地区。南方城市 161 个，北方城市 135 个。

大至 2023 年的 1.24。二是区域发展不平衡。东、中、西和东北城市市辖区人均 GDP 均值之比为 2.0∶1.5∶1.4∶1，万人发明专利有效量均值分别 33.2 件、12.6 件、7.2 件和 7.5 件。三是地级市之间发展差距较大。市辖区人均 GDP 最高值为 24.4 万元，是最低值的 9.1 倍；城镇居民人均可支配收入最高值为 82989 元，是最低值 2.9 倍；货物贸易进出口总额前 5 个地级市合计占比为 33.0%，而后 100 个城市合计占比仅为 1.8%。

2. 城市发展不充分问题依然存在。我国城市发展取得积极成效，但与高质量发展要求相比仍有不小的差距。一是部分超大特大城市大而不强、大而不美。人口过多、交通拥堵、环境污染和住房紧张等问题仍然困扰部分超大特大城市。二是中小城市发展质量相对滞后。高质量发展总指数和各维度发展指数均低于全国城市平均水平，一些传统工矿区城市和资源枯竭型城市发展活力不足。三是民生保障仍需加强。高校毕业生和农民工等重点群体就业形势依然严峻，教育、医疗、社保、养老、托幼和住房等领域服务水平有待提高。2023 年，223 个地级市的城镇居民人均可支配收入低于全国平均水平。

3. 城市创新发展亟需进一步加强。尽管我国城市科技创新持续取得突破，但基础研究相对薄弱、原创性颠覆性创新成果不足、关键技术受制于人和科技成果转化率较低等短板弱项比较突出。一是部分城市科技创新能力不足。国际政治经济格局变化对我国技术创新和产业升级造成较大影响，部分城市创新发展不足。2023 年，只有 23 个地级市的万人有效发明专利量高于全国水平（28.5 件），56 个地级市的技术合同成交额占 GDP 的比重高于全国水平（4.9%）。二是科技创新投入不够。R&D 经费投入强度为 2.64%，与美国（3.46%）和日本（3.30%）等科技强国相比仍有一定差距。全社会万名就业人员中 R&D 人员全时当量为 98.3 人年，与德国（172.1 人年）和日本（137.6 人年）等国家相比明显偏低。

4. 绿色发展仍存短板弱项。部分城市绿色转型内生动力不强，能源资源利用效率仍然较低，单位 GDP 能耗与发达国家相比仍有一定差距。一是城市绿化总体不足。人均绿地面积偏低，我国城市人均公园绿地面积为 16 平方米左右，远低于联合国提出的 60 平方米的最佳人居环境标准。二是空气质量仍需提高。2023 年，部分城市空气质量优良天数比例出现下降，京津冀及周边地区城市环境空气 $PM_{2.5}$ 平均浓度为 43 微克 / 立方米，高于世界卫生组织规定的安全值标准（10 微克 / 立方米）。

5. 高水平对外开放面临较大挑战。世界百年变局加速演变，国际国内形势更加严峻复杂，城市开放发展的挑战加大，不确定性和不稳定性增加，外贸增长面临较大挑战。2023年，部分城市货物贸易进出口总额、实际使用外资额或对外直接投资额有所下降，引进外国高端人才和专业人才工作困难增多，全国入境游客8203万人次，其中外国人1378万人次，远低于疫情前水平。

（二）持续推进城市高质量发展的建议

党的二十大和二十届三中全会强调，高质量发展是全面建设社会主义现代化国家的首要任务，城乡融合发展是中国式现代化的必然要求。城市高质量发展是高质量发展的主阵地，是城乡融合发展的主引擎。下一步，各地区各部门要坚持以习近平新时代中国特色社会主义思想为指导，认真贯彻落实二十届三中全会精神，完整、准确、全面贯彻新发展理念，进一步全面深化改革，着力培育新质生产力，扎实推进高水平对外开放，坚持人民至上，坚持人与自然和谐共生，统筹发展和安全，坚定不移推进我国城市高质量发展不断取得新的更大成就。

1. 因地制宜、坚持不懈推进城市高质量发展。统筹实施区域协调发展等战略，牢牢立足城市在中国式现代化建设大局中的主体功能定位，立足城市自然状况、资源禀赋、产业和人才基础，着力发展优势产业，助力构建优势互补的区域经济布局和国土空间体系。着力解决超大特大城市发展中的难点堵点，加速推进中小城市高质量发展，以城市群、都市圈为依托构建大中小城市协调发展格局。充分发挥国家和区域中心城市辐射带动作用，促进生产要素流动，促进周边地区一体化发展，引领提升区域城市高质量发展水平。统筹推进城市规划、基础建设、经济发展、科技创新、公共服务、生态环境和社会治理等城市发展工作，打造宜居、韧性、智慧、绿色和人文等新型城市，全面促进城市高质量发展。

2. 加速培育新质生产力，提高城市创新综合能力。城市是科技创新资源的聚集地，是深入实施创新驱动发展战略的主要阵地。加速构建系统布局、集中高效、协调发力的国家创新体系和网络，充分发挥各城市在其中的引领作用。充分发挥北京和上海等国家科技创新中心的带动作用，加强与世界主要创新城市的链接，积极融入全球创新网络。统筹推进基础研究、应用科研、成果转化和新技术推广应用等工作有序高效开展，明确各城市在其中的主要定位和任务，提高城市创新综合能力。建设完善由企业、投资者、创业者、学术机构和政府等多方参与的创新生态系统，加速推进教育科技一体化发展，打通高校、科研机构和企业人才交流通道；加快高层次研发人员和国家战略人才培养，加强教育科技国际交流合作，完善国际专业人才引进机制。加大关键核心领域研发经费投入，加速高价值科技成果转化，加速培育新质生产力，以城市创新发展引领带动全国自主创新和结构升级。

3. 加大协调和共享发展力度，致力于保障民生和增进人民福祉。继续增强区域发展的协调性和平衡性。统筹实施京津冀协同发展等区域重大战略，推动主体功能区、新型城镇化和乡村振兴等战略系统推进，“提低”“扩中”完善社保机制促进居民消费，有效理顺内循环堵点，建设全国统一大市场，构建优势互补、高质量发展的区域经济布局和国土空间体系。坚持以工补农、以城带乡，加速引导人才、资金、技术和信息等要素向农业农村流动，促进城乡融合发展开创新局面。继续完善基本公共服务制度体系，加强普惠性、基础性、兜底性民生建设，完善就业优先政策，健全社会保障体系，深化医药卫生体制改革，健全人口发展支持和服务体系，完善发展养老事业和养老产业政策机制。加速城市更新，加强社区建设，优化政务服务便民热线发展，及时解决好人民群众急难愁盼问题，增加人民群众的获得感、幸福感和安全感，打造共建共治共享的基层治理新格局。

4. 坚持绿色发展理念打造生态优美城市。二十届三中全会对深化生态文明体制改革、健全绿色低碳发展机制提出一系列重大部署，为各地区各部门各城市推进绿色发展提供了根本遵循。要切实推动城市绿色建设和发展，需要在各方面继续加力，既要兼顾国际可持续发展的合作交流，又要统筹国内绿色生产消费；既要推进经济发展要社会经济财富，又要注意生态保护要自然生态财富；既要政府部门加强管理和引导，又要企业居民提高绿色意识，提高生产生活含“绿”量，推进我国经济社会绿色低碳发展迈上新台阶，以高品质生态环境支撑城市的高质量发展。

5. 更加积极主动推进高水平对外开放。虽然百年变局加速演进，但对外开放仍然是新时代新征程实现高质量发展、开创中国式现代化建设新局面的重要法宝。二十届三中全会对完善高水平对外开放体制机制作出一系列部署，包括稳步扩大制度型开放、深化外贸体制改革、深化外商投资和对外投资管理体制改革、优化区域开放布局、完善推进高质量共建“一带一路”机制等，各地区各部门各城市要深入贯彻落实三中全会决策部署，加强全国统筹合作应对外部挑战，立足各城市发展基础，依据各城市发展优势，加强人员、资源和货物对外交流，提升外贸质量和效益，积极探索各城市高水平对外开放之路。

（执笔人：张丽萍　琴泽庆　李嵩　韩宜臻　李敏）

二、区域篇 ▶▶

东部城市高质量发展监测报告

东部地区包括河北、江苏、浙江、福建、山东、广东、海南7个省及北京、天津、上海3个直辖市，辖地级市85个，国土面积近100万平方公里，常住人口约5.7亿人，自然资源优渥，是全国经济重要增长极，是经济最具活力韧性的区域。

党的十九大报告和二十大报告先后作出“创新引领率先实现东部地区优化发展”“鼓励东部地区加快推进现代化”。和“巩固东部沿海地区开放先导地位”的重大部署习近平总书记高度重视东部地区发展，在多次考察调研中强调，东部地区要继续发挥好带头示范作用，扮演好领头羊作用；当好改革开放排头兵，创新发展先行者，发挥开路先锋、示范引领、突破攻坚作用。东部地区牢记嘱托，坚定不移全面深化改革，扩大高水平对外开放，以科技创新为引领，加快建设现代化经济体系，城市高质量发展不断迈上新台阶。

一、东部地区城市高质量发展成效

2023年，东部地区城市经济总量提升，创新驱动能力增强，区域发展更加协调，开放水平持续提高，发展底色更绿，发展成果共享程度加深，东部城市高质量发展指数均值为79.5，比上年提升1.0。

（一）综合发展质效稳步提升

2023年，东部地区城市综合质效指数均值为78.3，比上年提升2.4。其中，北京、上海、深圳分别高于东部地区平均水平12.7、13.0、12.0，位居前列。东部地区城市GDP合计为652084亿元，占全国的比重为51.7%。全国有26个城市的地区生产总值超过1万亿元，其中，东部地区有19个城市，占比73.1%；19个城市GDP合计为377146.4亿元，占比75.1%。上海市2023年地区生产总值为47218.7亿元，是我国GDP总量最大的城市。东部地区实现工业增加值211013.1亿元，占全国的比重为 52.9%；社会消费品零售总额 238194.6 亿元，占全国的比重为 50.5%；固定资产投资平均增长 4.4%，高于全国平均增速 1.6 个百分点。东部地区 7 省（不包括北京、上海、天津 3 个直辖市）拥有地级以上全国文明城市 58 个，江苏、浙江、山东、广东、福建、河北、海南全国文明城市数量分别为 13 个、11 个、11 个、9 个、8 个、5 个、1 个。

（二）创新驱动能力增强

近年来，东部地区聚焦前沿技术领域革新，统筹推进传统产业升级和未来产业培育，成为发展新质生产力的重要阵地。2023 年，东部地区城市创新发展指数均值为 78.9，比上年提升 0.7。其中，北京 96.6、上海 92.4、广州 91.2，分别高于东部地区平均水平 17.7、13.5、12.3。2022 年，东部地区各城市规模以上企业 R&D 经费支出 15688.3 亿元，比上年增长 11.3%，增速高于全国 3.2 个百分点；拥有规模以上 R&D 人员 462.9 万人，比上年增加 40.3 万人，北京市全社会研发投入（R&D）与 GDP 之比，连续五年保持在 6% 以上，同时也是全国唯一超过 6% 的城市。2023 年，东部地区各城市发明专利有效量合计达 251.8 万件，占全国的比重为 50.5%；技术合同成交额 37254.6 亿元，占全国的比重达 60.6%。2023 年中国十大科技进展新闻中有 5 项来自东部地区，山东荣成华能石岛湾高温气冷堆核电站是世界首个实现模块化第四代核电技术商业化运行的核电站。东部地区城市共有高等教育在校生 1789.7 万人，占全国的 34.6%；普通高等学校 1050 所，占全国的 37.2%。第

图 1 全球首座第四代核电站——华能石岛湾高温气冷堆核电站

七次全国人口普查数据显示，15 岁及以上人口平均受教育年限在 10 年的省份有 13 个，其中东部地区占 46.2%。

（三）区域发展更加协调

近年来，东部地区深入贯彻落实习近平总书记重要讲话精神，深入实施区域协调发展战略，坚定不移推进新型城镇化，城乡区域协调发展稳步向前，优势互补、高质量发展的协调发展格局加快构建。2023 年，东部地区城市协调发展指数均值为 83.6，比上年提升 0.6，深圳、上海、杭州分别高于东部地区平均水平 9.1、8.1、7.6。人口集聚效应明显，东部地区城市常住人口约占全国的 40% 左右，常住人口城镇化率平均为 72.8%，高于全国平均水平 6.6 个百分点。城乡居民收入差距进一步缩小，东部地区城镇居民人均可支配收入平均为 54024 元，城乡居民人均可支配收入比由 2022 年的 1.88 下降到 1.85。区域产业合作取得实质性进展，东部与中部呈现经济一体化趋势，东部产业加速向中部扩散，中部的武汉经开区与东部的福清融侨经开区、东营经开区、临沂经开区等国家级经开区签署合作共建协议，重点围绕产业互补、科技创新、人才引育、平台载体搭建等方面，加强交流合作，实现区域互利共赢。开创跨区域战略合作新局面，如《深化京津冀区域市场一体化商务发展合作协议》，促进三地之间的经贸往来，加强各方的合作与交流，共同推进经济发展和繁荣；《长三角地区教育更高质量一体化发展战略协作框架协议》，使长三角区域教育协同步入了以“高质量发展”为主题的全新阶段。

（四）绿色生态底色更加亮丽

近年来，东部地区坚持生态优先、绿色发展，持续推动绿色生态屏障建设、湿地保护修复、海洋生态环境保护等重点工作，打造东部绿色生态屏障，为城市高质量发展厚植绿色生态底色。2023 年，东部地区城市绿色发展指数均值为 87.4，三明市、南平市、深圳市分别高于东部地区平均水平 7.6、7.7、8.6。山东省加快推动工业领域碳达峰，加大工业资源循环利用，全省单位工业增加值能耗较 2020 年下降 19.8%，用水量下降 11.8%，绿色低碳发展格局逐步形成。城市绿化扩绿、兴绿、护绿并举。2023 年，东部地区各城市城区实体地域绿化覆盖率平均为 36.7%，比上年提升 1.9 个百分点。2023 年东部地区有 35 个市县区入围第七批生态文明建设示范区名单，占总数的 33.7%。天津市双城绿色生态屏障区林木绿化覆盖率达到 28% 以上，蓝绿空间达到 65.6%。福建南平全市森林覆盖率达到 78.9%，被誉为“南方林海”“中国竹乡”。东部 10 省（市）中，位于沿海地区的有 9 个，大陆海岸线长度约 1.7 万公里，占全国大陆海岸线总长度的 90% 左右。东部地区聚焦海

上年增长 16.8%，技术合同成交额 15345.2 亿元，比上年增长 45.5%；80 个城市的市辖区技术合同成交额合计为 9020.3 亿元，占 80 个城市的 58.8%。加强科研院所与企业的合作，搭建产学研一体化平台，促进科技成果转化。

创新政策效果显著，产业协同深度发展。中部六省出台并执行了一系列包含税收减免、财政补贴、知识产权维护等促进创新的政策，政府在基础研究和应用研究上的资金投入逐年上升，并鼓励社会资本参与创新和创业，构建了多元化的科技创新投融资体系。在安徽合肥的中国声谷，入驻企业超过 2000 家，年产值超过 2000 亿元，形成了以智能语音及人工智能产业为核心的新一代信息技术产业集群。在湖北武汉中国光谷，拥有 1.6 万家、总规模超 5000 亿元的光电子信息企业，光纤光缆生产规模居全球首位，国内市场占有率超 60%，国际市场占有率超 25%；光电器件国内市场占有率达到了 40%，国际市场占有率达到了 12%；拥有国内首条具有满满科技感的悬挂式空中轨道列车“光谷光子号”；2023 年全年技术合同成交额达 2198.4 亿元，比上年增长 62.2%；科技型中小企业评价入库 1.3 万家，两年内翻了一番；高新技术企业净增超 2000 家，总量突破 1.5 万家，均创历史新高。

（三）区域协同发展为中部崛起装上助推器

习近平总书记在新时代推动中部地区崛起座谈会上强调，大力促进长江中游城市群和中原城市群发展，加强都市圈之间协调联动，更好辐射带动周边地区发展。中部地区一方面在内部优势互补、产业相融、协同发展；另一方面强化交通运输枢纽功能，大力发展枢纽经济，加强与京津冀协同发展、长江经济带发展、粤港澳大湾区建设等重大发展战略的衔接联动，在更好地融入和支撑新发展格局上展现新作为。2023 年中部地区 80 个地级以上城市协调发展指数均值为 81.2，比上年提高 0.8。

发挥区位综合交通枢纽优势，助力区域协同发展。中部地区是我国的交通运输枢纽，除公路、铁路外，还有航空线路的链接，中部地区的“大通道”正在释放“大活力”。长沙黄花国际机场、湖北鄂州花湖国际机场、郑州新郑国际机场等形成货运机场群，其中，花湖国际机场是我国首个获批的专业货运枢纽机场，拥有亚洲规模最大的快递包裹处理系统，货物一日达全国，次日达全球；河南率先在全国建成“米”字形高铁网，郑州是中欧班列的集结中心，货物可送达 40 多个国家、140 多个城市，“空陆网海”四条丝绸之路协同联动、链接世界。江西成为全国首个所有设区市都通时速 350 公里高铁的省份。

加强自身与其他重大发展战略的衔接，推动区域深度融合发展。中部地区区域内协作更加紧密，豫皖两省共同签署交通运输领域合作协议；江西、湖北、湖南共同签订了长江中游三省协同推动高质量发展行动计划。加强与其他重大发展战略的衔接。从中部地区6省份的经济联系主导方向看，山西奔向了京津冀；湖南借助京广、京九铁路，不断加强与粤港澳大湾区，特别是珠三角地区的经济联系；安徽既是中部地区板块，又是长三角组成部分，与长三角联系更为密切，也获益更大。中部地区在加强与京津冀、长三角、粤港澳大湾区等区域的深度对接方面，正在不断探索和推进，更好融入和支撑新发展格局。

（四）绿色发展为中部崛起筑牢防火墙

2023年中部地区80个地级以上城市绿色发展指数均值为83.6，比上年小幅增长。

发展绿色底色愈发靓丽。中部地区是我国生态重地，多年来坚持绿色发展，推进人与自然和谐共生，蓝天、碧水、净土保卫战取得重大成果。2023年，中部地区80个城市细颗粒物（$PM_{2.5}$）平均浓度37.9微克/立方米，比2015年下降约10微克/立方米；空气质量优良天数比例平均为81.7%，长江干流，黄河干流水质均达到Ⅱ类及以上，鄱阳湖，洞庭湖总磷浓度较2018年下降均超过20%。森林覆盖率不断提升，近五年完成植树造林4769万亩、防沙治沙和石漠化治理1210万亩。2022年中部地区80个城市市辖区公园绿地面积共计13.3万公顷，城市人均公园绿地面积10.1平方米。生物多样性保护得到加强，江西武夷山国家公园是首批国家公园，跨省生态保护补偿的“新安江模式”等从安徽走向全国。

经济社会发展全面绿色转型。中部地区着力培育发展绿色生产力，推进产业数字化、智能化同绿色化深度融合，全面推进美丽中部建设。山西大同积极推动数字经济高质量发展，为互联网以及以云计算、人工智能等为核心的企业提供数据服务及资源支持，努力打造成助推京津冀大数据发展的“绿色云谷”；河南提出以数字化转型助推绿色化发展，预计用3年左右时间实现全省规模以上工业企业数字化转型全覆盖；安徽在皖北地区重点培育“品质粮食、优质蛋白、绿色果蔬、徽派预制菜、功能食品”五大绿色食品产业集群。

（五）深化对外开放为中部崛起打造倍增器

中部地区通过加快内陆开放通道建设，以中欧班列、陆海联运、空中丝路等为依托，推动实现高水平开放。2023年中部地区80个地级以上城市开放发展指数均值为71.6。

全面开放新格局加快形成。2023年，中部地区80个城市货物贸易进口额为11998.0亿元，比上年增长1.7%；货物贸易出口额为23532.4亿元。中部地区4个省份设立了自贸区，成为全方位扩大开放的“排头兵”和“领头雁”，河南自贸区包括郑州、洛阳、开封三个片区，以物流、跨境电商、现代服务业等产业为特色，推动内陆地区开放发展；湖北自贸区包括武汉、襄阳、宜昌三个片区，以光电子、新能源汽车、生物医药等产业为特色，推动长江经济带发展；湖南自贸区包括长沙、岳阳、郴州三个片区，以现代服务业、高端制造业、文化旅游等产业为特色，推动中部崛起。安徽自贸区包括合肥、芜湖、蚌埠三个片区，以现代服务业、高端制造业、科技创新等产业为特色，推动长三角一体化发展。

出台多项政策措施共促高水平对外开放。商务部支持中部地区自贸试验区深化改革创新，安排外贸发展专项资金，指导中部地区参与“丝路电商”合作，支持河南省在欧洲新建6个海外仓，相关跨境电商空中航线覆盖30多个国家和地区。中部六省也相继出台相关措施，加大吸引外资力度，安徽出台支持利润再投资、省级外资研发中心和地区总部认定办法和政策措施，构建更具吸引力的政策体系；湖南持续打造“跨国公司湖南行”品牌活动；江西提出创建国际投资“单一窗口”、创新招商模式、优化土地要素配置、提升项目审批时效等办法进一步提升对外开放水平，打造更具竞争力的内陆开放新高地。

对外开放水平和质量显著提升。五年来，中部地区机场货运总量近700万吨，郑州—卢森堡“空中丝绸之路”货运量累计突破100万吨。2022年，中部地区实际使用外资增长21.9%，高于全国平均水平15.6个百分点。

（六）共享发展为中部崛起立好稳定器

2023年中部地区80个地级以上城市共享发展指数均值为70.8，比上年提高1.8。

人民生活水平不断改善。中部地区80个城市城镇居民人均可支配收入2021年、2022年、2023年分别为39742元、41759元、43719元，居民收入稳步增加。2023年中部地区80个城市城镇居民人均住房建筑面积平均为45.5平方米，住房条件显著改善；城乡居民生活品质不断提升，耐用消费品升级换代，百户城镇居民家庭家用汽车拥有量从2021年46.4辆增加到2023年的50.1辆，城镇居民人均教育文化娱乐支出从2021年的3216元增加到2023年的3422元。

社会保障和公共事业加速发展。2023年中部地区80个城市的城市住房保障支出合计为744.7亿元，比上年增长21.4%；社会保障和就业支出合计为2387.3亿元，比上年增长17.2%；养老服务加快发展，儿童福利和未成年人保护体系不断完善，越织越密的社会保障网有力发挥了可持续的托底作用。各级教育普及程度达到或超过中高收入国家平均水平，国民素质持续提升；覆盖城乡的公共文化设施网络日益完善，人民精神文化生活更加丰富。

城市治理能力稳步提升。在人工智能、大数据、云计算等先进技术的加持下，中部六省城市治理能力逐年攀升。郑州市成立新型智慧城市运行中心，合肥市加快完善“城市大脑”体系建设，以数“智”化赋能城市治理转型，武汉市成为首批全国 6 个“双智”试点城市，车、路融合发展的“双智”产业生态初步形成。智慧城市建设如火如荼，快速迭代的数字技术与城市治理融合创新，不断拓展智慧、宜居的现代城市新图景。

二、中部地区高质量发展薄弱环节和不足

中部地区以约占全国 1/10 的国土面积，承载了约 1/4 的人口数量，创造了约 1/5 的经济总量，正以强劲势头奋进崛起。但区域发展不平衡凸显、经济结构不够优化、中部地区与东部沿海地区之间的差距明显等问题仍然存在，具体表现为以下几个方面。

区域发展不平衡仍然存在。中部六省竞相发展，导致资源内耗和过度竞争难以形成优势互补和协同效应。一方面，中部六省发展不平衡，导致区域内部失衡；另一方面各省省会城市发展较快，边远地区发展较慢，导致省内失衡。

经济结构还需进一步优化。中部地区产业布局相对单一，传统工业占比较大，高新技术产业和新兴产业发展不足，缺乏多元化发展。2023 年中部地区 80 个城市高技术产业投资占固定资产投资 (不含农户) 比重平均为 12.4%，中部地区城市在高新技术产业和现代服务业发展上较为缓慢。

基础设施与东部沿海地区相比仍有一些差距。在交通网络上，东部沿海地区更为发达，高速铁路、公路、航空和港口运输等基础设施更加完善，中部地区整体密度和便捷程度仍有提升空间。在信息技术方面，东部沿海地区在 5G 基站建设、互联网数据中心 (IDC) 等方面更具优势，中部地区在这些领域的覆盖率和服务能力有待加强。

三、促进中部地区高质量发展的对策建议

在新时代，中部地区要充分发挥各自优势，抓住国家战略机遇，贯彻新发展理念，抢占新赛道，奋力谱写中部崛起的新篇章。

推进深层次改革，提升开放型经济水平。稳步扩大制度型开放，深度融入共建“一带一路”倡议，主动对接新亚欧大陆桥、西部陆海新通道，高标准建设自由贸易试验区，打造更多高能级对外开放合作平台，在联通国内国际双循环方面发挥更大作用。

充分发挥科教资源优势，推动产业结构不断优化。中部地区要充分发挥科教资源集聚优势，积

极培育和发展新质生产力，改造提升传统产业，培育壮大新兴产业，超前布局建设未来产业，加快构建以先进制造业为支撑的现代化产业体系。要重视科技创新和产业创新的深度融合，促进产学研融通创新，加快科技成果向现实生产力转化。

充分发挥区位优势，促进要素高效自由便捷流动。一方面，中部地区要强化大通道格局，建立健全区域内省际合作机制，提升区域协同发展水平，加强都市圈协调联动，更好辐射带动周边地区发展；另一方面，深化要素市场化改革，完善市场经济基础制度，推动生产力要素跨区域合理流动和优化配置，更好参与全国统一大市场建设。

（执笔人：郭庆华　许小东）

西部城市高质量发展监测报告

西部地区地域广阔，国土面积占全国的比重超七成，GDP 占比超两成，人口近 4 亿，接壤 13 个国家，边界线长达 1.8 万多公里，西部 12 个省（市、自治区）所辖地级及以上城市数量达到 92 个（不含内蒙古东部城市）。世纪之交，党中央作出重大部署，西部大开发战略全面实施，2000 年《国务院关于实施西部大开发若干政策措施的通知》发布，2001 年《“十五”西部开发总体规划》编制完成，西部大开发规划和政策体系初步建立。党的十八大以来，习近平总书记考察调研足迹遍布西部 12 个省市区，为西部高质量发展把脉定向、擘画蓝图。2024 年 4 月，新时代推动西部大开发座谈会召开，习近平总书记发表重要讲话，8 月，中央政治局审议通过《进一步推动西部大开发形成新格局的若干政策措施》，聚焦大保护、大开放、高质量发展，为新时代奋力谱写西部大开发新篇章指明前进方向，西部城市高质量发展迎来“快车道”再提速。

一、西部城市高质量发展成效

2023 年，西部地区 92 个城市高质量发展指数均值为 72.8，比 2022 年提高 1.0，其中成都、西安、昆明、重庆、鄂尔多斯、贵阳高质量发展指数高于 80.0。西部城市综合质效、创新发展、协调发展、绿色发展、开放发展、共享发展六大类指数均值分别为 72.0、69.5、76.7、83.3、67.7、69.1。

（一）城市发展综合质效提升

近年来，西部各省区市经济年均增速高于全国平均水平，西部地区生产总值从 2019 年的 20.5 万亿元增长至 2023 年的 26.9 万亿元，增速居全国四大板块之首，工业增加值由 2019 年的 5.8 万亿元增长到 2023 年的 8.1 万亿元。2023 年，西部城市市辖区 GDP 为 14.1 万亿元，同比增长 9.7%，占西部地区 GDP 比重为 52.5%，超过五分之一的城市市辖区人均 GDP 高于 10 万元；市辖区地方（本级）一般公共预算收入 9086.4 亿元，增长 14.4%。2023 年，西部城市综合质效指数均值为 72.0，比 2022 年提高 2.1，43 个城市高于西部平均水平，鄂尔多斯、克拉玛依、包头、金昌、成都综合质效指数高于 80.0。

内蒙古市辖区 GDP 增速 8.8%，9 成城市的综合质效指数较 2022 年实现进步。广西防城港人均 GDP 在全区率先突破 1 万美元。重庆成为中西部首个 GDP 突破 3 万亿元的超大城市。四川市辖区 GDP 为 3.5 万亿元，占全省 GDP 的比重超 6 成；成都在突破 2 万亿元大关后，连跨 2 个千亿元台阶达到 22074.7 亿元，绵阳 GDP 增速 8.0%。云南滇中城市群以全省 28.3% 的国土面积创造了全省 60% 以上的 GDP。拉萨 GDP 占西藏全区的 34.9%。陕西西安 GDP 达到 1.2 万亿元，常住人口 1307.8 万人；榆林、延安两市工业增加值占全省比重近五成。甘肃金昌市辖区人均 GDP 为 17.1 万元；兰州新区 GDP 增速连续 7 年位居 19 个国家级新区前列。青海西宁三个千亿级产业集群工业总产值占全市规上工业总产值的比重为 78.6%。宁夏银川光伏产业实现产值 2685.6 亿元；吴忠市建成全国首个“万卡级”智算基地。新疆克拉玛依、哈密、吐鲁番 GDP 分别增长 8.1%、11.3%、8.97%。

（二）创新发展成效不断显现

2023 年，西部城市创新发展指数均值为 69.5，比 2022 年提高 0.6，45 个城市高于西部平均水平，西安创新发展指数超过 90.0，成都、重庆、昆明、贵阳、南宁指数高于 80.0。10 个城市的全市技术合同成交额超过 100 亿元，西安、成都全市技术合同成交额分别达到 3900 亿元和 1614 亿元。8 个城市的全市发明专利有效量超过 1 万件，成都全市发明专利有效量突破 10 万件，西安达到 9.2 万件。

内蒙古乌兰察布全力推进“云谷乌兰察布”建设，34 个数据中心项目先后落户，智算中心达到 22 个。广西实施“双百双新”项目 578 个、“千企技改”1228 个。重庆实施高新技术企业和科技型企业“双倍增”行动计划。四川成都全社会研发经费投入增长 16%，中试平台和概念验证中心首批建设备案 40 家，国家高新技术企业突破 1.3 万家；绵阳市北斗三号导航民用芯片取得重大突破，宽频带同轴探针打破国外垄断。贵州贵阳创新发展指数比西部城市平均水平高 11.4。云南新建 3 个全国重点实验室，国家级高新技术企业增长 25%，全省发明专利较上年增长 44.4%。西藏建成以拉萨为中心的国家 A 级标准数据中心机房。陕西西安“双中心”建设成形起势，城市创新发展指数连续两年位居西部第一；宝鸡全市科学技术支出增长 175.5%，高技术产业投资增长 58.6%。甘肃兰州全市发明专利有效量占全省的 71.4%。青海西宁、海东两市地方一般公共预算支出中科学技术支出增长 81%；西宁国家高新技术企业 218 家，规模以上工业高技术产业增加值同比增长 45.1%。宁夏银川高技术制造业增长 30% 以上。

（三）城市协调发展取得实效

2023 年，西部城市协调发展指数均值为 76.7，比 2022 年提高 0.8，43 个城市高于西部平均水平，嘉峪关、乌鲁木齐、成都协调发展指数超过 90.0。西部地区常住人口城镇化率接近 58.1%，较 2022 年提升 2.7 个百分点，12 个市全市常住人口城镇化率高于 75%，克拉玛依、乌鲁木齐、乌海和嘉峪关全市常住人口城镇化率超过 90%。5 年来，西部地区居民人均可支配收入快速增长，从 2.4 万元增长至 3.1 万元，2023 年西藏、甘肃、新疆三省城镇居民人均可支配收入增长 5.5% 以上，居全国前列。西部城市平均全市城镇居民人均教育文化娱乐支出接近 3000 元，5 个城市超过 4000 元，昆明达到 5619 元。

内蒙古城乡居民人均可支配收入比值由 2019 年的 2.67 缩小为 2.29，全区 9 个地级市常住人口城镇化率 70.1%。广西 9 个设区市的城乡居民人均可支配收入比进一步缩小。重庆主城都市区更新扩容提能级取得新进展，“万开云”三峡库区同城化发展实现新跨越。成渝地区双城经济圈经济总量突破 8 万亿元；成都常住人口城镇化率达到 80%，创出郫都区“安农书院”、温江区“百家联营”等典型经验在全国推广。贵州贵阳持续加大文物保护、烈士陵园等投资；遵义完成生态保护红线评估调整和过渡期城镇开发边界划定工作。西藏拉萨常住人口城镇化率达到 71.3%。陕西西安城镇化率 79.9%，三次产业结构实现持续优化调整；宝鸡市辖区制造业增加值占第二产业增加值的比重达到 72.8%；咸阳全市民生支出占一般公共预算支出的 77.9%。甘肃兰州市辖区第三产业增加值占 GDP 比重 70.7%；嘉峪关常住人口城镇化率达到 94.7%；张掖城乡居民人均可支配收入比值较上年缩小 0.03。青海西宁常住人口城镇化率 80.6%；海东第三产业比重提高 3.4 个百分点。新疆改造完成城镇老旧小区 1152 个，惠及居民 21.9 万户，乌鲁木齐、克拉玛依、吐鲁番、哈密城镇居民人均可支配收入高于全疆平均水平。

（四）绿色发展底色愈发鲜明

2023 年，西部城市绿色发展指数均值为 83.3，51 个城市高于西部平均水平，延安、林芝、昌都、临沧、普洱、山南、北海、遵义绿色发展指数高于 90.0。市辖区平均公园绿地面积接近 2000 公顷，城区平均实体地域绿化覆盖率达到 33.1%。67 个市空气质量优良天数比例超过 80%，28 个城市全市 $PM_{2.5}$ 年平均浓度低于 25 微克 / 立方米。

内蒙古新能源装机率先突破 1 亿千瓦。广西规模以上风电、核电、太阳能发电等清洁能源发电量分别增长 18.0%、40.0%、61.6%。重庆绿化覆盖面积 9.9 万公顷，公园绿地面积 3.2 万公顷，全市森林覆盖率 55.1%，全市万元 GDP 能耗较上年下降 3.0%。四川攀枝花电炉短流程炼钢技术实现创新突破；宜宾市江之头入选全国美丽河湖；绵阳实现全国碳市场配额 100% 清缴履约。贵州城市空气质量优良天数比率 98.6%，城市（县城）污水处理率、生活垃圾无害化处理率达到 98.6% 和 99.7%。云南城市空气质量连续 7 年位居全国前列。西藏环境质量、生态红线面积等 18 项主要生态环境保护指标走在全国前列，成为全国唯一市级创建国家生态文明建设示范区全部达标省份。陕西汉中地表水达到或好于Ⅲ类水体比例达 100%，中心城区城市人均公园绿地面积 15.8 平方米；榆林成功创建国家森林城市，高西沟获习近平总书记点赞，成为黄土高原生态治理样板。甘肃陇南空气优良天数达到 359 天，天水城区实体地域绿化覆盖率提高较快。青海成为全国唯一三个国家公园在建省；西宁、海东两市节能环保支出增长 53.1%，绿地面积增长 24.2%；海东聘用 5768 名生态管护员，以“林长制”促进“林长治”。宁夏新增可再生能源装机容量增长 1.6 倍；银川与石嘴山一般工业固废综合利用率分别达到 65% 和 54%；银川单位工业增加值能耗比上年下降 8.7%，再生水综合利用率近 50%；吴忠可再生能源发电量占全市发电总量比重达到 45.8%。新疆吐鲁番城镇集中式饮用水水源地水质达标率达到 100%；哈密新能源并网装机占全区电力总装机的 66%。

（五）开放型经济格局加快形成

2023 年，西部城市开放发展指数均值为 67.7，比 2022 年提高 0.2，49 个城市高于西部平均水平，崇左、成都、重庆、西安、防城港开放发展指数高于 80.0。西部地区进出口总额 3.7 万亿元，新设立外商直接投资企业总数超过 3300 家，其中 2900 家在市辖区。中欧班列通达欧洲 25 个国家 222 个城市。

内蒙古进出口总额增长 30.4%。广西“新三样”产品出口额首次突破 150 亿元，比上年增长 1.9 倍。重庆铁路年旅客发送量增长 97.7%，江北国际机场旅客吞吐量增长 106%。四川进出口总额超过 9500 亿元，自由贸易试验区外贸进出口总额近 5900 亿元，实现合同外资增长 100%；中欧班列（成渝）开行量稳居全国第一，成都国际航空枢纽年旅客吞吐量近 7500 万人次。云南与南亚、东南亚通航城市数量居全国前列，建成 14 条跨境电力联网通道。陕西中欧班列开行量、重箱率稳居全国前列；西安全年新设外商投资企业 309 家，实际使用外资额 12.5 亿美元，增长 13.7%。甘肃兰州城市新设外商投资企业占全省 76%，实际利用外资增长 2.5 倍；金昌货物贸易进出口总值占全省进出口总值的 34.8%。青海西宁综合试验区孵化跨境电商服务平台注册企业 232 家；海东“海台购”跨境电商综合交易服务平台入驻商户达 80 家。宁夏银川两个“多式联运”项目被评为国家示范工程；

石嘴山市化学原药等工业品走俏“一带一路”市场。新疆开通双边国际道路运输线路 118 条，全年货物进出口总额增长 39.0%，外商投资企业数增长 61.2%。

（六）发展成果惠及市民

2023 年，西部城市共享发展指数均值为 69.1，比 2022 年提高 1.5，38 个城市高于西部平均水平。西部地区市辖区社会保障和就业支出 2282. 9 亿元，增长 15.3%，城镇居民人均住房建筑面积接近 50 平方米；市辖区执业（助理）医师和注册护士总数分别超过 62 万和 80 万；城区消防救援 5 分钟可达覆盖率接近 70%，较 2022 年提高 2.7 个百分点；市辖区教育支出 3396.8 亿元，增长 16.8%，2021 年以来，西部地区高等教育在校生数均保持在 1000 万人以上。

2023 年，内蒙古全区实现城镇新增就业 20.6 万人；鄂尔多斯城市发展指数高于西部平均水平 10.7；呼和浩特、乌兰察布等城市实现高铁两小时抵达北京。重庆城镇新增就业 60 万人以上，基本医保参保率超过 97%，“渝快保”用户超过 620 万，药品及医用耗材集中采购累计为群众减负约 65 亿元。四川新开工改造城镇老旧小区 5293 个，改造棚户区 6.8 万套，加装既有住宅电梯 4900 部；开展孤寡老人关爱行动和失能老人照护行动惠及 200 万人，“明眸皓齿、正心立身”健康工程惠及近 900 万未成年人，“零就业”家庭动态清零；开工建设公办幼儿园 200 所，“四川云教”城乡联盟优质资源惠及薄弱学校 1700 余所。贵州贵阳共拥有 36 所普通高等院校，占全省高等院校 46.8%。陕西西安居民人均可支配收入增长 6.5%，普通高等学校（本专科）63 所、在校学生 84.7 万人，全年接待游客人数增长 33.1%；渭南全市居民人均可支配收入增长 7.2%；安康城乡居民基本养老保险参保率和医保参保率分别达到 99.3% 和 98.7%；商洛城镇居民人均教育文化娱乐支出较上年提升 46.1%。甘肃兰州全市城镇居民人均住房建筑面积较上年增加 7 平方米；嘉峪关全市每百户城镇居民家庭家用汽车拥有量 79 辆。青海西宁、海东两市医疗卫生机构数占全省 62.6%，医院数占全省 54.7%，累计发放救助资金 23 亿元，有效保障了近 35 万名城乡低保对象。宁夏银川打造青年发展型城市，开展十万大学生留银专项行动，千人托位数翻倍增长，获批宁夏首个国家儿童友好试点城市。新疆实现城镇新增就业 48.2 万人，乌鲁木齐市新增创业 1.6 万人、带动就业 2 万人。

二、城市高质量发展中存在的短板

进入新时代，西部城市开启高质量发展的新篇章，但是城市发展不平衡不充分问题依然突出，城市建设水平和发展韧性与高质量发展要求还有差距。产业面临转型升级压力。部分城市低端产能过剩、高端供给不足、经济基础不牢的局面短期内还难以扭转。城市高新技术产业、战略性新兴产业基础弱、总量小、占比低的情况还普遍存在，特别是中小城市研究型、专家型、创新型人才和专业技术人才偏少，人才聚集政策不够，制约了城市产业升级转型发展。区域赋能发展还不充分。西部城市群之间、重点城市之间、省内城市之间、不同能级城市之间辐射带动、互补赋能、承接转化、共享共赢的局面还没有完全打开。城镇人口转移承压推进。部分地区城镇快速扩张、人口快速聚集，城市管理运行效率和公共服务供给能力受到挑战，特别是一些农村人口转移城市后，存在住所不固定、岗位不稳定、工资收入低、子女上学难、享受福利难等现实问题，出现了城镇化与市民化相分离的新二元结构矛盾，导致农村转移人口落户城镇意愿不强。

三、西部城市高质量发展的对策建议

在新时代新征程上，西部城市建设发展必须放到中国式现代化建设全局中定位思考、统筹推进，充分发挥比较优势和后发优势，用好改革和开放两大手段，不断蓄积发展动能，激发发展活力，全力参与推进形成大保护、大开放、高质量发展新格局。

着力推进产业体系优化升级转型。积极稳妥推进产业结构调整，加快产业配套链、要素供应链、产品价值链、技术创新链融合，努力实现产业结构优化、协调发展。抓紧抓好重点行业技术创新升级和设备更新，打造带动城市经济稳步增长的支柱产业；积极推进传统产业改造升级，有效化解过剩产能，坚决淘汰落后产能，推动传统产业与时俱进发展。强化科技创新和产业创新深度融合，着力发展西部城市现代制造业和战略性新兴产业，大力发展工业互联网，积极探索发展未来产业，因地制宜培育和发展新质生产力。

提升城市承载能力促进融合发展。加快推进老旧小区、老旧商业区、历史文化区、城中村等公共空间改造，加强基础设施建设，提升居民生活品质和生产环境，促进城市经济均衡发展。加快5G网络、人工智能、工业互联网、物联网等新型基础设施建设，加强城市大数据平台建设和公共数据共享开发，整合政务服务功能，推行公共服务数字化，提升城市治理现代化水平。科学制定教育、住房、社保、医疗、卫生等基本公共服务资源供给政策，稳步提高转移人口公共服务项目数量和质量，完善公平就业和社会参与机制，加强权益保护和人文关怀。

坚持绿色打底加强生态文明建设。加强生态环境管控，精准、科学、依法治污，推动生态环境质量持续改善，加速推进重点生态保护项目建设与综合治理，统筹抓好水资源、水环境、水生态治理，一体做好扩绿、兴绿、护绿文章。积极发展绿色产业，提高绿色经济比重，力促能源资源精深加工、深度转化，有序淘汰落后产能，推行清洁生产，提高企业绿色生产水平。大力发展清洁能源，控制煤炭消费总量，提高新能源占比和可再生能源的使用率。

共建“一带一路”推进高水平开放。发掘西部地区国际物流运输对比优势，完善开放大通道建设，全面提升开放水平，带动大物流、催生大产业。以西部陆海新通道建设推动沿线地区深度融入共建“一带一路”，加强中欧班列枢纽节点建设，优化组织运营模式，完善基础设施，建设开放物流网络和跨境邮递体系。深化东西部自由贸易试验区交流合作，加快建设国际门户枢纽城市，提高省会城市面向毗邻国家的合作支撑能力，在高水平开放中实现合作共进。

（执笔人：白彬　崔俊贤）

北京城市副中心与雄安新区建设比翼齐飞。2023 年北京城市副中心所在的通州区实现 GDP 1303.6 亿元，按现价计算，是 2013 年的 2.2 倍，固定资产投资保持千亿量级，市级机关分两批迁入副中心，三大文化建筑于 2023 年底正式开放。雄安新区 2023 年 GDP 为 412.8 亿元，按现价计算，是 2019 年[4]的 1.7 倍，固定资产投资在 2019 年、2020 年连续成倍增长，此后保持两位数增速，2023 年增长 16.0%。雄安中关村科技园累计对接企业 2351 家，其中北京企业占比 7 成。

（四）绿色发展底色凸显，生态改善成绩亮眼

生态环境保护是京津冀协同发展率先突破的三大重点领域之一，2023 年京津冀城市绿色发展指数均值为 83.3，居 6 大领域首位。

深化区域大气污染联防联控，联合开展秋冬季大气污染综合治理攻坚行动，蓝天白云成为常态，2023 年三地 PM2.5 平均浓度与 2013 年相比，降幅分别为 64.2%、57.3% 和 64.3%，张家口 PM2.5 平均浓度最低，仅为 18 微克 / 立方米，邢台改善最明显，从 2018 年的 125 微克 / 立方米下降至 2023 年的 45 微克 / 立方米。强化跨省重点流域联保共治，国家地表水考核断面水质优良（Ⅰ—Ⅲ类）比例动态达到国家“十四五”目标要求，全面消除劣Ⅴ类断面，密云水库水质水量达到历史最好水平，水质保持国家地表水Ⅱ类标准，海河绿芯生态修复基本完成，白洋淀淀区整体水质从 2017 年的劣Ⅴ类提升至Ⅲ类。

（五）对外开放稳步推进，贸易规模持续扩大

京津冀城市群积极构建高水平对外开放平台，打造全国对外开放高地，签订《京津冀深化口岸合作框架协议》，建设天津港雄安新区服务中心，共同打造口岸营商环境示范高地，2023 年京津冀城市开放发展指数均值为 76.5。

区域货物贸易进出口总额由 2013 年的 38065.9 亿元增加到 2023 年的 50293.3 亿元，跨过了两个万亿级台阶。北京和天津 2023 年分别为 36466.3 亿元和 8008.6 亿元。唐山、石家庄进出口总额超千亿，2023 年分别为 1645.2 亿元和 1240.9 亿元，分别是 2018 年的 2.7 倍和 1.4 倍。京津冀对“一带一路”共建国家进出口额从 2014 年的 2 万亿元增至 2023 年的 2.5 万亿元，增长 26.1%。2023 年区域新设立外商直接投资企业 2864 家，京津冀分别为 1729 家、614 家、521 家，北京和河北分别是 2018 年的 1.05 倍和 2.1 倍。

4. 雄安新区自 2019 年开始核算 GDP。

（六）百姓共享发展成果，民生福祉持续提升

京津冀协同发展以增进人民福祉、促进共同富裕为最终目标，2023 年京津冀城市共享发展指数均值为 72.5，比上年提升 1.6，提升幅度居六大领域第二。

人民生活水平稳步提高。2023 年，三地居民人均可支配收入分别为 81752 元、51271 元和 32903 元，与 2013 年相比，年均名义增速分别为 7.2%、6.9% 和 8%。城乡收入差距逐步缩小，三地城乡居民收入比值较 2013 年分别缩小 0.23、0.09 和 0.31。三地居民人均消费支出分别为 47586 元、34914 元、22920 元，与 2013 年相比，年均名义增速分别为 5.0%、5.5%、7.7%。

公共服务扎实推进。交通一体化向纵深拓展，“轨道上的京津冀”主骨架形成，京津冀核心区 1 小时交通圈、相邻城市间 1.5 小时交通圈基本形成。截至 2023 年末，京津冀地区高铁总里程达到 2576 公里，实现对区域内所有地级市的全覆盖。教育、医疗共建共享，京津 200 多所中小学幼儿园与河北开展办学合作，三地建立多个跨区域职教联盟和高校联盟。三地联合签署协议推动社保“一卡通”建设，区域内三级和二级定点医疗机构纳入互认范围，医疗机构实现跨省异地就医普通门诊费用直接结算，区域内异地就医实现“同城化”。

三、京津冀城市群发展存在的问题

十年来，京津冀区域综合实力显著增强，协同发展趋势向好，但城市群发展仍面临一些挑战。

（一）京津冀三地发展落差依然较大

京津冀区域内部发展不平衡的问题依然存在。2023 年，北京人均 GDP 分别是天津的 1.6 倍、河北的 3.4 倍；居民人均可支配收入分别为津冀的 1.6 倍和 2.5 倍。

（二）京津冀“三轴”廊道产业协作仍需加力

当前廊道内各地区间产业规模差距较大，制造业体系尚不完备，旁侧关联产业发展不充分且配套基础薄弱，制约产业走廊健康发展。京津发展轴内京津互动深度不够，廊坊参与融入不充分。京保石发展轴内河北四城关键零部件配套能力不足，承接基础有待加强。京唐秦发展轴内传统产业转型升级任务依然艰巨，新兴产业基础较为薄弱。

（三）科技创新与产业发展深度融合仍有提升空间

北京的创新产出与津冀产业匹配度不高，技术供给与产业需求间的衔接程度有待提升，北京工业创新产出近 5 成集中在电子和专用设备制造业，而津冀工业优势更多为传统大工业。

四、对策建议

京津冀城市群需持续聚焦协同创新与产业协作，着力增强区域经济实力，持续调整优化区域空间格局和产业布局，加快打造世界级城市群。

（一）强化双城引领，着力提升区域总体实力

充分发挥京津双城引领作用，强化要素、资源辐射，鼓励龙头企业加大研发创新和技术成果转化力度，在区域内加紧产业链布局，联动培育高成长企业。壮大河北省区域中心城市，落实国务院关于《河北省国土空间规划（2021—2035 年）》的批复，强化节点城市发展能级。

（二）立足区域优势，加快发展新质生产力

发展新质生产力是推动高质量发展的内在要求和重要着力点，是推进中国式现代化的重大战略举措。在京津冀城市群发展中，需不断增强区域研发创新实力，引进国内外一流研发机构、标准认证机构，持续推进实验室、科学仪器设备开放共用共享，提高科技创新合作便利化水平。大力发展战略性新兴产业，以科技创新和数字经济不断催生新技术、新产业、新模式、新业态、新动能，加快形成新质生产力。

（三）驱动“双链”融合，助力新旧动能接续转换

创新链与产业链深度融合，是实现产业链供应链现代化的基本要求，是促进经济高质量发展的重要支撑。京津冀城市群需继续深化“北京研发、津冀制造”的产业协同模式，利用“北京方案”和“北京技术”，支持天津装备制造业以及河北钢铁、石化、机械等传统垂直行业转型升级；围绕区域重点产业链建设，打通高端产业创新链与产业链的传导通道。

（作者：那娜　廉佳音）

长三角城市群高质量发展监测报告

长三角城市群（以下简称长三角）是“一带一路”与长江经济带的重要交汇地带，是我国经济发展最活跃、开放程度最高、创新能力最强的区域之一，在国家现代化建设大局和全方位开放格局中具有举足轻重的战略地位。2018 年长三角一体化发展上升为国家战略后，长三角城市群规划政策体系形成并不断完善，强劲活跃增长极功能不断巩固提升，现代化产业体系加快建立，区域协调发展取得重大突破，区域整体实力和综合竞争力持续位居全国前列。

一、长三角城市群基本情况

长三角城市群位于中国长江下游地区，濒临黄海与东海，地处江海交汇之地，沿江沿海港口众多，是长江入海之前形成的冲积平原。

根据 2019 年中共中央、国务院印发的《长江三角洲区域一体化发展规划纲要》，长三角规划范围包括上海市、江苏省、浙江省、安徽省全域 41 个城市，面积 35.8 万平方公里，占全国总面积的 3.7%。其中，中心区由上海市，江苏省南京、无锡等 9 个城市，浙江省杭州、宁波等 9 个城市，安徽省合肥、芜湖等 8 个城市共 27 个城市组成，面积 22.5 万平方公里，占长三角区域的 62.8%，辐射带动长三角地区高质量发展。生态绿色一体化发展示范区由上海青浦、江苏吴江、浙江嘉善组成，示范引领长三角地区更高质量一体化发展。中国（上海）自由贸易试验区新片区由上海临港等地区组成，定位打造与国际通行规则相衔接、更具国际市场影响力和竞争力的特殊经济功能区。

按照中共中央、国务院决策部署，长三角地区充分发挥上海龙头带动作用，苏浙皖各扬所长，着力建成全国发展强劲活跃增长极、全国高质量发展样板区、区域一体化发展示范区、新时代改革开放新高地和率先基本实现现代化引领区。

要素吸引力强，逐步形成以战略性新兴产业为先导、先进制造业和现代服务业为主体的产业结构。

图 1 深圳京基 100 大厦和地王大厦

二、大湾区城市高质量发展成效显著

2023 年大湾区九市（不含港、澳）高质量发展指数均值为 83.0，比上年提高 1.0，呈现稳中有升的良好态势。分城市看，各城市高质量发展指数均比上年有所提高，深圳、广州、珠海高质量发展指数位居前列。

（一）经济总量保持增长，核心驱动效应显著

粤港澳大湾区是我国经济增长的重要引擎，近年来虽然香港、澳门经济增长波动明显，但珠三角地区整体保持向好发展态势，总量规模优势突出。2023 年，珠三角九市综合质效指数均值为 81.6，比上年提高 2.8。

经济发展韧性增强。2023 年粤港澳大湾区地区生产总值突破 14 万亿元。其中，珠三角九市地区生产总值合计 11.0 万亿元，同比增长 4.8%，总量占大湾区约八成；香港地区生产总值 2.7 万亿元，同比增长 3.3%；澳门地区生产总值 3358 亿元，同比增长 80.5%。过去 10 年来，珠三角九市地区生产总值增速基本保持在 5% 以上，占全国地区生产总值比重 9% 左右，是全国经济动能最为强劲的区域之一。其中广州与深圳尤为突出，2023 年地区生产总值分别为 3 万亿元、3.5 万亿元，经济总量在全国城市中分别排第四、第三，形成“双核”并进的发展效果。从人均方面看，2023 年广州、深圳和珠海人均地区生产总值分别为 1.6 万元、2.0 万元和 1.7 万元，在全国所有城市中分别排名第

六、第十八和第十五名。经济运行质量较好。珠三角九市是广东省乃至全国财政收入的重要来源。2023 年珠三角九市地方一般公共预算收入 9404.4 亿元，增长 3.9%，在全省地方一般公共预算收入占比 67.9%，其中，广州和深圳地方一般公共预算收入分别为 1944.2 亿元和 4112.8 亿元，在全国城市中分别排名第八和第三名。从人均方面看，2023 年珠三角九市人均地方一般公共预算收入为 11980.8 元，明显高于全省平均水平，其中深圳和珠海人均地方一般公共预算收入分别为 23202.0 元和 19407.6 元，领跑全省。

（二）研发能力不断提高，创新环境持续改善

粤港澳大湾区建设启动以来，始终以集聚科技创新资源为发展导向，创新环境持续改善。2023 年，珠三角九市创新发展指数均值为 82.5，比上年提升 0.3。

研发投入不断加大。2022 年，珠三角九市投入研究与试验发展（R&D）经费 4220.3 亿元，同比增长 10.3%，占广东省比重达 95.7%，研究与试验发展（R&D）经费投入与地区生产总值之比为 4.0%，比 2021 年提高 0.2 个百分点。2022 年，香港研究及发展总开支 301.4 亿港元、比 2021 年上升 8%，研发总开支与地区生产总值之比升至 1.1%、比 2021 年提高 0.1 个百分点。科创成果有效转化。在政府主导的基础上，粤港澳大湾区构建开放合作创新生态，强化企业科技创新主体地位。截至 2023 年底，粤港澳大湾区发明专利有效量为 67.2 万件，占全国 13.5%。珠三角各市全市发明专利有效量均处于较高水平，表明粤港澳大湾区在科技创新和知识产权保护方面成效显著。高技术产业蓬勃发展。珠三角地区拥有全国最大之一的先进装备制造业和高端电子信息制造业产业集群，新能源汽车、智能机器人等高技术产业发展持续向好。2023 年，珠三角九市规上工业高技术制造业增加值总计 11709.2 亿元，深圳、东莞、广州和珠海占比较高，分别为 55.5%、16.8%、7.9% 和 3.9%。

（三）区域间协调发展，各产业丰富健全

粤港澳大湾区拥有巨大的经济辐射效应，以点带面践行协调发展理念。2023 年，珠三角九市协调发展指数均值为 87.6，比上年提升 0.3。

城镇化率稳步提升。截至 2023 年底，珠三角九市有常住人口 7869.76 万人，比上年增加 40.33 万人。城镇化水平仍然稳步提升，常住人口城镇化率 87.8%，比上年提高 0.4 个百分点。工业产业多方发展。粤港澳大湾区作为我国先进产业的集聚地，拥有丰富且健全的产业门类。2023 年，珠三角九市规模以上工业增加值合计 3.6 万亿元，同比增长 4.2%，总量占全省八成以上。珠三角九市全部工业增加值占 GDP 比重为 36.8%，制造业在经济发展中依然保持核心地位，其中电子信息、电气机械、汽车等行业全国领先。2022 年，在 31 个制造业行业大类中，广东电子信息、汽车、非金属矿物等多个大类营业收入排名全国第一，占比优势突出。从产品来看，广东的汽车、手机、空调、彩色电视机等产量全国第一。现代服务业发达。2023 年，珠三角九市第三产业增加值占比 57.7%，第三产业与第二产业增加值之比为 1.4 ： 1。随着经济全球化和服务业全球化的深入发展，港澳服务业优势与珠三角城市制造业优势相结合，推动大湾区产业协同发展，研发、物流、金融、信息技术等以生产性服务业为核心的现代服务业发展壮大。

图 2 港珠澳大桥

（四）城市生态保持平衡，持续推动绿色转型

粤港澳大湾区城市生态保持平衡，绿色发展效果显著。2023 年，珠三角九市绿色发展指数均值为 91.7。

城市空气质量始终保持优良。2023 年，珠三角九市与港澳等 11 个城市 $PM_{2.5}$ 年均浓度均达到世界卫生组织第二阶段过渡标准，环境空气质量优良天数保持增加态势。城市环境屡获好评，如深圳市率先试点建设国家“无废城市”，入选国家首批再生水利用配置试点城市；惠州市饮用水源水质达标率 100%，获评首批国家生态文明建设示范市，成功创建全国水生态文明城市，是国家环保模范城市、国家森林城市。绿色转型、降污增效步伐加快。大湾区积极推动新能源汽车的发展和应用，以比亚迪、广汽等为代表的多家新能源汽车企业在大湾区享受政策优惠，茁壮成长，2023 年广东新能源汽车产品产量达 253.2 万辆。制造业绿色转型已成趋势，截至 2023 年底，广东已累计创建国家级绿色工厂 372 家、绿色工业园区 12 家、绿色供应链管理企业 80 家，绿色制造名单总数居全国首位，这些企业大部分坐落于大湾区。氢能源概念车等绿色产品涌现；零碳智慧工厂、园区生长势头强劲；行业龙头绿色工厂不断向上下游牵引出一整条绿色低碳的产业链。全省清洁能源装机占比达 62.6%，南粤大地天更蓝、地更绿、水更清。

（五）外向型经济活力强劲，高水平对外开放扩大

粤港澳大湾区是我国对外开放的前沿阵地，外向型经济特点显著。2023 年，珠三角九市开放发展指数均值为 87.3。

对外贸易规模不断扩大。2023 年，珠三角九市进出口总值达 7.95 万亿元，比上年增长 0.4%，占全国总量的 19.0%，贡献了全省外贸总量的 95% 以上，外贸压舱石作用突出。利用外资规模优势明显。2023 年，珠三角九市实际利用外商投资 1494.5 亿元，占全国总量 13.2%，广州、深圳实际利用外商投资分别为 483.2 亿元和 626.2 亿元，两市外资总和占珠三角 74.2%，超大城市导向性明显。香港作为国际金融中心，拥有遍布全球的商业网络，是亚洲最大的跨国公司区域总部集结地。澳门拥有世界公认的开放型贸易和投资体系，是中国与葡语国家商贸合作的最大服务平台。旅游收入逐渐复苏。2023 年，广东省接待游客 7.8 亿人次，实现旅游总收入超 9500 亿元，均居全国首位；旅客周转量 3530.7 亿人公里，增长 117.8%。2023 年，香港酒店和宾馆入住率分别达 82% 和 73%，访港旅客累计达 3400 万人次；澳门酒店业平均入住率达 81.5%，比上年同期（38.4%）翻了一番多；澳门累计入境旅客 2821.3 万人次，是上年同期（570.0 万人次）的 5 倍。

（六）基础设施建设完善，居民生活质量有效保障

粤港澳大湾区作为改革开放的先行地，始终践行着“先富带动后富”的共享发展理念。2023 年，珠三角九市共享发展指数均值为 74.2，比上年提升 1.2。

居民生活质量稳步提升。2023 年，珠三角九市有 6 个市城镇居民人均可支配收入居全国所有城市前 25 位，分别为广州（80501 元）、深圳（76910 元）、东莞（67286 元）、佛山（68643 元）、珠海（67773 元）和中山（64856 元），较高的居民收入带来大湾区较大的消费力度，同时物价保持相对稳定。2023 年，珠三角九市社会消费品零售总额 3.7 万亿元、同比增长 5.9%；居民消费价格指数同比涨幅均在 1% 以内。香港零售业总销货价值 4066.5 亿港元，同比增长 16.2%。澳门零售业销售额 845.7 亿澳门元，同比增长 46.6%；综合消费物价指数同比增长 0.9%。基础设施便利程度提高。大湾区内轨道交通网络日益完善，形成“国铁干线、城际铁路、城市轨道交通”三级网络。目前，运营和在建的轨道交通里程超过5400公里，为居民出行提供极大便利。重大交通项目如广深港高铁、港珠澳大桥、深中通道等已建成通车，进一步拉近粤港澳三地之间的时空距离。大湾区医疗资源丰富，拥有多家高水平医院和医疗机构。2023年珠三角九市市辖区共有医护人员数49.2万人，同时，珠三角九市不断与港澳实现深度合作和资源共享，例如通过“港澳药械通”批准许多临床急需进口药品与医疗器械为区域内居民提供更高水平的医疗服务。

三、粤港澳大湾区城市发展存在的问题

大湾区开放型经济竞争压力加大。国际市场需求走弱，外贸下行压力较大。从出口对象看，广东较依赖传统贸易伙伴，美国、欧盟、日本、韩国等地区/国家在广东出口目的地中规模占比较高。但是，近年来这些地区需求收缩明显，对大湾区外贸增长带来较大挑战。2018–2022年，广东对上述贸易伙伴的出口增速呈下滑趋势。尽管对东盟等新兴国家出口呈现快速增长，但整体规模增长较为有限。

部分城市绿色发展势头不足。近年来，珠三角九市在绿色低碳发展方面普遍取得新成效，但在扩绿方面仍面临许多挑战。2023年，珠三角九市城区实体地域绿化覆盖率均比上年有所下降，城镇化与生态环境保护同步发展还需再接再厉。

城市间发展不均衡，内部分化明显。区域不平衡现象突出，珠江口两岸呈现“东强西弱”格局。大湾区目前拥有五个万亿GDP城市，其中，深圳经济规模在湾区排名第一，2023年GDP超3.5万亿元，广州、香港紧随其后，佛山和东莞依托较好的产业基础和区位条件，也先后跻身万亿级城市。相比之下，珠海、江门、中山、肇庆等地GDP总量不及5000亿元，差距较大。从2023年人均GDP来看，港澳大幅领先，深圳、广州也处于全国前列，而中山、江门、肇庆等珠江口西岸城市偏低。

四、政策建议

加大科创与产业融合，培育发展新质生产力。加大科技研发、技术创新等方面的资源投入，着力补齐基础研究与原始创新能力短板，初步形成以“广深港”“广珠澳”科技创新走廊为脊梁的创新资源集聚空间格局。推进粤港澳大湾区国家技术创新中心建设，布局一批概念验证中心和中试平台，打造“有组织科研＋有组织成果转化”于一体的科技创新枢纽。

持续提升全球要素资源配置能力。扎实打造新发展格局的战略支点，充分发挥大湾区联结内外循环的优势，坚持软硬联通一起抓。以广州、深圳数据交易所为载体，加快建设大湾区数据要素交

易市场，并以此带动大湾区各要素资源在全球合理配置。主动对接高标准国际经贸规则，进一步提升贸易和投资自由化便利化水平，强化高水平对外开放门户枢纽作用。

促进粤港澳三地互联互通，加速形成全方位开放格局。与其他重大战略板块相比，大湾区拥有“一个国家、两种制度、三个关税区、三种货币”的独特优势。通过三地规则衔接、机制对接，深化粤港澳互利合作，建立健全民商事多元化纠纷解决机制，支持广州、深圳建设国际商事仲裁中心，不断扩大“湾区标准”“湾区认证”项目范围，有利于全面对接国际高标准市场规则体系，加快构建全方位开放格局。

（执笔人：刘嘉煜）

长江经济带城市高质量发展监测报告

长江经济带发展战略是以习近平同志为核心的党中央作出的重大战略决策，是关系国家发展全局的重大区域发展战略。长江经济带发展战略实施以来，沿江 110 个城市认真贯彻落实党中央决策部署，共抓大保护、不搞大开发成为共识，创新驱动发展全面起势，区域协同联动不断加强，全方位对外开放态势加速形成。2023 年，长江经济带城市发展质量稳步提升，支撑和服务中国式现代化的作用进一步夯实。

一、砥砺前行中的长江经济带城市

长江经济带是我国城市体系较完整的区域。长江经济带横跨中国东中西三大区域，覆盖上海、江苏、浙江、安徽、江西、湖北、湖南、重庆、四川、云南和贵州等 11 个沿江省市，全部地级及以上城市共计 110 座，占全国的 37.2%。成渝地区双城经济圈、长江中游城市群、长三角城市群是我国区域发展战略格局中的重要功能区；南京都市圈、杭州都市圈、长株潭都市圈、武汉都市圈、成都都市圈、重庆都市圈加速建设。

长江经济带是我国经济重心所在。2023 年，长江经济带全部地级及以上城市 GDP 占全国的 44.6%，是我国城市经济发展的重要支撑。

长江经济带是我国人口分布比较密集的地区。2023 年末，长江经济带城市常住人口合计 5.7 亿人，占全国总人口的 40.1%，其中，市辖区常住人口合计 2.8 亿人，占长江经济带城市人口总数的 49.2%。

习近平总书记擘画了推动长江经济带高质量发展的宏伟蓝图。党的十八大以来，习近平总书记先后主持召开 4 次座谈会推动长江经济发展。2016 年，习近平总书记在重庆主持召开推动长江经济带发展座谈会；2018 年，习近平总书记在武汉主持召开深入推动长江经济带发展座谈会；2020 年，习近平总书记在南京主持召开全面推动长江经济带发展座谈会；2023 年，习近平总书记在南昌主持召开进一步推动长江经济带高质量发展座谈会。从“推动”到“深入推动”“全面推动”，再到“进一步推动长江经济带高质量发展”，体现了习近平总书记对长江经济带发展的高度重视，蕴含着总书记对长江的牵挂与思考。

国家规划对推进长江经济带生态环境保护和绿色发展的引领、指导和约束作用得到充分发挥。2016 年，《长江经济带发展规划纲要》确立了长江经济带作为生态文明建设先行示范带的战略定位。2020 年，《中华人民共和国长江保护法》正式通过。2021 年以来，国家部委相继印发《“十四五”长江经济带发展实施方案》《长江经济带—长江流域国土空间规划（2021—2035 年》等多部规划，长江经济带形成以国家发展规划为统领，以空间规划为基础，以专项规划、区域规划为支撑的流域规划体系。

二、2023 年长江经济带城市高质量发展总体平稳

2023 年，长江经济带 110 个城市高质量发展指数均值为 77.1，比全国水平高 1.7，其中，综合质效、绿色发展、创新发展、协调发展、开放发展、共享发展指数均值分别比全国水平高 1.7、1.4、2.9、0.4、1.9、1.3。综合质效、创新发展、协调发展、共享发展指数较上年均有所提高，其中，综合质效指数提高幅度最大。

九成以上城市高质量发展指数有所提高。110 个城市中有 103 个城市高质量发展指数比上年提高，提高最多的前 5 个城市是四川达州、江苏连云港、云南丽江，安徽淮北、湖北十堰，分别提高 3.3、2.4、2.3、2.3、2.1。

高质量发展指数排名全国前列的城市个数增多。排名全国前 30 的城市个数由 2022 年的 16 个增加到 2023 年的 17 个，排名全国第 31–90 位的城市个数由 2022 年的 28 个增加到 2023 年的 29 个。110 个城市中发展指数最高的是上海，由 2022 年的 88.7 提高到 2023 年的 90.8。

（一）综合发展水平稳步提升

长江经济带发展实施以来，沿江 110 个城市坚持生态优先、绿色发展，长江经济带城市发展质量稳步提升，发展态势日趋向好。

2023 年，长江经济带城市综合质效指数为 75.6，比上年提高 1.8。其中，下游 41 市综合质效指数为 80.2，比全国平均值高 6.3，比上年提高 2.7，进步最大。

综合发展渐见成效。区域经济持续增强，2023 年，110 个城市 GDP 合计 56.2 万亿元，比上年

增加 2.8 万亿元，人均 GDP10 万元，超过全国平均水平，比上年增加 0.5 万元。城市综合能力提升。110 个城市城区消防救援 5 分钟可达覆盖率平均为 71.6%，比上年提高 2.3 个百分点；城市综合信用指数平均为 79.6，比上年提高 2.9。市辖区支撑力强。110 个城市市辖区 GDP 合计 34.6 万亿元，占全市合计的 61.4%；市辖区人均 GDP 为 12.5 万元，是全市人均的 1.3 倍；市辖区 GDP 增速在 6.0% 及以上的城市有 46 个，增速超过上年的城市有 87 个；2023 年末，市辖区常住人口比上年末增加 59.2 万人，占全市人口的比重比上年提升 0.1 个百分点；市辖区（地方本级）一般公共预算收入 3.2 万亿元，比上年增长 6.8%。

（二）创新水平较快提升

习近平总书记强调，要坚持创新引领发展，把长江经济带的科研优势、人才优势转化为发展优势，积极开辟发展新领域新赛道，塑造发展新动能新优势。沿江 110 个城市深入实施创新驱动发展战略，大力推进科技创新，国家战略科技力量加快壮大，创新内生动力不断增强。

2023 年，长江经济带城市创新发展指数均值为 76.8，比上年提高 1.0，其中，中游 36 市、下游 41 市创新发展指数均值分别为 77.2、80.5，比全国水平分别高 3.3、6.6；中游 36 市进步最大，比上年提高 1.3。

创新引擎动能强劲。长江经济带各城市创新基础优势突出。2023 年，长江经济带城市共有 1170 多所高校，占全国普通高校总数的 40% 以上。武汉、重庆、上海、成都、长沙位居城市高校数前十位，上海、南京、武汉、成都、长沙位居双一流高校数前十位。110 个城市高等教育学校在校生数合计 1937 万人，比上年增长 7.3%。长江经济带拥有 14 个国家制造业创新中心，占全国的半数以上，涉及长江沿线 12 个重点城市；拥有 28 个国家先进制造业集群，占全国的 62.2%，涉及长江沿线 24 个城市。创新发展取得显著成效。2023 年，110 个城市发明专利有效量合计 182 万件，比上年增长 16.3%；技术合同成交额合计 3.3 万亿元，比上年增长 39.3%，其中，市辖区技术合同成交额 2.3 万亿元，增长 33.1%。

（三）经济协同稳步推进

习近平总书记强调，要坚持把强化区域协同融通作为着力点，沿江省市要坚持省际共商、生态共治、全域共建、发展共享，增强区域交通互联性、政策统一性、规则一致性、执行协同性，稳步推进生态共同体和利益共同体建设，促进区域协调发展。沿江 110 个城市发展协调性显著增强，区域协同联动不断深化。

2023 年，长江经济带城市协调发展指数均值为 81.1，比上年提高 0.7，其中，中游 36 市、下游 41 市协调发展指数均值分别为 81.3、83.9，比全国水平分别高 0.6、3.2；中游 36 市进步最大，比上年提高 0.9。

区域协调发展整体效能稳步提升。长江经济带城市城乡融合步伐稳健。2023 年，110 个城市常住人口城镇化率 66.94%，领先全国平均水平 0.78 个百分点，比上年提高 0.92 个百分点。11 个国家城乡融合发展试验区中，有 5 个位于长江经济带。城乡收入比普遍缩小。110 个城市中有 97 个城乡收入比缩小，2022 年城乡收入比最高的为 3.37，2023 年最高的缩小至 2.84。产业结构继续优化。市辖区第三产业增加值占 GDP 比重由 2022 年的 59.0% 提高到 2023 年的 60.4%；市辖区社会消费品零售总额与 GDP 的比值由 2022 年的 41.6% 提高到 2023 年的 42.6%。各市工业增加值合计 17.8 万亿元，比上年增加 0.3 万亿元，市辖区工业增加值合计 10.5 万亿元，比上年增加 0.3 万亿元。

（四）绿色发展卓有成效

习近平总书记指出，从长远来看，推动长江经济带高质量发展，根本上依赖于长江流域高质量的生态环境，要毫不动摇坚持共抓大保护、不搞大开发，在高水平保护上下更大功夫。沿江 110 个城市深入践行“绿水青山就是金山银山”理念，绿色转型不断推进。

2023 年，长江经济带城市绿色发展指数均值为 85.7，基本保持稳定。其中，上游 33 市、中游 36 市、下游 41 市绿色发展指数均值分别为 86.0、84.5、86.7，比全国平均值分别高 1.7、0.2、2.4。

协同推进降碳、减污、扩绿、增长，生态环境修复工作取得重大成就。长江经济带各城市空气质量转好。2023 年，各城市空气质量优良天数比例平均为 87.5%，比上年提高 0.1 个百分点。节能降耗卓有成效。2023 年，万元 GDP 电耗 569.6 千瓦时，比全国平均水平低 28.5%；2022 年，市辖区万元 GDP 城市现状建设用地面积比 2021 年下降 8.4%。绿化水平提升。2023 年，城区实体地域绿化覆盖率平均为 36.8%，比上年提高 2.1 个百分点；2022 年，市辖区公园绿地面积比 2021 年增长 4.9%。排污得到控制。2022 年，工业化学需氧量排放量、工业二氧化硫排放量、工业氮氧化物排放量、工业颗粒物排放量分别比 2021 年降低 11.8%、15.5%、9.6%、14.2%。

（五）开放合作持续加强

习近平总书记指出，要更好发挥长江经济带横贯东西、承接南北、通江达海的独特优势，更好联通国内国际两个市场、用好两种资源，提升国内大循环内生动力和可靠性，增强对国际循环的吸引力、推动力，为构建新发展格局提供战略支撑。沿江 110 个城市货物贸易不断开拓新格局，对外

开放广度和深度显著拓展。

受国际环境深刻复杂变化影响，2023 年，长江经济带城市开放发展指数均值为 74.6，与上年基本持平，其中，中游 36 市、下游 41 市开放发展指数均值分别为 73.0、79.7，比全国水平分别高 0.3、7.0；下游 41 市进步最大，比上年提高 0.2。

开放型经济建设稳步推进。长江经济带城市外贸进出口平稳运行。2023 年，110 个城市货物贸易进口额合计 7.3 万亿元，比上年增长 0.7%。各城市新设立外商直接投资企业合计 1.5 万家，比上年增长 6.1%，其中，市辖区新设立外商直接投资企业合计 1.1 万家，基本与上年持平。高水平开放不断深化。沿长江经济带设立的自由贸易区涉及 24 个城市约 1200 平方公里，起到了重要排头兵和试验田作用；重庆、成都、武汉、义乌、合肥等城市位居 2023 年中欧班列开行数量前 10 城市；宁波舟山港货物吞吐量连续 15 年蝉联全球第一位，2023 年集装箱吞吐量稳居全球第三位。

（六）民生福祉不断增进

习近平总书记强调，要推进以人为核心的新型城镇化，处理好中心城市和区域发展的关系，推进以县城为重要载体的城镇化建设，促进城乡融合发展。沿江 110 个城市聚焦民生改善，“共建共治共享”的基层治理格局加速形成。

2023 年，长江经济带城市共享发展指数均值为 71.9，比上年提高 1.7。其中，中游 36 市、下游 41 市共享发展指数均值分别为 72.1、74.9，比全国平均水平分别高 1.5、4.3；中游 36 市进步最大，比上年提高 1.9。

共建共享水平提升。长江经济带城市公共服务领域支出继续增长。2023 年，110 个城市市辖区社会保障和就业支出合计 5598 亿元，增长 9.9%；各城市城镇居民人均教育文化娱乐支出的均值为 3936 元，增长 13.1%，市辖区教育支出合计 7739 亿元，增长 8.8%。医疗服务水平稳步提升。市辖区执业（助理）医师数平均为 1.0 万人，增长 8.4%；市辖区注册护士数平均为 1.3 万人，增长 7.0%。居民生活品质逐步提高。市辖区住房保障支出合计 1786 亿元，增长 1.0%。每百户城镇居民家庭家用汽车拥有量的最低值为 28 辆，比上年最低值多 5 辆。

三、高质量发展呈现出的特征

上中下游发展“梯度”递增。2023 年，上游 33 市、中游 36 市、下游 41 市高质量发展指数均值分别为 73.7、76.4、80.5，经济总量、居民收入从上游至下游呈逐步递增趋势。2023 年，长江上游、中游、下游人均 GDP 分别为 7.4 万元、8.3 万元、12.9 万元，市辖区人均 GDP 分别为 9.1 万元、

11.5 万元、15.2 万元，城镇居民人均可支配收入的均值分别为 4.4 万元、4.5 万元、5.9 万元，农村居民人均可支配收入的均值分别为 1.9 万元、2.3 万元、3.2 万元。

下游城市引领带动作用显著。下游 41 市在综合质效、绿色发展、创新发展、协调发展、开放发展、共享发展六方面均处于绝对领先地位。2023 年高质量发展指数最高的 5 个城市分别是上海、杭州、苏州、南京、宁波，均位于长江下游。2023 年，上游 33 市、中游 36 市、下游 41 市 GDP 均值分别为 3753.9 亿元、3697.5 亿元、7457.7 亿元，GDP 中位数分别为 1750.5 亿元、2738.5 亿元、4741.1 亿元，下游拥有绝对优势。

中心城市与城市集群引领区域协作发展。中心城市与城市集群辐射带动区域协作。上海、重庆、苏州、成都、杭州、武汉、南京等 7 个城市位于 2023 年全国城市 GDP 前十位。城市群内交通一体化深入推进，全程停靠长三角三省一市共 19 座车站、单向行驶里程超过 1200 公里的长三角超级环线高铁列车串联起上海、南京、合肥、杭州 4 座长三角中心、副中心城市；全长约 362 公里的长江中游环线高铁武汉至长沙段已经建成通车；成渝中线高铁建设稳步推进。多式联运、江海直达等运输方式在长江干线加速发展，“舟山—重庆”江海直达新航线正式贯通；长江中下游干线“水上高速路”——长江干线武汉至安庆段 6 米水深航道正式投入运行；上海浦东机场、成都天府机场等 6 个机场位居 2023 年全国民用运输机场旅客吞吐量前十位。人口聚集效应明显。2023 年，位居 110 个城市 GDP 前十位的城市中，有 9 个城市实现人口净流入，其中，长江上游成都、中游长沙、下游上海、杭州的人口净增数居前。城镇化率大于 75% 的城市，均位于国家明确的 19 个城市群内。

四、需要关注的问题

区域发展差距依然较大。上、中、下游内部的城市发展差距在不断扩大。2022 年，上游 33 市、中游 36 市、下游 41 市 GDP 变异系数分别为 3.8、3.9、5.0，2023 年分别扩大至 4.3、4.7、5.3。2023 年，GDP 最高的城市是最低的 76.9 倍。

生态环境保护存在短板。2023 年，长江经济带城市细颗粒物（$PM_{2.5}$）年平均浓度较上年提高。110 市细颗粒物（$PM_{2.5}$）年平均浓度的均值为 33 微克 / 立方米，比 2022、2021 年均高出 2 微克 / 立方米。其中，上游 33 市、中游 36 市、下游 41 市年平均浓度的均值分别为 32 微克 / 立方米、36 微克 / 立方米、32 微克 / 立方米，均超过全国平均水平。

开放发展仍承受较大压力。世界经济复杂性、严峻性、不确定性上升，全球对外投资趋缓。2023 年，长江经济带城市实际使用外资额合计 825 亿美金，比上年减少 9.3%。其中，下游 41 市、中游 36 市、上游 33 市的分别降低 5.5%、36.0%、18.4%。110 个城市市辖区实际使用外资的合计额降低 10.1%。

五、加快长江经济带城市高质量发展的建议

加强区域战略互动。统筹推进横纵向产业链协作，加快跨区域产业生态圈建设和交界地带融合发展，合力打造高能级现代产业集群。加大产业链上中下游、大中小型企业全产业链供应链招商引资力度。加强信息、数据、技术等新要素市场的互联互通和资本、人力资源市场的共建共享。

着力提升生态环境质量。坚持系统观念，全市域、全过程、全方位加强生态环境保护工作。丰富和拓展生态环境治理路径，强化对生态环境监管对象实时监控、全过程监管，提升生态环境治理现代化水平。加快推进生产方式绿色转型，推动能源资源绿色低碳发展。

打造内陆地区改革开放高地。加强区域政策协调联动，推动区域更好利用外资。促进以超大城市为中心的区域融合，积极培育开放型经济新增长点。进一步做实向西开放通道，做优内陆开放通道，提升上游地区开放能级。对标先进一流，稳步扩大规则、规制、管理、标准等制度型开放。

（执笔人：陈院生）

黄河流域城市高质量发展监测报告

黄河是中华民族的母亲河，是中华文明的主要发源地。习近平总书记高度重视黄河流域生态保护和高质量发展，多次深入黄河沿线实地考察，足迹遍布沿黄九省区，两次就黄河流域生态保护和高质量发展主持召开座谈会，黄河流域生态保护和高质量发展上升为重大国家战略。沿黄各省区紧抓国家战略发展机遇，擦亮绿色生态底色，纵深推进黄河战略，2023 年黄河流域各城市高质量发展迈上新起点。

2021 年，中共中央、国务院印发《黄河流域生态保护和高质量发展规划纲要》，提出要构建形成黄河流域“一轴两区五极”的发展动力格局，高质量高标准建设沿黄城市群，为黄河流域生态保护和高质量发展提出指导意见。2023 年 4 月，《中华人民共和国黄河保护法》正式施行，标志着黄河保护治理迈入有法可依的崭新阶段，为推动重大国家战略实施、守护黄河安澜提供了法制保障。国家各部委先后印发意见和方案，各省区配套出台地方条例，促进黄河流域生态保护和高质量发展合力形成，为黄河流域城市高质量发展提供了遵循。

一、黄河流域城市高质量发展站上新起点

黄河全长 5464 公里，流经青海、四川、甘肃、宁夏、内蒙古、陕西、山西、河南、山东 9 个省区。2023 年，黄河 9 省区常住人口 4.2 亿，占全国 29.7%，经济总量为 31.6 万亿元，占全国 25.1%。在《黄河流域生态保护和高质量发展统计监测制度》[1] 中，黄河干支流流经及受水地级及以上城市有 66 个，截至 2023 年，已形成关中平原城市群、中原城市群、山东半岛城市群，培育发展兰西城市群、宁夏沿黄城市群、呼包鄂榆城市群、山西中部城市群，孕育出郑州、西安两大国家中心城市，在此基

1.《黄河流域生态保护和高质量发展统计监测制度》，2023 年由国家统计局编制审批。

由2018年的13362.9亿元增加到2023年的16737.3亿元，按不变价格计算，五年年均增长3.6%。2023年是三年疫情防控转段后经济恢复发展的一年，天津深入实施高质量发展“一项行动”，持续推动经济实现质的有效提升和量的合理增长，GDP比上年增长4.3%。

发展质量稳步提高。人均GDP位居全国前列，2019年突破10万元后连跨两个万元台阶，2023年达到12.3万元，按不变价格计算，五年年均增长4.1%。财税结构持续优化，2023年税收收入占一般公共预算收入的比重达到77.9%，比2018年提高0.8个百分点。社会治理效能不断提升，2023年度天津城市综合信用指数为87.55，比上年提高3.2，天津市西青区、北辰区和滨海新区入选第六届全国文明城市。

（二）新兴动能培育壮大，创新发展步伐加快

科技创新能力显著增强。2022年全市R&D经费投入强度为3.5%，高于全国平均水平0.9个百分点。实施高新技术企业倍增计划，梯次培育科技型企业，截至2023年末，国家高新技术企业、国家科技型中小企业均突破1.1万家，市级雏鹰企业、瞪羚企业、科技领军（培育）企业分别达到6230家、460家和343家。建成6家海河实验室，天开高教科创园成功开园，截至2023年末，累计注册科技型企业1200余家，创新创业生态加快培育。

科技创新成果丰硕。全市技术合同成交额逐年增加，2023年达到1957.4亿元，是2018年的2.7倍。发明专利增长较快，2023年全市专利授权5.9万件，其中发明专利1.4万件，五年年均增长20.5%。重大创新平台建设成效明显，新一代超算、飞腾CPU、组分中药国家重点实验室、天津大学大型地震工程模拟研究设施等“国之重器”加快建设，二氧化碳人工合成淀粉实现实验室条件下“从0到1”的突破，银河麒麟操作系统、“神工”脑机交互系统等在解决“卡脖子”问题中发挥重要作用。

新动能发展态势良好。新兴产业较快发展，战略性新兴产业、高技术制造业增加值五年年均增速分别快于规模以上工业0.5个和1.5个百分点，高技术服务业、战略性新兴服务业营业收入占规模以上服务业的比重分别达到31.1%和26.9%。新产品产量快速增长，2023年生产新能源汽车6.3万辆、工业机器人8211套、城市轨道车辆435辆，分别是2018年的401.1倍、68.4倍和24.2倍，服务机器人、集成电路产量分别增至46.6万套和27.0亿块。高技术产业投资增势较好，高技术产业投资五年年均增长13.4%，其中高技术制造业、高技术服务业投资分别增长17.1%和9.5%。

（三）经济结构优化升级，协调发展水平提升

城镇化进程加快。全市常住人口城镇化率逐年升高，2023年末达到85.5%，比2018年末提高1.5个百分点。城乡居民收入差距逐年缩小，农村居民人均可支配收入五年年均增长6.0%，快于城镇0.8个百分点，城乡居民人均可支配收入之比由2018年的1.86缩小至1.79。

产业结构优化升级。立足全国先进制造研发基地建设，持续推动制造业高质量发展，2023年制造业对规模以上工业增加值的贡献率为45.9%，其中装备制造业增加值占规模以上工业的比重达到32.6%，五年年均增长4.4%，快于规模以上工业平均水平，支撑作用明显；12条重点产业链在链规模以上工业企业增加值占比达到79.8%，集成电路、车联网、航空航天、高端装备产业链较快增长。现代服务业逐渐成为服务业发展的中坚力量，信息传输软件和信息技术服务业、租赁和商务服务业、科学研究和技术服务业增加值五年年均分别增长12.4%、5.0%和5.4%，均快于服务业年均增速，合计占服务业的19.3%，比2018年提高2.9个百分点。

消费市场提质扩容。成功举办海河国际消费季、海河文化旅游节、体育消费季等活动，培育众多新的消费热点和消费场景，促进居民消费需求释放，推动消费市场加快恢复，2023年全市社会消费品零售总额比上年增长7.0%。升级类商品零售增长较快，新能源汽车和智能手机等低碳智能商品零售额五年年均分别增长47.7%和27.1%。加快构建商圈体系，持续推进国际消费承载地建设，2023年末商业综合体总数达到58个。

（四）发展方式加快转变，绿色发展稳步推进

能源生产利用更加绿色高效。扎实实施绿色低碳发展行动，围绕“双碳”目标要求，出台碳达峰、碳中和促进条例，加快推进清洁能源替代，逐步建立碳达峰碳中和“1+N”政策体系，减污降碳协同增效作用日益显现，规模以上工业万元增加值能耗五年年均下降2.4%。规模化开发可再生能源，推动风电、光伏等项目并网发电，截至2023年末，全市可再生能源电力装机超过700万千瓦。

环境质量明显改善。全市$PM_{2.5}$年平均浓度由2018年的52微克/立方米下降到2023年的41微克/立方米，改善21.2%；2023年，二氧化硫、二氧化氮、一氧化碳年平均浓度与2019年相比分别下降27.3%、16.7%和33.3%。空气质量优良天数有所提高，扣除沙尘导致超标天数后，2023年优良天数244天，优良天数比率为66.8%。国控地表水断面优良比例为60.0%，达到历史最好水平，无劣Ⅴ类水体，12条入海河流全部消劣，近岸海域优良水质比例达到70.9%。

图 1 天津之眼

（五）外资外贸稳中提质，开放发展持续优化

外贸结构不断优化。2023 年，全市货物进出口总额 8008.6 亿元，其中出口额 3531.4 亿元，五年年均增长 2.5%。外贸转型趋势明显，2023 年一般贸易出口占比达到 58.9%，比 2018 年提高 10.4 个百分点；机电产品、高新技术产品出口占比分别达到 63.8% 和 20.7%。跨境电商发展较好，2023 年进出口总额增长 16.7%，其中出口增长 17.9%。平行进口汽车总量持续保持全国第一，冷链贸易规模保持全国领先。

外向型经济稳步发展。2023 年，全市新批外商投资企业 614 家，合同外资额 122.6 亿美元，实际使用外资 57.7 亿美元，2020—2023 年年均增长 5.1%。对外经贸合作持续深化，2018 年以来年均新设境外企业机构 100 余家，服务外包接包执行额五年年均增长 14.9%，深度融入共建“一带一路”，累计建成鲁班工坊 22 个。自贸试验区开放引领作用持续增强，39 项试点经验和实践案例在全国复制推广，商业保理公司资产总额和保理融资余额、绿色租赁资产均位居全国第一，飞机租赁规模位居全球第二。

（六）民生福祉持续增进，共享发展迈上新台阶

居民生活水平不断提升。多措并举稳定就业，全面落实促进居民增收措施，全市居民人均可支配收入五年年均增长 5.4%，2023 年达到 51271 元，其中城镇居民人均可支配收入 55355 元，农村居民人均可支配收入 30851 元。居民生活品质不断提档升级，2023 年城镇居民恩格尔系数为

27.6%，比 2018 年下降 1.2 个百分点，城镇居民每百户家用汽车拥有量达到 69.5 辆，是 2018 年的 1.5 倍。

教育和医疗卫生事业发展较好。教育优质均衡发展，全国基础教育综合改革实验区启动建设，高校“双一流”建设加快推进，职业教育创新改革持续深化，2023 年末全市共有研究生培养机构 25 所，普通高校 56 所，中等职业教育学校 59 所，普通中学 551 所，小学 873 所。居民受教育程度提高，根据第七次全国人口普查数据，2020 年 15 岁以上人口的平均受教育年限为 11.3 年，比 2010 年第六次全国人口普查时增加 0.9 年。医疗卫生服务保障不断完善，市肿瘤医院滨海医院、市一中心医院、海河医院、市中心妇产科医院等新建改扩建项目投入使用，截至 2023 年末，全市共有各类卫生机构 6801 个，其中医院 459 个；卫生机构床位 7.3 万张，其中医院床位 6.7 万张，比 2018 年末增加 0.7 万张。

社会保障稳步发展。深入实施全民参保计划，2023 年末参加城乡居民基本养老保险 172.2 万人，城乡居民基本医疗保险 524.5 万人，失业保险 403.6 万人，工伤保险 412.8 万人，职工生育保险 425.7 万人。最低生活保障制度托底作用全面发挥，城乡居民生活保障最低标准由 2018 年的每人 920 元 / 月提升至每人 1010 元 / 月，职工工资最低标准由 2050 元提高到 2320 元。

三、城市高质量发展的经验

近年来，天津扎实推动高质量发展“十项行动”见行见效，全面建设社会主义现代化大都市迈出坚实步伐，同时也在应对各种风险挑战中积累了攻坚克难、砥砺奋进的宝贵经验。

（一）坚持以推进京津冀协同发展为战略牵引，服务重大国家战略实施

把推动京津冀协同发展走深走实摆在“十项行动”的首要位置，统领各项行动往深里走、向实处做，研究制定《推动京津冀协同发展走深走实行动方案》，印发《关于深入学习贯彻习近平总书记视察天津重要讲话精神 进一步推动京津冀协同发展走深走实的意见》，全力推动京津冀协同发展走深走实，在取得更多成果成效上展现新作为。

（二）坚持创新驱动发展，加快培育发展新动能

制定实施《科教兴市人才强市行动方案》，加快建设全国重点实验室、海河实验室，加强关键领域核心技术攻关，强化企业创新主体地位，依托天开高教科创园等创新创业平台，打造科创服务集聚区和成果转化示范区。加快建设高质量教育体系，优化“海河英才”行动计划，深入实施“海河工匠”建设工程，加强顶尖人才、科技领军人才和一流创新团队引育。

（三）坚持深化改革开放，加速释放发展动力活力

出台优化营商环境三年行动计划，深入实施“一制三化”审批制度改革，深化要素市场化配置改革，积极融入全国统一大市场。以开展“三量”“三新”工作为抓手，全面推进国企改革深化提升行动，出台实施“支持民营经济发展17条”“民营经济发展壮大29条”等措施，不断增强民营经济活力。以自贸试验区引领开放，扎实推进服务业扩大开放综合试点，深度融入共建“一带一路”，不断增强对外交流合作，推动开放型经济发展。

（四）坚持传承发展城市文化，大力发展文化事业和文化产业

坚持以文化人、以文惠民、以文润城、以文兴业，印发《天津市加强历史文化街区和特色风貌建筑保护传承利用 促进商旅文融合发展实施方案》，强化天津城市形象和旅游资源宣传，擦亮“近代中国看天津”城市名片，培育一批有“津味”的文旅消费场景，推动中华优秀传统文化在天津创造性转化、创新性发展。

（五）坚持以人民为中心的发展思想，持续增进民生福祉

践行人民城市理念，把保障居民安居乐业作为头等大事，不断增加民生和社会事业投入，每年高质量实施20项民心工程。落实积极的就业政策，促进居民收入增长，完善多层次社会保障体系。深入实施“871”重大生态工程，改善生态环境质量，营造宜居宜业环境，更好满足人民群众高品质生活需求。

四、城市高质量发展的问题及建议

近年来，天津经济发展韧性持续增强，高质量发展的基础不断夯实。但与此同时，天津高质量发展也存在着一些薄弱环节和不足，产业结构调整任重道远，新动能“底盘”仍较小，民营经济活力尚待增强，更好满足人民高品质生活需求仍需不断加力。

下阶段，要深入学习贯彻习近平总书记视察天津重要讲话精神，坚持稳中求进工作总基调，聚焦“四个善作善成”重要要求，深入实施高质量发展“十项行动”，大力推进科技创新、产业焕新、城市更新，进一步盘活存量、培育增量、提升质量，加快形成新质生产力，切实增强经济活力，持续推动经济实现质的有效提升和量的合理增长，增进民生福祉，保持社会稳定，扎实推进中国式现代化的天津实践。

（执笔人：李娜　郑皓珺　张家奇）

河北省城市高质量发展监测报告

一、城市发展基本概况

河北是全国唯一兼有海滨、平原、湖泊、丘陵、山地、高原的省份。总面积 18.9 万平方公里，大陆海岸线长 487 公里，现辖石家庄、承德、张家口、秦皇岛、唐山、廊坊、保定、沧州、衡水、邢台、邯郸 11 个地级以上城市，定州、辛集 2 个省直管县级市，雄安新区 1 个国家级新区。2023 年末，全省常住人口总量为 7393 万人。其中，保定（含定州、雄安）1148.8 万人，石家庄（含辛集）1123.4 万人，邯郸 917.3 万人，唐山 772.0 万人，沧州 726.5 万人，邢台 695.6 万人，廊坊 547.8 万人，衡水 415.8 万人，张家口 405.0 万人，承德 330.2 万人，秦皇岛 310.7 万人。

河北环渤海、环京津，区位优势明显，交通、通讯和市政基础设施较为完善。2023 年，全省境内公路总里程 21.1 万公里，比上年增加 0.2 万公里，其中高速公路里程增加 125 公里。5G 基站建成累计数 17.4 万个。移动电话年末用户数 8779.5 万户，比上年增加 46.2 万户，其中，5G 移动电话用户数 3941.2 万户，固定宽带接入用户数 3179.7 万户。市辖区排水管道长度 19563 公里，比上年增加 1595 公里，增长 8.9%。市辖区居民家庭用气量为 19.9 亿立方米，比上年增长 4.7%。

二、城市发展总体成效

2023 年，河北坚持以习近平新时代中国特色社会主义思想为指导，深入学习贯彻习近平总书记视察河北重要讲话精神和党的二十大精神，坚持人民城市人民建、人民城市为人民，提高城市规划、建设、治理水平，加快转变城市发展方式，实施城市更新行动，加强城市基础设施建设，打造宜居、韧性、智慧城市。全省 11 个地级以上城市高质量发展指数均值为 75.8，比 2022 年提升 0.9，高于全国平均水平 0.4。其中，石家庄最高，为 79.7；保定提升最多，增加 1.7。

（一）综合质效提升较快

坚持投资、消费、出口协同发力，高质量发展扎实推进。2023 年，全省 11 个地级以上城市综合质效指数均值为 73.5，比 2022 年提升 1.5，低于全国平均水平 0.4。其中，唐山最高，为 81.1；廊坊提升最多，增加 3.6。

市辖区常住人口稳定增长。全省市辖区常住人口 2608.5 万人，占全省人口的 35.3%，比上年增长 5.7%。

城市经济支撑作用增强。2023 年，全省市辖区 GDP 为 19510.4 亿元，同比增长 5.3%，占全省 GDP 的 44.2%，占比比上年提高 0.3 个百分点。其中，唐山市辖区 GDP 最大，为 5301.5 亿元；石家庄增长最快，增长 6.4%；秦皇岛市辖区经济总量占比最高，为 67.9%；唐山市辖区经济总量占比提高幅度最大，提高 1.2 个百分点。

城市经济发展质量较高。2023 年，全省市辖区人均 GDP 为 74796 元，同比增长 4.3%。其中，唐山市辖区人均 GDP 最高，为 139772 元，同比增长最快，增长 6.8%。全省市辖区人均地方一般公共预算收入为 6634 元。其中，唐山最高，为 10486 元。

（二）创新发展成效明显

各地区深入实施创新驱动发展战略，推动创新链和产业链精准对接，科技支撑更加有力。2023 年，全省 11 个地级以上城市创新发展指数均值为 77.0，比 2022 年提升 0.9，高于全国平均水平 3.0。其中，保定最高，为 82.0；秦皇岛提升最多，增加 1.8。

研发投入稳步增长。2022 年，全省 R&D 经费支出（规上）为 690.5 亿元，同比增长 11.9%。其中，唐山 R&D 经费支出最高，为 168.3 亿元；秦皇岛同比增长最快，增长 67.2%。全省 R&D 人员（规上）为 17.1 万人，同比增长 28.3%。其中，唐山 R&D 人员最高，为 3.5 万人；秦皇岛同比增长最快，增长 98.0%。

科技成果显著增长。各市加大科技成果转化支持力度，全省技术合同成交额与 GDP 之比为 4.0%，比上年提高 1.6 个百分点。其中，邯郸比值最高，为 8.1%；保定比值提高最大，提高 4 个百分点。发明专利有效量为 64619 件。其中，石家庄最多，为 18759 件，比上年增加最多，增加 3938 件。

高校人才储备逐步增加。全省高等教育学校在校生数为 192.4 万人，同比增长 5.0%。其中，石家庄高等教育学校在校生数最多为 71.2 万人，占全省高等教育学校在校生数的 37.0%，远高于其他市。秦皇岛同比增长最快，增长 63.0%。

（三）协调发展趋势明显

积极贯彻落实国家区域协调发展战略，深入推进乡村振兴，加快建设新型城镇化与城乡统筹示范区，城市间、城乡间差距持续缩小，发展协调性不断增强。2023 年，全省 11 个地级以上城市协调发展指数均值为 81.6，比 2022 年提升 0.7，高于全国平均水平 1.0。其中，石家庄最高，为 85.6；衡水提升最多，增加 1.5。

城镇化进程稳步推进。2023 年末，全省城镇常住人口达到 4641 万人，比上年末增加 66.6 万人。常住人口城镇化率 62.8%，比上年提高 1.1 个百分点。其中，石家庄城镇化率最高，为 72.3%；保定城镇化率提高幅度最大，提高 1.6 个百分点。

产业结构不断优化。全省市辖区第三产业增加值占 GDP 的比重为 58.3%，比上年提高 1.4 个百分点。其中，廊坊占比最高，为 71.2%；保定占比提高幅度最大，提高 3.4 个百分点。

城乡收入差距持续缩小。全省城乡居民人均可支配收入之比为 2.11，比上年缩小 0.02。其中，保定比值最低，为 1.91；张家口比值降幅最大，下降 0.06。

（四）绿色发展稳步推进

全面加强生态文明建设，坚决打好污染防治攻坚战，扎实推进碳达峰碳中和，绿色低碳发展成效显现。2023 年，全省 11 个地级以上城市绿色发展指数均值为 82.5，比 2022 年提升 0.1，低于全国平均水平 1.8。其中，承德最高，为 87.0；邯郸提升最多，增加 1.1。

资源节约成效显著。全省万元 GDP 电耗为 0.107 千瓦时。其中，石家庄最低，为 0.085 千瓦时，秦皇岛为唯一下降市。2022 年，全省市辖区万元 GDP 城市现状建设用地面积 9.0 平方米，比上年减少 0.6 平方米。其中，唐山最低，为 5.4 平方米；邢台减少最多，减少 5.4 平方米。

城市绿化效果明显。城市绿化覆盖面积 20.3 万公顷，比上年增长 4.2%。其中，石家庄城市绿化覆盖面积最大，为 2.9 万公顷；张家口增长最快，增长 28.6%。公园绿地面积 47464 公顷，同比增长 3.8%，其中，石家庄公园绿地面积最大，为 1.0 万公顷，同比增长最快，增长 34.8%。

环境质量逐步改善。全省地级及以上城市 $PM_{2.5}$ 年平均浓度为 36 微克 / 立方米，比上年下降 0.8 微克 / 立方米。其中，张家口 $PM_{2.5}$ 年平均浓度最低，为 18 微克 / 立方米；邯郸下降最多，下降 4 微克 / 立方米。

（五）对外开放持续扩大

着力落实稳外贸稳外资政策，大力促进外资扩增量、稳存量、提质量，积极融入“一带一路”

建设，对外开放水平进一步提高。2023年，全省11个地级以上城市开放发展指数均值为73.7，比2022年提升0.1，高于全国平均水平1.0。其中，石家庄最高，为78.1；保定提升最多，增加2.0。

外贸进出口稳步增长。全省货物贸易进出口总额为5828.4亿元，同比增长7.4%。其中，唐山货物贸易进出总额最高，为1645.2亿元；保定增长最快，增长49.8%。

利用外资扎实推进。全省实际使用外资金额为17.5亿美元，同比增长5.5%。其中，廊坊实际使用外资金额最高，为5.2亿美元；保定增长最快，增长169%。

（六）发展成果斐然

坚持以人民为中心的发展理念，聚焦解决群众急难愁盼问题，扎扎实实保障和改善民生。2023年，全省11个地级以上城市共享发展指数均值为70.6，比2022年提升1.4，高于全国平均水平。其中，廊坊最高，为75.0；张家口提升最多，增加3.4。

居民收入稳步提升。全省城镇居民人均可支配收入43631元，同比增长5.7%。其中，廊坊城镇居民人均可支配收入最高，为53459元；唐山增长最快，增长6.8%。

居民消费不断升级。全省城镇居民人均教育文化娱乐支出为2704元，同比增长22.2%。其中，廊坊最高，为3771元；石家庄增长最快，增长37.1%。城镇居民人均住房建筑面积为38.6平方米，比上年增加0.1平方米。其中，石家庄最高，为41.6平方米，提升最多，增加0.9平方米。全省百户城镇居民家庭家用汽车拥有量为67.6辆，比上年增加9.2辆。其中，沧州最高，为81辆；张家口增加最多，增加19辆。

社会保障不断完善。全省市辖区每万人拥有医护人员数为102.5人，比上年增加7.0人。其中，沧州最高，为216.9人；廊坊增加最多，增加25.1人。全省市辖区人均住房保障、社会保障和就业支出为2075元。其中，承德市最高，为4137元。

三、城市发展经验

（一）城市规划是城市高质量发展的政策引领

河北积极出台城市发展中长期规划，《河北省城镇体系规划（2016—2030年）》提出了构筑“两翼、四区、五带、多点”城镇空间新格局，确定了11个设区市及定州、辛集的城市职能定位。

（二）数字化是城市高质量发展的重要内容

数字化越来越成为评估一个国家或一座城市整体竞争力的重要标准。张家口创建“幸福张家口”平台互联交换系统，入园入学、补贴申领、外来落户、出生等多项关联事项一次办。2021年10月

30日上线以来，注册用户超350万，汇聚40个单位330余项民生便民服务，涵盖了民生保障、住房服务、医疗健康等12个重点领域。

（三）城市组群发展是城市高质量发展的必由之路

河北全面落实习近平总书记关于京津冀协同发展的重要指示批示精神，深入实施协同发展重大国家战略，与京津共同打造世界级城市群，加快推进中原城市群发展步伐。围绕“三区一基地”功能定位，优化城镇空间布局结构，加快培育发展现代化都市圈，促进城市经济和县域经济高质量发展，努力打造全国新型城镇化和城乡统筹示范区。

四、城市发展存在问题

河北11个地级以上城市高质量发展整体水平不高，绿色发展和开放发展方面短板明显，个别指标指数均值同比下降，发展基础仍需巩固。

河北城市高质量发展整体水平不高。近几年，河北各市在科技教育等方面尽管有较大的进步，但与同类城市相比，人均GDP、财政收支、居民收入等差距较为明显，城市发展水平与韧性还需要进一步提升。

推动绿色发展仍需持续加强。尽管河北城市生态环境质量总体改善，但稳中向好的基础有待巩固，有5市绿色发展指数出现同比下降。有10市万元GDP电耗数据上升，7市$PM_{2.5}$年平均浓度、单位工业增加值主要污染物排放数据上升，生态环境反弹压力增大。

深化高水平对外开放仍需加力。在外部环境不稳定不确定因素明显增多的情况下，转变外贸发展方式、优化贸易结构、提升引资引智水平等方面难度加大，有5市开放发展指数下降。有6市实际使用外资额、货物进出口总额与GDP之比数据均下降。

个别指标指数下降明显。2023年，市辖区人均地方一般公共预算收入同比下降8.4%，对总体指数影响最大，有7市指数下降。市辖区人均住房保障、社会保障和就业支出比上年下降59元，有6市数据下降。

五、对策建议

面对全省城市高质量发展的短板弱项，下一步，要积极贯彻落实国家城市高质量发展相关政策，以新发展理念为引领，着力优化城镇空间布局，提升城市生态环境，加速推进高水平开放，提高公共保障服务，加快建设富强文明美丽的现代化城市。

降污减碳，加快提升环境保护和生态建设水平。加快关闭和转型污染重、排放多、不达标的企业，推进城市建成区和生态红线控制区内的工业企业调整和退出。实施能源和水资源消耗、建设用地等总量和强度双控行动，强化约束性指标管理，加快推动资源利用方式根本转变。推进重点产业、工业园区、大型企业循环化改造。推进生态建设项目产业化，推行环境污染第三方治理，发展环保服务业。

推动城市开放发展，加速推进区域经济协同发展。加快外贸结构调整，大力发展服务贸易，扩大出口贸易区域范围。加强与共建“一带一路”国家特别是中东欧 16 国的合作，鼓励优势企业在海外开展资源开发合作，建立研发中心、营销中心和生产基地。

以人民为中心，提高公共服务保障水平。健全覆盖全民、统筹城乡、公平统一、可持续的多层次社会保障体系，持续提高城乡居民基本养老保险、基本医疗保险、社会救助福利水平，不断完善居家为基础、社区为依托、机构为补充、医养相结合的养老服务体系。解决好城市住房突出问题，高度重视保障性租赁住房建设，促进房地产市场平稳健康发展。

（执笔人：夏玉森　张君朝）

山西省城市高质量发展监测报告

2023 年是全面贯彻党的二十大精神的开局之年，山西以习近平新时代中国特色社会主义思想为指导，坚决贯彻落实习近平总书记对山西工作的重要讲话重要指示精神和习近平总书记关于城市工作的重要论述，积极发挥城市在全省经济社会发展、民生改善中的重要作用，城市高质量发展取得新进展、新成效。

一、省情、发展定位与布局

山西简称“晋”，位于中国华北地区西部，东隔太行山脉与河北相邻，西、南以黄河为界与陕西、河南相望，北靠内蒙古自治区。全省总面积 15.7 万平方公里，2023 年底常住人口为 3466.0 万人，辖太原、大同、阳泉、长治、晋城、朔州、晋中、运城、忻州、临汾、吕梁 11 个设区市，117 个县级行政单位（26 个市辖区、11 个县级市、80 个县）。

山西坚持胸怀“两个大局”，准确把握新发展阶段特征，深入贯彻新发展理念，服务构建新发展格局，发展的战略定位是：国家资源型经济转型综改试验区、京津冀一体化重要成员、新兴产业未来产业研发制造基地、特色优势有机旱作农业科研和功能食品生产基地、国际知名文化旅游目的地、内陆地区对外开放新高地、华北地区重要绿色生态屏障、拱卫首都安全“护城河”。

2023 年 9 月，《山西省国土空间规划（2021—2035 年）》获国务院批复，为细化落实全国“两横三纵”城镇化战略格局，增强区域中心城市、都市区、城市群等经济发展优势区域的经济和人口承载能力，正式确立全省“一群两区三圈”[1] 城乡区域发展新布局。

1.“一群”即山西中部城市群，“两区”即太忻一体化经济区和山西转型综合改革示范区（含重点辐射区），“三圈”即晋北、晋南和晋东南三大城镇圈。

二、城市高质量发展成效

习近平总书记高度重视山西的发展，党的十八大以来先后 4 次到山西考察调研，为山西擘画发展蓝图、指引发展方向。山西牢记总书记嘱托，坚定扛牢保障国家能源安全责任使命，纵深推进能源革命综合改革试点，加快构建体现山西特色优势的现代化产业体系，充分激发经营主体内生动力和创新活力，多措并举加快打造美丽山西，城市高质量发展取得新成效。2023 年，山西 11 个地级以上城市高质量发展指数均值为 73.3，较上年提高 0.7，其中，太原、长治、晋城、临汾四市均高于全省平均水平。

（一）城市高质量发展综合质效稳步提高

2023 年，山西综合质效水平稳步提高，全省 GDP 为 25698.2 亿元；全省市辖区 GDP 为 11628.0 亿元，同比增长 2.1%；全省市辖区常住人口 1466.6 万人，同比增长 10.8‰。全省 11 个地级以上城市综合质效指数均值为 71.3，较上年提高 1.8，其中太原提高 5.7 进步最大，太原、大同、晋城、朔州、运城五市均高于全省平均水平。

经济高质量发展扎实推进，太原市辖区 GDP 首次突破五千亿，达到 5010.7 亿元，为全省最高；长治市辖区 GDP 为 1394.3 亿元，位居全省第二。太原、朔州市辖区人均 GDP 突破十万大关，分别为 107293 元、109257 元。临汾市辖区 GDP 增速 8.6%，朔州、运城增速均为 7.6%，忻州 6.3%，大同 5.3%，均高于全省增速。财政收入水平显著提高，全省市辖区地方一般公共预算收入 1326.5 亿元，同比增长 32.3%；吕梁市辖区人均地方一般公共预算收入 22690.7 元，为全省最高；晋中市辖区人均地方一般公共预算收入增长 14.4%，为全省最快。城市发展水平与治理能力稳步提升，“全国文明城市”作为一个城市宝贵的无形资产，在一定程度上会提升城市的投资潜力和城市竞争力，第六届全国文明城市名单中，长治复查确认保留全国文明城市荣誉称号，晋城市、长子县入选全国文明城市。截至 2023 年底，吕梁综合信用指数 83.66，位居全省第一，诚信吕梁的“信用名片”，为全市高质量发展创造了良好的社会信用环境。市辖区常住人口整体呈现稳定增长的趋势，城镇化率稳步提高。2023 年末，太原市辖区常住人口 468.2 万人，比上年末增加 15.3 万人，人口的集聚效应进一步显现，人口持续向太原集聚。运城市辖区常住人口 98.6 万人，比上年末增加 2.0 万人。

（二）创新驱动发展能力持续提升

党的十八大以来，习近平总书记多次莅晋考察，反复强调科技创新驱动发展的重要性，明确指出，山西要以创新驱动推动经济转型发展。山西牢牢把握高质量发展首要任务，坚持把创新第一动力摆在全局核心位置，着力推动以科技创新为核心的全面创新，不断塑造发展新优势新动能。2023 年，全省 11 个地级以上城市创新发展指数均值为 71.0，较上年降低 0.1，其中朔州增加 1.2 进步最大，太原、长治、晋中、运城、临汾五市均高于全省平均水平。

研发投入持续增强，R&D 经费支出（规上）持续增长。太原高新技术企业数量逐年增加，2023 年达到 2150 家，位居全省第一，2022 年全市 R&D 经费支出（规上）61.8 亿元，临汾 27.1 亿元，长治 23.8 亿元，分列全省前三。创新活力不断释放，太原、长治、晋中等六市技术合同成交额均超十亿元；长治高技术制造业增加值 23.6 亿元，占工业增加值的 1.4%。长治 2022 年全市 R&D 人员数为 11957 人；临汾 2022 年全市 R&D 人员数为 5083 人，同比增长 20.1%；朔州高等教育学校在校生 26509 人，同比增长 10.6%；晋城全市高等教育学校在校生同比增长 22.9%，增速位列全省第一。创新成果转化成效提升，全省发明专利有效量 2.9 万件，同比增长 15.8%。太原发明专利有效量（累计）20484 件，同比增长 25%，运城发明专利有效量（累计）1675 件，位居全省第二。

（三）城市发展协调性不断增强

山西持续深入推进以人为本的新型城镇化，高起点构建“一群两区三圈”城乡区域发展新布局，高质量推进中部城市群一体化发展。2023 年，全省 11 个地级以上城市协调发展指数均值为 81.7，较上年提高 0.8，其中吕梁增加 1.7 进步最大，太原、大同、阳泉、晋城、晋中五市均高于全省平均水平。

城镇化水平稳步提高。2023 年，全省城镇常住人口 2252.0 万人，城镇化率达到 65.0%，其中太原城镇化率为 89.5%，位居全省第一；运城、吕梁、忻州、长治、临汾提升较快。城乡发展更趋协调，全省城乡居民人均可支配收入比值为 2.34，比上年缩小 0.08。太原城乡居民人均可支配收入比值为 1.87，为全省最低。吕梁城乡居民人均可支配收入比值为 2.58，比上年缩小 0.15。经济发展更加均衡。晋城市辖区第三产业增加值为 329.7 亿元，占 GDP 比重为 76.5%；临汾市辖区第三产业增加值占 GDP 比重为 66.1%。晋城市辖区社会消费品零售总额为 345.1 亿元，占 GDP 比重为 80.1%。财政运行情况良好，晋城、吕梁的市辖区地方财政支出收入比均低于 1.5。

（四）城市发展“含绿量”显著提升

2023 年，山西大力实施黄河流域生态保护和高质量发展战略，协同推进降碳、减污、扩绿、增长，积极稳妥推进碳达峰碳中和山西行动，加快发展方式绿色低碳转型，统筹推进山水林田湖草沙一体化保护和系统治理，加快建设美丽山西。全省生态环境质量明显改善，$PM_{2.5}$ 年平均浓度下降为 37 微克 / 立方米，创历史最低水平；地表水国考断面优良水体比例达到 93.6%，首次超过全国平均水平。全省 11 个地级以上城市绿色发展指数均值为 81.5，较上年提高 0.4，其中晋中增加 2.6 进步最大，太原、大同、阳泉、长治、晋城、朔州、吕梁七市均高于全省平均水平。

太原入选国家首批碳达峰试点城市，获评 2023 绿水青山就是金山银山实践优秀城市、中国气候宜居城市；6 个地表水国考断面水质优良率达 100%，断流近 30 年的三晋名泉晋祠泉实现出流。大同实施空气质量提升四个专项行动，优良天数比例 85.8%，全省排名第一；全市 8 个国考断面水质优良比例 100%，水环境质量持续改善。长治 $PM_{2.5}$ 年平均浓度降至 35 微克 / 立方米；国控断面水质优良率 100%；入选全国首批城市减污降碳协同创新试点城市，高新区成为全省唯一的国家首批碳达峰试点园区。晋城获评"中国气候宜居城市"，阳城县入选"中国天然氧吧"。晋中生态环境质量持续改善，$PM_{2.5}$ 年平均浓度由 2022 年的 46 微克 / 立方米下降为 2023 年的 37 微克 / 立方米，同比改善率达 19.6%。吕梁 $PM_{2.5}$ 年平均浓度为 26 微克 / 立方米，全省最低。

（五）对外开放发展积极推进

扩大高水平对外开放，是山西加快塑造服务和融入新发展格局的新动能、新优势的三大动力之一。全省着眼于构建新发展格局的时代机遇，持续扩大商品和要素流动型开放，稳步推进制度性开放，打造内陆地区对外开放新高地。出台了扩大对外开放"1+N"政策体系，积极申建自由贸易试验区，建成中国（山西）国际贸易"单一窗口"，提高通关一体化水平。国家布局建设现代流通战略支点城市，山西太原、大同、长治、临汾入选。2023 年全省 11 个地级以上城市开放发展指数均值为 67.4，较上年降低 1.6，其中临汾增加 1.9 进步最大，太原、大同、晋城、运城、临汾、吕梁六市均高于全省平均水平。

稳外贸举措成效明显。太原货物进出口总额 1349.7 亿元，居全省第一；运城货物进出口总额 103.4 亿元，居全省第二。阳泉货物进出口总额增长 53.5%，增速居全省第一。利用外资扎实推进。太原新设立外商直接投资企业 38 家，占全省的 46.9%；晋中、吕梁、临汾、大同实际利用外资分别为 65896 万美元、35095 万美元、9707 万美元、7022 万美元，均居全省前列。

（六）城市共享发展日益完善

习近平总书记指出，城市工作做得好不好，老百姓满意不满意、生活方便不方便，是重要评判标准。要坚持以人为本，不断完善城市功能，提高群众生活品质。2023 年全省 11 个地级以上城市共享发展指数均值为69.8，较上年提高1.5，其中太原增加4.1进步最大，太原、长治、晋城、运城、临汾五市均高于全省平均水平。全省城乡居民人均可支配收入分别达到41327元、17677元；全省市辖区医护人员达到151176人，较上年增加9553人；保障农民工工资支付工作连续6年在国家考核中获评A级；住院异地就医直接结算率达到87%。

居民收入总体稳定。太原、长治、晋城、晋中、朔州城镇居民人均可支配收入分别为45835元、43169元、43835元、42877元、42649元，均高于全省平均水平；临汾城镇居民人均可支配收入41185元，较上年增长5.4%。社会保障体系进一步健全。太原市辖区医护人员60678人，大同、长治、运城、临汾市辖区医护人员均超万人；朔州市辖区医护人员5163人，较上年增长12.4%，增速全省第一。基本公共服务水平持续提高，教育、医疗、养老、住房等保障工作扎实推进。太原市辖区住房保障、社会保障和就业支出136.5亿元，位居全省第一。阳泉市辖区教育支出15.6亿元，市辖区住房保障、社会保障和就业支出21.7亿元，分别占市辖区地方一般公共预算支出的16.7%、23.2%。临汾市辖区住房保障、社会保障和就业支出37.2亿元，占市辖区地方一般公共预算支出的24.5%。

三、城市高质量发展的一些经验

城市是推动高质量发展、创造高品质生活、全面建设社会主义现代化国家的重要载体。在习近平总书记关于城市工作重要论述的科学引领下，全省城市发展略有成就，传统优势产业转型升级、营商环境的优化和文旅康养产业的蓬勃发展为全省高质量发展提供了有力保障。

（一）加速传统优势产业转型升级

山西为深入实施全产业链培育工程，推行“链长制”，出台实施《山西省重点产业链及产业链链长工作机制实施方案》《重点产业链培育激励方案》等各项方案，全力推进全省制造业实现链式发展、集群发展、融合发展，建立健全产业链技术创新体系。坚持以“传统、特色、专业、优势”为标准，统筹先进制造、特色轻工、特优农业等领域，遴选出定襄法兰等首批十大省级重点专业镇；成立省专业镇发展领导小组，设立省领导小组办公室，“一镇一专班”加强指导服务，形成了八个方面着力、十大行动支撑、二十项政策托底的一揽子政策体系。2023年，首批省级十大重点产业链、十大重点专业镇营业收入增速均保持在20%以上。

（二）加大政策支持优化营商环境

近年来，全省持续为优化营商环境作出努力，借鉴发达省份先进做法和务实举措，制定激活民间投资 30 条、促进个体工商户发展 23 条等政策措施，建立涉企政策“一站式”服务平台。实行“四全工作法”，每季度开展开发区“三个一批”活动。落实领导干部包联重点项目，入企服务等工作机制，强化拼抢意识，积极谋划开展招商引资和对接，用好“政府 + 链主企业 + 产业园”招商、在地企业以商引商、基金招商等模式，精准招引项目。出台扩大对外开放“1+N”政贷体系，大同、运城航空口岸正式开放。制定印发《2023 年全省招商引资行动计划》。省级政务服务大厅“7×24 小时不打烊”政务服务自助区纳入了 30 多个行政部门和公共服务部门的 445 项政务服务事项。

（三）精准施策促进文旅康养产业发展

全省先后出台《文旅康养领域建设高标准市场体系 2023 年行动计划》《文旅康养奖补资金管理办法》等系列政策，多措并举促进文旅康养产业健康发展；大力推进龙头景区培育打造工作，制定 25 项重点任务清单和 52 项重点项目清单，持续开展项目招商推介，引进高端文旅康养融合项目；深挖地方特色文化，发展“文旅 + 康养”产业业态，奋力开辟康养旅游新赛道。康养产业发展呈现出良好的发展态势，全省域大文旅、大康养格局正在加快形成。

四、城市高质量发展中遇到的问题及建议

面对复杂严峻的内外部环境和艰巨繁重的改革发展稳定任务，2023 年全省城市发展取得了一定实效，但与全国先进城市高质量发展相比还有差距，仍面临一些问题。一是多元支撑的经济结构尚未形成；二是构建新型能源体系面临困难；三是关键领域创新能力仍需加强。

做好城市高质量发展工作，要深入学习贯彻习近平总书记对山西工作的重要讲话和重要指示精神，因地制宜发展新质生产力，着力推动城市高质量发展和现代化建设。

着力调整结构，提升产业发展质量。积极发展装备制造、精细化工、新能源等产业，提升传统产业的创新能力和附加值；大力发展战略性新兴产业、高端制造业和现代服务业等环境友好型的绿色产业，推动产业结构向高附加值、高技术含量、低能耗、低污染的方向转变。

着力推动改革，纵深推进试点工作。推进建设安全、绿色、智能、高效“四型矿井”，提升煤矿的生产效率和经营效益，深入实施煤电机组改造、研发清洁发电等技术实现节能减排；加快发展新能源和清洁能源，积极发展风电光伏、抽水蓄能和新型储能，推动煤电和新能源优化组合。

着力活力发展，释放科技创新潜能。实施科教兴省战略，培养造就拔尖创新人才，加快推进有利于出成果、出效益、出人才的体制机制；营造一流创新生态，促进创新链产业链资金链人才链深度融合，不断塑造发展新动能新优势。

（执笔人：高培一　贾向茹　李悦榕）

内蒙古自治区城市高质量发展监测报告

内蒙古面积 118.3 万平方公里，占全国总面积的 12.3%，下辖 9 个地级市、3 个盟，共计 23 个市辖区、11 个县级市、17 个县、49 个旗、3 个自治旗，2023 年末，全区常住人口为 2396.0 万人。近年来，内蒙古高度重视城市发展，以促进区域协调发展、新型城镇化发展带动全区城市高质量发展。在国家政策的支持下，在全区上下的共同努力下，内蒙古城乡融合、城镇化发展等与城市息息相关的方方面面都取得了长足进步。

一、城市基本概况

（一）城市发展规模及概况

呼和浩特市是内蒙古的政治、经济和文化中心，是中国北方沿边地区重要的中心城市。包头市是我国重要的重工业基地，也是内蒙古的经济中心。赤峰市地处东北、华北地区结合部，交通便捷，是首都经济圈和环渤海经济圈重要节点城市，未来发展可期。鄂尔多斯市是内蒙古著名的资源型城市，是内蒙古人均 GDP 最高的城市。通辽市地处环渤海经济圈、东北经济区和东北亚三角经济区，是东北与华北的交汇中心，是国家实施“一带一路”和内蒙古自治区推进向北开放的重要战略节点。巴彦淖尔市境内矿产资源、风能资源、日照资源丰富，硫铁矿储量居全国第一位，是中国国内风能资源最富集的地区之一。乌海市是内蒙古一座资源比较丰富的城市，是内蒙古西部地区的新兴工业城市、华北通往西北的重要枢纽。呼伦贝尔市东邻黑龙江省，西、北与蒙古国、俄罗斯接壤，边境线 1733.3 千米。乌兰察布市在第四次工业革命的推动下，已孕育出新能源、负极材料、大数据、人工智能等新质生产力，催生和孕育了新型产业，正在加速融入呼包鄂城市群。

（二）新型城镇化推进情况

城镇化水平稳步提高。近年来，全区城镇人口持续增加，城镇化水平稳步提高。2023 年末，全区常住人口城镇化率达到69.6%，比上年末提高1.0个百分点。城镇化率比全国平均水平高3.4个百分点，居全国第十位，在五个自治区中，排名第一，在西部12个省（区、市）中居第2位，仅低于重庆。近十年来，内蒙古城镇化水平处于稳步增长态势，年均增长1个百分点。

城市布局优化升级。党的十八大以来，城市发展更加注重区域协调发展、产业集聚发展，内蒙古在推进呼包鄂榆国家级城市群发展的基础上，同时结合自身实际，提出建设呼包鄂乌城市群建设规划，引领全区高质量发展。2023年，呼包鄂乌城市群GDP占全区60.9%，常住人口占全区42.5%，2023年，常住人口城镇化率达79.3%，比2019年提高7.1个百分点。为均衡蒙东蒙西地区发展，内蒙古提出打造赤峰—通辽“双子星座”的建设规划。2023年，赤峰市、通辽市常住人口677.3万人，占全区28.3%，常住人口城镇化率54.1%，比2019年提高3.3个百分点。

（三）国家政策助力内蒙古城市高质量发展

党的十八大以来，习近平总书记多次到内蒙古考察，发表重要讲话并作出重要指示。2023年6月，习近平总书记到内蒙古考察时强调，内蒙古要在建设“两个屏障”“两个基地”“一个桥头堡”上展现新作为，奋力书写中国式现代化内蒙古新篇章，这为新时代内蒙古高质量发展指明了前进方向。同年10月，国务院印发《国务院关于推动内蒙古高质量发展奋力书写中国式现代化新篇章的意见》，《意见》围绕“一个主题、五个战略定位、两个阶段目标、七项重点任务和若干保障措施”做了周密部署，为内蒙古实现全方位高质量发展提供了强有力的支持。

二、城市高质量发展成效

（一）综合质效方面

2023年，内蒙古GDP同比增长7.3%，人均GDP突破10万元，固定资产投资增长19.8%，一般公共预算收入增长9.2%，经济发展继续保持稳中向好、稳中有进的良好态势，有力服务了全国改革发展稳定大局。2019—2023年，9个地级市市辖区GDP占地级市总量近50%，吸纳人口约为地级市总量的45%，市辖区GDP增速由3.1%提高到8.8%；人均GDP由8.4万元提高到10.6万元；人均地方一般公共预算收入由7638元增加到9010元。2023年，内蒙古9个地级市综合质效指数均值为74.9，比2022年提高3.5，除乌海市外均有所提升，其中巴彦淖尔市进步最大，提升6.3。

（二）创新发展方面

内蒙古深入学习贯彻习近平总书记关于科技创新的重要论述，紧扣产业链部署创新链，不断强化科技研发和成果转化应用，煤炭地下气化、乳酸菌基因测序等一批关键技术研发取得重大突破，全球首套万吨级二氧化碳制芳烃工业试验项目、全国首个火风光储一体化示范项目等一批极具标志性意义的项目在内蒙古落地转化，科技对产业转型升级的支撑作用显著增强。内蒙古战略性新兴产业的创新发展，离不开生物、信息等新技术、新材料的支撑。比如在稀土领域，包头市被誉为“中国稀土之都”，打造形成了集稀土原矿开采、分类、终端应用等为一体的完整产业链条，深化拓展了稀土在更多领域的用途。在数字经济领域，2023 年，内蒙古大数据服务器承载能力已经突破 250 万台，正在逐步成为“东数西算”的国家算力枢纽节点。这些都为区内外相关科研团队开展科技创新创造了宽广空间。

自治区党委政府攻坚克难、多措并举提升创新驱动能力。一是强化科技创新和制度创新“双轮驱动”。以乳业、稀土、碳基新材料、新能源、种业等为重点，聚焦制约产业转型升级的重点领域和突出短板，加强产学研合作，组织实施重大科技专项，突破“卡脖子”技术问题。二是加快完善创新激励机制。健全“揭榜挂帅”、“包干制”、“首席科学家负责制”等科研管理制度，不断激发创新活力和动力。2020 年底内蒙古出台了“科技兴蒙 30 条”等政策文件，2022 年制定了“人才 30 条”等政策措施。这些政策“干货”满满，实实在在地为各类企业、院所、团队在内蒙古创新创业提供了“真金白银”的支持。2023 年，9 个地级市发明专利有效量达 12413 件，比 2019 年增加 17.8%，技术合同成交额达 53.6 亿元，是 2019 年的 2.4 倍，规模以上工业高技术制造业增加值 189.5 亿元，是 2019 年的 2.1 倍。2023 年，内蒙古 9 个地级市创新发展指数均值为 69.4，比上年提高 1.0。

（三）协调发展方面

促进城乡融合发展，对地域辽阔、拥有广袤农村牧区的内蒙古来说，有利于缩小地区差距、推动经济均衡发展、增强各民族的交往交流交融，并为内蒙古经济社会高质量发展和铸牢中华民族共同体意识提供有力支撑。2019—2023 年，内蒙古城乡人均可支配收入差距不断缩小，比值由 2.67 缩小为 2.29。党的十八大以来，内蒙古城镇化进程不断加快，区域协调性不断增强，农牧业现代化加速推进，农村牧区发展能力不断提高，城乡融合发展取得实效。2023 年，9 个地级市常住人口城镇化率达 70.1%，比 2019 年提高 6.0 个百分点。

自 2019 年以来，内蒙古全力推动共建“一带一路”，优化区域发展格局，促进西部开发开放、东北全面振兴，凭借地理区位优势，形成“北上南下、东进西出、内外联动、八面来风”的对内对外开放新格局。2023 年，内蒙古 9 个地级市协调发展指数均值为 81.9，与上年相比差距不大。但是有 4 个城市协调发展指数有所下降，主要是由市辖区社会消费品零售总额与 GDP 之比和市辖区地方财政支出收入比下降导致。

（四）绿色发展方面

内蒙古立足禀赋优势，逐“绿”前行、向“新”出发，提出“两个率先”“两个超过”的目标，在全国率先建立以新能源为主体的能源供给体系，率先构建以新能源为主体的新型电力系统，到 2025 年新能源装机规模超过火电装机规模，到 2030 年新能源发电总量超过火电发电总量，内蒙古新能源装机已率先突破 1 亿千瓦，今年底将提前完成超过火电装机的目标，并深入推进煤炭清洁高效利用，2023 年产煤 12.2 亿吨、保供 9.5 亿吨，发电 7566 亿千瓦时、外送 3065 亿千瓦时，为 29 个省市提供能源保障。绿色发展是内蒙古强区建设的根本保障，2023 年，内蒙古 9 个地级市绿色发展指数均值为 78.3，较上年有所下降，从指数上反映出内蒙古各市发展不均衡，最高的赤峰市 83.7 和最低的通辽市 64.8，差值为 18.9。与 2022 年相比 5 个城市有所下降，其中鄂尔多斯市下降最多，下降了 4.4。

在大力发展新能源产业的同时，内蒙古统筹推进蓝天、碧水、净土三大保卫战和“三北”工程攻坚战，与宁夏、山西、陕西建立黄河流域横向生态保护补偿机制，2023 年，全区地表水国考断面优良水体比例、大气 $PM_{2.5}$ 浓度和重污染天数比例均优于国家考核目标。全区城市环境质量平均优良天数比例为 90.2%（扣除异常沙尘天气影响），同比上升 1.5 个百分点。城市空气质量不断变好，人民生存环境不断改善，2023 年人均公园绿地面积 20.6 平方米，比 2019 年增长 6.1%。

（五）开放发展方面

内蒙古高度重视对内对外开放工作，2024 年内蒙古政府工作报告指出，以共建“一带一路”八项行动为契机，以建设中蒙俄经济走廊为重点，推动更大范围、更宽领域、更深层次的高水平对外开放。推进开行中欧班列扩容提质，加快建设满洲里、二连浩特中欧班列基地和呼和浩特、乌兰察布中欧班列集散中心，打造智慧海关、智慧口岸，力争始发班列总量增长 10% 以上。推动中蒙二连浩特 —— 扎门乌德经济合作区、跨境旅游合作区获批，支持满洲里、二连浩特边民互市贸易落地加工试点建设，支持阿拉善进口煤炭储配交易基地建设；深入开展“蒙商丝路行”等活动，大力推动“蒙品出境”，力争外贸规模突破 2100 亿元、增长 10% 以上。积极融入京津冀协同发展，携手东三省推进全面振兴，加强与长三角、粤港澳互动，支持赤峰与锦州港深度合作，推动陆港联动迈出新步伐。2023 年，内蒙古 9 个地级市开放发展指数均值比上年提高了 1.3，但是乌海市、呼和浩特市、通辽市分别下降了 6.1、1.6、0.6，尤其乌海市必须引起重视。

内蒙古有 20 个对外开放口岸。二连浩特、满洲里是我国向北开放的重要口岸，其中满洲里是我国最大的陆路口岸，65% 的中俄陆路贸易就是从这里经过。近年来，内蒙古积极参与共建“一带一路”和中蒙俄经济走廊建设，2023 年，内蒙古进出口总额增长 30.4%，增幅位居全国第三。引进国内到位资金增长 40.2%。全区口岸货运量超过 1 亿吨，刷新了全国陆路沿边口岸的纪录。2019—2023 年，9 个地级市累计实际使用外资额 48.6 亿美元，其中 44.4% 使用于市辖区。2023 年新设立外商直接投资企业 98 家，是 2019 年的 2.5 倍。2023 年货物贸易进出口额 1712 亿元，比 2019 年提高 81.6%。

（六）共享发展方面

2023 年呼和浩特、鄂尔多斯、伊金霍洛旗入选“2023 中国最具幸福感城市”。2023 年，内蒙古 9 个地级市共享发展指数均值提高 2.4，增长最多的为乌海市，提高 4.4。

2023 年，全区城镇新增就业 20.6 万人，同比增长 0.5 万人。同时，积极开展高校毕业生就业服务攻坚行动，实施“1131”精准就业服务，组织“春风行动”等专项行动，帮扶失业人员再就业 11.4 万人、就业困难人员就业 6.1 万人、脱贫人口务工就业 22.6 万人。持续实施阶段性降低工伤和失业保险费率、失业保险稳岗返还等政策助企纾困，兑现政策红利 34.6 亿元。解决“桥头工”冬冷夏热、日晒雨淋和公共就业服务对接不畅等问题，建成零工市场 123 个，实现 103 个旗县区全覆盖。交通方面，全区 12 个盟市所在地都通了高速公路、103 个旗县区通了一级以上公路。

三、推动城市高质量发展中存在的问题

（一）城镇化发展动力不足

内蒙古城镇化稳步发展，但动力不足。呼和浩特、包头、赤峰城区一直保持人口增长态势，成为全区人口集聚力最强的三个城市。但城市规模偏小、密度偏低，全区 20 个城市城区平均规模为 47 万人，而全国平均规模为 76 万人；全区每十万平方公里只有不到 2 个城市，而全国平均水平为 7 个。同时，小城镇数量多、规模小，400 多个小城镇中人口规模 2 万人以下的占 88% 左右。

（二）城市人口及人才流失严重

2023 年，内蒙古常住人口比 2019 年减少 19.3 万人。从 9 个地级市来看，除呼和浩特市和鄂尔多斯市外，其余 7 个地级市 2019—2023 年全市常住人口均为负增长，其中乌兰察布市、呼伦贝尔市、巴彦淖尔市、通辽市降幅都在 10% 以上。城市常住人口的减少进而带来人才的流失，资源

型城市城区人口减少，尤其是一些林区小城镇人口流失严重。

（三）农牧业转移人口市民化有待进一步推进

农牧业转移人口落户城镇意愿不强，双向自由流动不畅，进入城镇相当多的农牧民工没有稳定的住所和就业岗位，工资较低，不能享受城市住房、医疗、教育和其他福利，面临“住房难”“子女上学难”等现实问题。

（四）城市空间布局不够优化

一是中心城市辐射带动能力弱。2023 年，呼包鄂城市群常住人口城镇化率达 82.5%，高于全区平均水平 12.9 个百分点。但是城市群虹吸效应没有完全发挥，呼包鄂城市群经济和人口承载能力偏低，城镇对人口吸纳能力偏弱。二是城市功能有待进一步完善。城市管理运行效率不高、公共服务供给能力不足、城乡结合部等外来人口聚集区人居环境较差。

四、推动城市高质量发展的意见建议

（一）优化城市产业体系

一是改造提升传统产业。聚焦高端化、智能化、绿色化、服务化方向，加大新技术、新业态、新模式的推广运用力度，做大做强行业龙头企业，促进传统产业转型升级。二是培育壮大新兴产业。适应消费升级和深化供给侧结构性改革，推广运用物联网、大数据等信息技术成果，推动平台经济、虚拟经济等新业态健康发展。三是强化科技创新。积极开展先进适用技术成果转化运用，着力打造特色鲜明、优势突出的高科技产业体系，为城市发展不断注入发展新动能。

（二）促进人口和人才流动

一是提升城镇常住人口规模。加快出台多元化人口政策，合理引导人口流动，全面推广“零门槛”落户政策，建立进城落户农牧民“三权”保护机制。二是加强农牧业转移人口公共服务保障。给农牧区转移人口在工作城市享有与本地人口相同的住房、就业、教育、医疗待遇。支持进城农牧民工通过多种形式实现灵活就业。三是提升转移人口就业技能。完善农牧业转移人口职业教育及技能培训机制，聚焦用工矛盾突出行业，提高其在城市稳定就业能力。

（三）激发城市消费需求

围绕居民消费升级需求，持续推进实物消费提档升级，着力改善消费供给，增加适销对路的产品供给，满足不同群体多层次消费需求，为消费升级提供更多选择。引导实体经济拓展线上空间，形成线上线下协同互动的产业生态。探索发展互联网医疗、远程医疗等健康信息服务，培育和引导健康服务消费新需求。

（四）提升城市治理水平

加快推动政府职能转变，提升城市治理科学化精细化智能化水平，注重发挥各类社会组织的作用，动员、引导和支持各类组织参与城市治理，实现政府、市民、社会各方力量良性互动、同向发力。加快推进智慧城市建设，推动城市信息基础设施优化升级，加快布局新基建，加强城市大数据平台建设和功能整合，集成打造“城市大脑”，全面推进“一网统管”，不断提升城市治理现代化水平。

（执笔人：曹洋　田英辉　黄雅璇）

辽宁省城市高质量发展监测报告

城市高质量发展是区域经济发展质量的重要体现。“十四五”规划明确提出“深入推进以人为核心的新型城镇化战略，以城市群、都市圈为依托促进大中小城市和小城镇协调联动、特色化发展”的发展要求，为辽宁城市高质量发展提供了根本遵循。客观分析发展现状，践行“创新、协调、绿色、开放、共享”的新发展理念，推动城市发展质量更高、效益更好、结构更优，是落实辽宁省委、省政府全面振兴新突破决策部署的客观需要，更是实现全面振兴、全方位振兴的必然要求。

一、城市基本情况和发展定位

（一）城市发展基本情况

辽宁位于中国东北地区南部，地处环渤海和东北亚经济圈核心地带，是中国东北地区唯一既沿海又沿边的省份，陆地面积 14.9 万平方公里，海域面积 15 万平方公里，大陆海岸线全长 2290 公里，森林覆盖率为 35.3%，是我国北方重要的生态屏障。目前，拥有 6 个港口以及 8 个民航机场，在全国率先实现了陆地县全部通高速，铁路网和公路网密度居于全国前列。

辽宁产业基础雄厚，是我国重要的工业基地。工业门类齐全、体系完备，在国民经济行业的 41 个工业大类中拥有 40 个，以数控机床、工业机器人、石化通用装备、通用航空、汽车、造船为代表的装备制造业，以石油化工、钢铁为代表的原材料工业，在全国具有优势地位和较高市场占有率。在新材料、精细化工、智能装备制造、半导体芯片等领域，有着深厚的产业底蕴和科技优势。以航空装备、舰船等为代表的国防科技工业规模位居全国前列，研发的大批关键材料为航天、航空、船舶、核电等国家重大工程、重大装备贡献了“辽宁之材”。

辽宁共有沈阳和大连 2 个副省级城市，地级市 12 个，县及县级市 41 个，市辖区 59 个。

（二）城市发展战略

国家“十四五”规划对辽宁发展提出要求为“深化国有企业改革攻坚，着力优化营商环境，大力发展民营经济。打造辽宁沿海经济带，建设长吉图开发开放先导区，提升哈尔滨对俄合作开放能级。”对辽宁城市群发展提出要求为“培育发展哈长、辽中南、山西中部、黔中、滇中、呼包鄂榆、兰州—西宁、宁夏沿黄、天山北坡等城市群。”

二、城市高质量发展取得的主要成效

2023 年，辽宁城市高质量发展指数平均值为 73.5，比上年提高 1.2。

（一）城市综合质效不断提升

2023 年，辽宁省地级以上城市综合质效指数平均值为 69.8，比上年提高 2.7。

经济增长速度高于全国平均水平。2023 年，各城市 GDP 之和为 30067.6 亿元，按不变价格计算，比上年增长 5.3%，增速高于全国 0.1 个百分点，年度增速自 2014 年以来首次高于全国。从市辖区情况看，2023 年，市辖区实现 GDP 占全省比重达到 73.2%，比上年提高 0.4 个百分点；GDP 总量超过 1000 亿元的市辖区达到 6 个，超过 500 亿元的达到 11 个，GDP 增速高于全省的有 32 个。

经济实力不断增强。从人均 GDP 看，2023 年，辽宁人均 GDP 为 72107 元，比上年增长 5.9%；市辖区人均 GDP 为 85793 元，比上年增加 2649 元，高于全省人均 GDP13686 元。从财政实力看，2023 年，市辖区一般公共预算收入 1909.2 亿元，占全省的比重达到 69.3%；市辖区人均一般公共预算收入为 7446.9 元，比上年增长 4.1%。

人口总体保持增长。根据全国 1% 人口抽样调查数据显示，2023 年，辽宁年末常住人口 4182 万人，其中，城镇人口为 3074 万人，比 2022 年增加 10.2 万人。人口省际净流入 8.6 万人，扭转了自 2012 年以来连续 11 年人口净流出的局面。2023 年，市辖区人口增长率为 15.6‰。人口增长推动城市运行水平不断提高，从城市综合信用看，2023 年，辽宁城市综合信用指数平均值为 71.6，比上年提高 0.3；从城市消防救援效率看，2023 年，城区消防救援 5 分钟可达覆盖率平均值为 60.5%，比上年提高 2.4 个百分点。

（二）城市创新发展步伐不断加快

2023 年，辽宁省地级以上城市创新发展指数平均值为 71.7，比上年提高 0.5。

研发投入不断增加。2022 年，辽宁各城市 R&D 经费支出（规上）合计为 433.9 亿元，比上年增加 25.4 亿元；R&D 经费投入强度为 1.5%，比上年提高 0.01 个百分点。2022 年，辽宁各城市

R&D 人员数（规上）合计为 12.1 万人，比上年增加 0.4 万人。技术合同成交额所占比重有所增长。2023 年，辽宁各城市技术合同成交额合计为 1306.2 亿元，比上年增长 30.9%，技术合同成交额占 GDP 的比重为 4.3%，比上年提高 0.9 个百分点。发明专利有效量增长较快。2023 年，辽宁各城市发明专利有效量合计为 75548 件，比上年增长 16.2%。

人才引领技术攻关成果显著。全省人才事业发展基本制度框架实现迭代升级，全省人才资源总量从 2021 年的 680.0 万人增长到 2023 年的 766.7 万人。2023 年，辽宁形成了拥有国家级人才 1141 人、“两院”院士 61 人的高端人才群体，各城市高等教育学校在校生数合计为 165.0 万人。辽宁深入实施“兴辽英才计划”“百万学子留辽来辽”等专项行动，引进高校毕业生 40.1 万人，比上年增长 20.8%。

高技术制造业发展势头良好。辽宁利用人工智能、大数据、云计算等赋能传统制造业，推动传统产业向新求变、新兴产业破浪向前、未来赛道积极布局。2023 年，全省规模以上高技术制造业增加值比上年增长 8.8%，高于规上工业 3.8 个百分点，高于全国 6.1 个百分点。高端装备制造业发展已取得初步成效，例如沈阳高端装备制造业占装备制造业比重为 35%，比 2022 年提高 1.0 个百分点，逐步成为国家重大技术装备研制的骨干力量。

（三）城市协调发展稳步推进

2023 年，辽宁省地级以上城市协调发展指数平均值为 84.0，比上年提高 1.1。

城镇化步伐始终走在全国前列。辽宁积极推进新型城镇化建设，2023 年，辽宁城镇化率达到 73.5%，较 2022 年提高 0.5 个百分点，高于全国 7.3 个百分点。沈阳和大连作为辽宁的两座特大城市，是全省城镇化的重要引擎，城镇化领先全省。截至 2023 年底，两市城镇人口合计为 1408.6 万人，占全省的 45.8%；两市城镇化率分别为 85.1% 和 82.9%，分别高于全省 11.6 和 9.4 个百分点。新型城镇化更好地带动了城镇就业，城镇新增就业 47.9 万人，比上年增加 1.7 万人。

经济发展有效带动收入增长。一是财政支出与收入的比值有所缩小。2023 年，市辖区一般公共预算收入合计为 1909.2 亿元，一般公共预算支出 2526.5 亿元，全年一般公共预算支出与收入比值为 1.3，比上年缩小 0.2。二是城乡人均可支配收入比值缩小。2023 年，城镇居民人均可支配收入 45896 元，农村居民人均可支配收入 21483 元，城乡人均可支配收入比为 2.14，比上年缩小 0.07，比值低于全国 0.25，城乡收入结构更趋合理。

服务业加快发展。一是服务业增加值占 GDP 比重有所增长。2023 年，市辖区服务业增加值占

GDP 的比重为 55.6%，比上年提高 1.1 个百分点。二是消费份额有所增长。2023 年，市辖区社会消费品零售总额合计为 9379.7 亿元，占 GDP 比重为 42.6%，比上年提高 6.3 个百分点。

（四）城市绿色发展底蕴更加浓厚

2023 年，辽宁省地级以上城市绿色发展指数平均值为 82.2，与上年持平。

生态环境持续改善。城市空气质量持续较好，2023 年，辽宁优良天数比例平均达到 84.3%，城市环境空气质量 6 项污染物浓度持续稳定达标，$PM_{2.5}$ 年平均浓度为 32.4 微克 / 立方米；单位工业增加值主要污染物排放量为 0.003 吨 / 万元，比上年下降 0.001 吨 / 万元。深入开展城市黑臭水体、辽河及渤海（辽宁段）综合治理行动，在 150 个国家考核断面中，地表水达到或好于Ⅲ类水体比例（国控断面）优良水质比例达 85.3%。城区绿化水平持续提高，各城市城区实体地域绿化覆盖率平均为 41.3%，比上年提高 2.0 个百分点。

绿色产业体系建设加快推进。绿色产业发展与“冰雪游”“沿边游”“民俗游”“红色游”等特色旅游结合不断紧密，与环境治理结合不断深化。例如，阜新开工建设 50 万千瓦光伏复合治沙示范项目；朝阳北票经济开发区低碳园区试点持续推进；葫芦岛南票循环产业园区绿色终端处理系统正在建设。优势特色绿色产业集群建设不断加快，2023 年，阜新产值超亿元企业 90 户，实现产值 395.7 亿元，占规模以上工业总产值的比重为 85.5%。

新能源产业布局不断加快。辽宁充分依托清洁能源资源富集优势，全力推进风电、光伏规模化开发利用。2023 年，辽宁清洁能源（包含太阳能发电、风力发电和生物质能发电）装机容量达到 2504 万千瓦，占全省发电总装机容量的 34.6%。

（五）城市开放水平迈上新台阶

2023 年，辽宁省地级以上城市开放发展指数平均值为 71.5，比上年提高 0.02。

开放合作深化拓展。2023 年，辽宁各城市货物进出口总额合计为 7659.6 亿元，位居全国第 12 位，货物进出口总额占 GDP 比重为 25.4%。辽宁打造对外开放新前沿，深度融入共建“一带一路”，3 项成果入选第三届“一带一路”国际合作高峰论坛成果清单。与日本神奈川县、韩国京畿道等开展缔结友城关系纪念活动，对日韩进出口增长 2.5%；赴德国、沙特等国家开展友好访问和经贸人文交流，推进华晨宝马、华锦阿美等重大外资项目取得重要进展。举办首届中俄地方投资发展与贸易合作大会，对俄进出口增长 53.0%。

招商引资取得新成效。2023 年，辽宁各城市实际使用外资合计为 33.8 亿美元，其中，市辖区实际使用外资 30.0 亿美元，沈阳、大连和盘锦实际使用外资额分别为 12.1 亿美元、9.7 亿美元和 9.9 亿美元。成功举办第四届辽洽会、首届全球辽商大会，辽宁自由贸易试验区两项创新经验在全国推广。开展辽宁—长三角、京津冀、粤港澳大湾区系列招商引资促进周活动。新设立外商直接投资企业合计 611 家，市辖区 549 家；全年共备案（核准）对外投资企业 64 家，比上年增加 24 家。

开放平台建设取得新突破。辽宁开放范围不断扩大，沈阳、大连、丹东、营口获批国家级外贸转型升级基地，鞍山获批跨境电子商务综合试验区，营口经济技术开发区成为国家级进口贸易促进创新示范区。截至 2023 年底，辽宁港口码头长度达到 89154 米，港口码头泊位增加至 440 个，水路货运量比上年增长 41.1%，水路客运量增长 1.2 倍。

（六）城市共享发展日趋完善

2023 年，辽宁省地级以上城市共享发展指数平均值为 68.1，比上年提高 1.6。

居住条件持续改善。辽宁在满足城市居民住房需求的同时，也为吸纳农村转移人口创造了必要条件。2023 年，城镇居民人均住房建筑面积为 34.5 平方米，比上年增加 2.1 平方米。

社会保障投入稳定增长。2023 年，市辖区人均住房保障、社会保障和就业支出为 2617.5 元，比上年增加 51.1 元。市辖区教育支出占比较高，2023 年，辽宁各城市辖区教育支出占比为 12.1%，高于全省 0.8 个百分点。随着教育投入的增加，平均受教育年限不断增长，根据第七次全国人口普查结果，15 岁及以上人口的平均受教育年限由 9.6 年（六人普）提高至 10.3 年（七人普）。

居民生活品质不断提升。2023 年，辽宁城镇居民人均可支配收入 45896 元，比上年增长 4.3%。收入增长带动居民消费升级步伐加快，教育文化娱乐支出增长势头明显，城镇居民人均教育文化娱乐支出平均为 2929 元，比上年增长 21.9%。城镇居民主要耐用消费品拥有量不断增多，汽车、空调等在居民家庭中日渐普及，地面清洁电器等智能电器逐步融入居民日常生活。2023 年，城镇居民平均每百户家用汽车拥有量为 42 辆。

三、城市发展存在的薄弱环节

城市发展布局仍需进一步优化。2023 年，辽宁城镇化率已达到较高水平，市辖区区位优势明显，人口密度大，道路网密度较高，公共服务资源配置及配套服务布局较为完善，居民生活较为便捷，公共资源倾向性大。其他地区与市辖区相比在基础设施投入和公共服务均等化等方面还存在一定差异。

城市间发展联动效应不明显。中心城市“虹吸效应”不断增强，与其他地区差距进一步扩大。

以 GDP 为例，2023 年，沈阳和大连 GDP 占全省的比重为 55.9%，比 2022 年提高 0.2 个百分点，呈现扩大趋势。同时，沈阳和大连与省内其他城市依旧存在产业结构趋同的情况，辐射带动作用还有待加强。

城市治理水平还需进一步提升。随着城市现代化水平的不断推进，交通拥堵、停车难、供水供电等基础设施老化以及城市内涝等社会治理难题逐步显现，云计算、人工智能等方式在交通治理、人口管理、社会治理及城市运行等城市治理中的运用还需进一步加强。

四、对策建议

进一步优化城市发展布局。持续做好城市发展规划的顶层设计，坚持改造更新与保护修复并重，从区域、生态、创新、空间、治理等方面提升城市现代化发展总体水平。进一步提升市辖区功能，完善新城新区市政基础设施投入，快速扩展产业发展空间，增加土地含金量。

激活城市间发展联动效应。充分发挥中心城市的带动作用和城市群的产业联动作用，强化产业就业支撑能力。资源枯竭城市要积极探索资源型城市转型发展新思路，培育壮大接续替代产业，有序开发综合利用资源，提升城市综合服务功能。

提高城市治理水平。全面提升城市公共服务保障水平，进一步落实流动人口在就业、住房、社会保障、子女教育等方面的待遇，满足城市居民多样化、高水平的生活需求。积极探索智慧城市建设，利用大数据、云计算、物联网、人工智能等技术，提升城市管理和应急处置能力，以“数字”赋能提高城市治理水平。

（执笔人：刘莹）

吉林省城市高质量发展监测报告

吉林省简称“吉”，位于中国东北地区中部，下辖长春、吉林、四平、辽源、通化、白山、松原、白城 8 个设区市和东部地区唯一的少数民族自治州——延边朝鲜族自治州，2023 年末，全省常住人口 2339.4 万人。党的十八大以来，习近平总书记三次视察吉林，赋予吉林“新担当、新突破、新作为”重大职责使命，为新时代吉林全面振兴把脉定向，为建设社会主义现代化新吉林提供了根本遵循，为吉林全面振兴全方位振兴指明了前进方向。

一、城市基本情况

（一）城市发展基本情况

2023 年末，全省 8 个设区市市辖区总人口达到 1076.1 万人，其中城镇常住人口达到 908.2 万人。省会长春市，是全省政治、经济、科教、文化、金融和交通中心，是著名的“汽车城”“电影城”“科教文化城”“森林城”和“雕塑城”。

（二）城市发展定位和战略

2016 年 2 月，国务院批复《哈长城市群发展规划》，要求坚持以人为本、科学发展、改革创新、依法治市，转变城市发展方式，完善城市治理体系，提高城市治理能力，着力完善体制机制，着力加强结构性改革，着力推进大众创业万众创新，着力保障和改善民生，统筹空间、规模、产业三大结构，科学规划城市空间布局，实现基础设施互联互通、产业协调发展、生态环境共建、开放合作共赢、公共服务共享，探索粮食主产区新型城镇化道路，不断提升城市环境质量、人民生活质量、城市竞争力和新型城镇化水平，努力将哈长城市群建设成为具有重要影响力和竞争力、宜居宜业的绿色城市群。《吉林省国土空间规划（2021—2035 年）》，要求吉林省推进哈长城市群一体化发展，建设长春都市圈。《吉林省国土空间规划（2021—2035 年）》提出：深入实施新型城镇化战略，落实国家哈长城市群建设要求，推进“双协同”一体化发展，辐射带动“双廊”，畅通“双通道”，搭好发展框架、拓展战略纵深、壮大规模总量，推动大中小城市和小城镇协调发展、互促共进。

二、城市高质量发展取得的成绩

2023 年，经济运行保持回升向好态势，高质量发展扎实推进，社会大局保持稳定，振兴发展“上升期”“快车道”积厚成势，全省全面振兴迈出坚实步伐。

（一）综合质效明显提升

2023 年，全省 8 个地级以上城市综合质效指数平均值为 70.6，比上年提高 4.1，提升幅度明显。长春、吉林两市领跑全省。长春市积极打造一主引领的城市发展格局。2023 年长春市经济总量占全省的一半以上，GDP 比上年增长 6.6%，高于全省 0.3 个百分点。吉林市 GDP 同比增长 6.7%，增速位列全省各地级市前列。其他地市也实现了 5% 以上的经济增速。四平市 GDP 增长 5.9%，占全省 GDP 的比重由 2021 年的 4.2% 提高到 2023 年的 4.3%。辽源市 GDP 同比增长 5.7%。通化市 GDP 同比增长 5.6%。白山市 GDP 同比增长 5.3%。松原市 GDP 同比增长 5.9%，白城市 GDP 同比增长 6.0%。

（二）创新发展动能增强

2023 年，全省 8 个地级以上城市创新发展指数平均值为 66.3，比上年提高 0.3。长春市科技成果本地转化突破 2000 项、增长 1.4 倍，取得了氢能列车、双飞翼无人机等一批国际、国内首创性成果，

图 1 一汽解放生产车间

上海市城市高质量发展监测报告

上海位于中国华东地区，长江和钱塘江入海汇合处，是长江三角洲冲积平原的一部分，是我国四大直辖市之一，是国家中心城市、国家历史文化名城，也是中国共产党的诞生地。春秋战国时，上海是春申君的封邑，故别称“申”。晋朝时，因渔民创造捕鱼工具“扈”，江流入海处称“渎”，因此松江下游一带称为“扈渎”，后又改“沪”，故上海简称“沪”。上海市辖区面积 6340.5 平方公里，有 16 个市辖区、107 个街道、106 个镇、2 个乡，2023 年末，全市常住人口达 2487.5 万人。新时代，上海坚定不移深化改革开放，扎实推进国家重大战略任务，以创新驱动引领高质量发展，不断增强城市核心竞争力。面向未来，上海将继续以开放的姿态，迎接挑战，抓住机遇，深入贯彻落实党中央和国务院决策部署，努力在推进中国式现代化中充分发挥龙头带动和示范引领作用。

一、城市高质量发展成效

把上海建设成为国际经济、金融、贸易、航运和科技创新中心，是习近平总书记和党中央全面研判国内国际大势、统筹把握改革发展大局作出的重大决策，是赋予上海的重要使命。总书记明确要求，上海要以加快建设“五个中心”为主攻方向，统筹牵引经济社会发展各方面工作，坚持整体谋划、协同推进，重点突破、以点带面，持续提升城市能级和核心竞争力。2023 年上海城市高质量发展指数为 90.8。具体来看，综合质效、创新发展、协调发展及共享发展四个维度得分较上年有所提升。

（一）综合质效情况

2023 年，上海以习近平新时代中国特色社会主义思想为指导，全面贯彻落实党的二十大精神，深入贯彻落实习近平总书记考察上海重要讲话精神，坚决贯彻落实中共中央、国务院的决策部署，坚持稳中求进工作总基调，深化高水平改革开放，推动高质量发展，着力提升城市能级和核心竞争力。

经济平稳恢复。2023 年，上海 GDP 达 47218.7 亿元，比上年增长 5.0%，经济总量继续保持全国中心城市首位，其中，第二产业增加值增长 1.9%，第三产业增加值增长 6.0%。

效益持续提升。2023 年，上海第三产业增加值占 GDP 的比重达到 75.2%；人均 GDP 达 19.03 万元；2023 年末，上海城镇化率达 89.5%。

（二）创新发展情况

2014 年 5 月，习近平总书记在上海考察时强调，上海要努力在推进科技创新、实施创新驱动发展战略方面走在全国前头、走在世界前列，加快向具有全球影响力的科技创新中心进军。10 年来，沿着习近平总书记指引的方向，上海一刻不停，“一棒接着一棒干”，提升原创性、引领性、战略性，在关键技术领域厉兵秣马。上海国际科技创新中心建设从“建框架”向“强功能”跃升，跨入创新活力持续迸发、创新成果不断涌现的新阶段。

创新投入稳步提高。2023 年，上海财政科技支出总额为 528.1 亿元，较 2020 年 406.2 亿元累计增长了 30.0%，年均增长率达 9.1%。2023 年，上海 R&D 经费投入强度达 4.4% 左右。2023 年，共落实研发费用加计扣除上年度减免税额 823.2 亿元，享受企业数 4.2 万家；落实高新技术企业减免所得税额 248.7 亿元，享受企业数 3007 家；落实技术先进型企业减免所得税额 13.2 亿元，享受企业数 146 家。

创新人才显著集聚。2023 年，上海新增两院院士 18 位，占全国新增院士总数的 13.5%；万人平均高等教育在校生人数达 391.7 人，较上年增长 3.7%；每万名就业人员中研发人员数量达 253 人。

创新主体持续增加。2023 年，上海新增科技“小巨人”企业和“小巨人”培育企业 155 家，累计超 2800 家。年内新认定高新技术企业 8052 家，有效期内高新技术企业数突破 2.4 万家。新认定技术先进型服务企业 42 家，有效期内 243 家。全年共认定高新技术成果转化项目 837 项，其中，电子信息、生物医药、新材料、先进制造与自动化等重点领域项目占 82.2%，累计认定高新技术成果转化项目 15929 项。

创新成果量质齐升。2023 年，上海全市专利授权量 15.9 万件，其中发明专利授权量 4.4 万件，比上年增长 20.5%；PCT 专利申请受理量 6185 件，比上年增长 10.6%。截至 2023 年末，有效发明专利拥有量 24.1 万件，比上年增长 19.5%；每万人口高价值发明专利拥有量 50.2 件，较上年增加 9.3 件。全年经认定登记的各类技术交易合同 50824 项，合同金额达 4850 亿元，分别比上年增长 32.8%、21.1%，成交金额排名全国第二。其中，高校院所等科研事业单位技术合同成交额达

182 亿元，同比增长 26.6%。2023 年，上海集成电路、生物医药、人工智能三大先导产业规模达 1.6 万亿元；战略性新兴产业增加值同比增长 6.9%，占全市 GDP 比重达 24.8%。

（三）协调发展情况

早在“十三五”规划制定过程中，上海即提出要推进协调发展，整体优化城市发展格局。上海积极实施乡村振兴战略，不断推进城市基础设施建设，贯彻落实“人民城市人民建，人民城市为人民”的理念，致力于提升人民群众的获得感、幸福感、安全感，让经济发展真正惠及每个市民。

高水平实施乡村振兴战略。上海在实施乡村振兴战略中，始终以高水平规划为前提，因地制宜、因村施策，着力打造能够凸显整体功能和示范引领作用的示范村。已完成第五批乡村振兴示范村建设，并在实施路径、资金投入、产业导入、评估监测等方面形成了更加完善的工作机制，本批次示范村建设中的社会资本投入首次超过财政资金投入，并在做精做优乡村新产业新业态方面展现新面貌，随着目标任务基本完成，本市乡村建设水平进一步迭代和提升。2023 年，全市已完成 309 个美丽乡村示范村和 112 个乡村振兴示范村建设。城乡居民收入比由 2018 年的 2.24 降至 2023 年的 2.08。

高质量推进城市基础建设。2023 年全年，上海城市基础设施建设投资总额比上年增长 3.3%，其中交通运输、邮电通信投资增长 2.8%，公用设施投资增长 6.9%。2023 年，全市零星旧改完成 12.3 万平方米，受益居民 4084 户。全年实施老旧小区改造 1310 万平方米，完成 29.6 万平方米小梁薄板房屋等不成套旧住房改造，启动 10 个城中村改造项目，推动既有多层住宅加装电梯 3001 台，建设筹措 8.1 万套（间）保障性租赁住房，筹措供应 1.1 万张“新时代城市建设者管理者之家”床位。

（四）绿色发展情况

2023 年是全面贯彻党的二十大精神的开局之年，也是生态环境领域具有里程碑意义的一年。7 月，党中央时隔五年再次召开全国生态环境保护大会，习近平总书记出席会议并发表重要讲话，为新时代新征程继续推进生态文明建设提供了行动纲领和科学指南。9 月，上海召开生态环境保护大会，提出高标准谋划、高水平推进美丽上海建设，加快打造人与自然和谐共生的社会主义现代化国际大都市。全市生态环境系统深入学习贯彻习近平生态文明思想，全面落实市委、市政府的决策部署，坚定不移走生态优先、绿色发展之路，坚持以高水平保护推动高质量发展，生态环境保护工作取得新进展。

空气质量持续改善。2023 年，上海环境空气质量指数（AQI）优良天数为 320 天，较 2022 年增加2天，AQI优良率为87.7%，较2022年上升0.6个百分点。其中，优132天，良188天，轻度污染41天，中度污染3天，重度污染1天，无严重污染天数。全市$PM_{2.5}$年均浓度为28微克/立方米。近五年的监测数据表明，全市$PM_{2.5}$年均浓度总体呈下降趋势。

水资源治理推进有力。2023年，上海积极推进三水统筹、系统治理，落实碧水保卫战重点工作。水环境方面，全面开展入河入海排污口排查整治，全市累计排查河湖、海湾岸线长度约2.3万公里，发现各类排污口数量约70万个，并完成1467个长江入河排污口整治销号。273个地表水断面优Ⅲ类占比为97.8%，其中，40个国控断面优Ⅲ类占比为97.5%，无Ⅴ类和劣Ⅴ类断面。

绿色发展全面落实。2023年，上海持续推进绿化资源建设，绿地面积、公园绿地面积、公园面积等指标较2022年分别增长0.4%、2.3%、5.1%，人均公园绿地面积达9.4公顷每万人，较上年增长1.8%。主要污染物重点工程减排量完成国家下达的年度目标任务，持续高标准推进全域“无废城市”建设，全年未发生较大及以上突发环境事件。

（五）开放发展情况

上海深入贯彻落实习近平总书记关于共建“一带一路”的重要讲话和重要指示批示精神，立足国家需要和上海优势，积极搭建合作平台、拓展合作网络、共建合作项目，服务共建“一带一路”迈上新台阶。“中欧班列—上海号”已实现中欧线、中俄线、中亚线全覆盖，联通境外城市与站点超80个，成为上海连接欧亚大陆的重要物流通道，为服务上海与共建“一带一路”国际贸易注入新动能。

全力推进国家战略。2018年以来，中国国际进口博览会已成功举办六届，依托中国大市场优势，上海发挥国际采购、投资促进、人文交流、开放合作平台功能，对加快构建新发展格局和推动世界经济发展作出了积极贡献。2023年第六届进博会圆满举办，128个国家和地区的3486家企业参展，其中世界500强和行业龙头企业达289家，数量为历届之最。按年计意向成交金额784.1亿美元，比上届增长6.7%，创历史新高。

贸易结构进一步优化。2023年上海进出口总值4.21万亿元，同比增长0.7%。其中，出口1.74万亿元，增长1.6%；进口2.47万亿元，增长0.1%。电动载人汽车年度出口值首超千亿元大关，达1208.9亿元，增长43.9%；锂离子蓄电池出口382.4亿元，增长50.5%；太阳能电池出口86.6亿元，增长0.9%。此外，出口船舶445亿元，增长48.8%，全年增长规模近150亿元。

外资经济量稳质提。2023年，上海实际使用外资达240.9亿美元，增长0.5%，创历史新高。

全年新设外商投资企业 6017 家，比上年增长 38.3%；年末在上海投资的国家和地区达 193 个；累计认定跨国公司地区总部 956 家，年内新增 65 家；外资研发中心 561 家，年内新增 30 家。

（六）共享发展情况

习近平总书记考察上海提出了“人民城市人民建，人民城市为人民”的重要理念，深刻揭示中国特色社会主义城市发展规律。幼有善育、学有优教、劳有厚得、病有良医、老有颐养、住有宜居、弱有众扶，这些美好风景是人民群众的热切期待，也是城市温度的集中体现。

社会保障水平持续提升。2023 年，全市居民人均可支配收入达 89477 元，同比增长 6.5%。全年城镇新增就业岗位 60.6 万个，全年帮助就业困难人员实现就业 66686 人，新消除零就业家庭 57 户，全年创业帮扶 15176 户，帮助 12314 名长期失业青年实现就业创业。年末全市基本养老保险参保人数超 1761 万人、失业保险参保人数超 1023 万人、工伤保险参保人数超 1188 万人，城市低保平均保障标准达到 1510 元 / 人月，社会保障指标均实现增长。

公共服务能力持续改善。2023 年年末，上海卫生健康机构、床位、卫生技术人员分别较上年增加 110 个、9654 张、10149 人，分级诊疗体系下沉社区，卫生健康服务普惠群众。年末全市公共图书馆数为 20 个，藏书量达 8307 万册，博物馆数 165 个，人均接受文化场所服务次数达 3 次，基础文化设施建设迈上新台阶。2023 年全市一般公共预算支出中教育支出同比增长 7.4%；普通本专科在校生 57.2 万人，比上年增加 3.2%；研究生在校生 25.8 万人，其中博士生 5.7 万人，比上年增加 11.1%，硕士生 20.1 万人，比上年增加 4.0%；教育事业普惠群众。

二、上海高质量发展的经验

上海以强化“四大功能”为重大抓手和战略路径，深化“五个中心”建设，推动高水平改革开放，实现高质量发展，努力把总书记和党中央赋予的重大战略、交办的重大任务、提出的重要要求，持之以恒地细化为“施工图”，高质量地转化为“实景画”。

强化全球资源配置功能。上海引进培育了一批具有全球市场运作能力的高能级企业和机构，支持再保险“国际板”等功能性平台强化国际服务功能，在便利资金、人才、数据等跨境流动上进一步深化探索创新。上海建设了国际人才发展引领区，创新吸引和集聚世界优秀人才的体制机制，健全急需紧缺专业人才全链条培养使用体系，为外籍人才提供入出境和停居留便利。

强化科技创新策源功能。上海一手抓创新源头，服务保障大科学设施建设和运营，健全以国家实验室为引领的战略科技力量体系，加大对基础研究的投入。一手抓创新转化，优化创新孵化体系、科技公共服务体系、科技投融资体系、大中小企业协同创新体系，四大体系协同并进帮助企业打造“从 0 到 1 到 10 到 100”的创新全链条。

强化高端产业引领功能。上海一方面在规模上引领，加快建设以实体经济为支撑的现代化产业体系，另一方面在技术上引领，抢占价值链高端环节，在 EDA 工具、关键材料、特种试剂、核心基础零部件、高端装备、基础模型等关键环节加大布局和支持力度，夯实产业基础。

强化开放枢纽门户功能。上海硬件方面持续打造世界级航运枢纽，全力保障小洋山北作业区、浦东国际机场四期、东方枢纽上海东站等重大项目建设。软件方面深化落实自由贸易试验区提升战略，对接 CPTPP、DEPA 等国际高标准经贸规则，推进高水平全方位制度型开放，提升走出去发展竞争力。

（执笔人：陆嘉歆）

江苏省城市高质量发展监测报告

江苏地处我国东部沿海地区中部，长江、淮河下游，横跨沿江、沿海、沿欧亚大陆桥三大经济带，处于长三角和长江经济带交汇区域和“一带一路”交汇点上。全省行政区域面积 10.72 万平方公里，水域面积占 16.9%。现辖 13 个设区市，95 个县（市、区），其中 19 个县、21 个县级市、55 个市辖区。

进入新时代，江苏全省上下坚持以习近平新时代中国特色社会主义思想为指导，完整准确全面贯彻新发展理念，服务全国构建新发展格局，努力在高质量发展上走在前列、在推进中国式现代化中走在前做示范，总书记亲自擘画的“经济强、百姓富、环境美、社会文明程度高”的新江苏宏伟蓝图，正在逐步变为生动壮美的现实图景。2023 年，江苏以占全国 1.1% 的土地面积，承载 6% 的人口，创造 10.2% 的经济总量，为全国发展大局作出重要贡献。

一、城市发展综述

改革开放以来，经过 40 多年的快速城镇化发展，江苏已进入相对稳定的城镇化发展阶段，城市发展由大规模增量建设转为存量提质改造和增量结构调整并重阶段。2023 年末全省常住人口城镇化率为 75.0%，55 个市辖区合计行政区面积 41865 平方公里、常住人口 4757.3 万人、城镇常住人口 3940.3 万人，占全省比重分别为 39.1%、55.8%、61.6%。

（一）富有特色的区域发展格局更趋协调

近年来，江苏着力推动区域统筹协调发展，实施以“1+3”重点功能区（扬子江城市群 + 江淮生态经济区、沿海经济带、淮海经济区中心城市）为引领的区域发展战略。依托沿江八市（南京、镇江、常州、无锡、苏州、南通、泰州、扬州）打造世界级扬子江城市群，形成江苏发展的“金色名片”。依托沿海三市（南通、盐城、连云港）打造沿海经济带，构筑江苏向海发展的“蓝色板块”。

依托江淮平原的淮安、宿迁和里下河地区，打造江淮生态经济区，构建江苏永续发展的“绿心地带”。依托徐州建设淮海经济区中心城市，打造江苏高质量发展的“强劲支点”。

（二）定位清晰的城市发展布局更加合理

国务院于2023年7月批复的《江苏省国土空间规划（2021—2035年）》，明确江苏到2035年，形成2个特大城市、17个大城市和17个中等城市的“2+17+17”城市体系发展格局。2个特大城市指：南京和苏州。17个大城市包括：除苏州和南京的其余11市和江阴、昆山、常熟、张家港、宜兴和沭阳等县（市）。17个中等城市包括：新沂市、邳州市、沛县、东海县、滨海县、阜宁县、东台市、兴化市、靖江市、泰兴市、海安市、如皋市、如东县、启东市、丹阳市、溧阳市和太仓市。构建了一个多层级、多中心的城市发展体系。

（三）优势集聚的产业发展布局更具质量

坚守实体经济、构建现代化产业体系是江苏的强省之要。2023年国家先进制造业百强榜单上，江苏13个设区市全部入选。目前，全省有三城坐拥万亿级地标产业：苏州的电子信息产业、装备制造业、先进材料产业，无锡的机械行业，南通的建筑业。除此之外，南通－泰州－扬州海工装备和高技术船舶集群，泰州－连云港－无锡生物医药集群，苏州－无锡－南通高端纺织集群，入选工信部先进制造业集群名单，江苏产业集群培育正突破“一城一业”，从竞争转向竞合。

二、城市高质量发展现状

2023年，江苏13市高质量发展指数均值82.2，比2022年提高1.2，比全国平均高6.8。

（一）“强富美高”新江苏建设成果斐然

江苏沿着习近平总书记指引的方向奋勇前进，坚决扛起“争当表率、争做示范、走在前列”光荣使命，协同推进经济高质量发展、生态环境高水平保护和人民群众高品质生活，“强富美高”新江苏建设迈入现代化新篇章。2023年，江苏13市综合质效指数均值82.9，比2022年提高3.0，超全国平均9.0，其中3市指数水平超85。

综合实力处于前列。党的十八大以来，江苏GDP连跨7个万亿级台阶，2023年总量达到12.8万亿元，13个设区市全部跻身全国百强，南京、无锡、常州、苏州、南通等5市经济总量超万亿元，其中苏州超2万亿。2021年至今，江苏成为全国唯一人均GDP超过2万美元的省份（2023年为2.13万美元），其中无锡人均GDP突破20万元，连续4年居全国大中城市首位。

发展质效稳步提升。党的十八大以来，江苏服务业增加值每三年提升1个万亿元台阶，至

2023年已达6.6万亿元，是2012年的2.8倍，2023年三次产业结构为4.0 ∶ 44.4 ∶ 51.6。高技术制造业、先进制造业、现代服务业逐步成为全省经济发展重要动能。2023年，江苏16个先进制造业集群营业收入占全省规上工业比重超六成，全省拥有规模以上高技术制造企业7885家，十年间增长66.2%；实现营业收入3.6万亿元，十年间增长42.2%；高技术制造业增加值占规上工业比重为23.2%，十年间提高5.1个百分点。2023年，全省战略性新兴产业产值占规上工业比重为41.3%，占比连续十年稳步提升。

（二）创新驱动力持续增强

江苏聚焦“在科技自立自强上走在前”，着力打造具有全球影响力的产业科技创新中心和具有国际竞争力的先进制造业基地，地方城市迎风直上，创新指数不断走高。2023年，江苏13市创新发展指数均值82.2，比2022年提高0.6，比全国平均高8.3，其中3市指数水平超过85。

创新创造活力不断迸发。2022年，江苏R&D经费投入强度3.14%，其中苏州市超4%，南京、无锡、常州等地高于全省平均。2023年，全省全年专利授权量44.7万件，其中发明专利授权量10.8万件，同比增长20.9%；万人发明专利拥有量62.2件。南京、苏州、南通获批国家知识产权保护示范区建设城市；连云港获批建设国家级知识产权保护中心，全省累计获批国家级保护中心9个；镇江入围“全国城市创新能力百强榜”。

科技创新和产业创新深度融合。着力打造科技创新平台，苏州实验室总部基地开工建设，紫金山实验室建立业界首个6G综合实验室，太湖实验室建立连云港中心。全省新获批建设21家全国重点实验室、累计已有31家。科创板、北交所上市公司分别达110家、43家，保持全国第一。新增国家智能制造示范工厂20家，全国首批300家5G工厂中江苏有97家，数字经济核心产业增加值占GDP比重达11.4%。2023年，苏州国家级专精特新“小巨人”企业突破400家；国家科技型中小企业达2.5万家。常州实施科技型企业“倍增计划”，每万家企业法人中高新技术企业数同比增长17.2%；盐城高新技术产业产值突破4000亿元。

（三）城乡区域发展更趋协调

近年来，江苏紧紧围绕习近平总书记提出的“要做好区域互补、跨江融合、南北联动大文章”，持续完善区域协调发展政策举措，区域均衡协调发展水平居全国省区前列。2023年，江苏13市协调发展指数均值85.1，比2022年提高0.6，高于全国平均4.4，其中5市指数水平超85，南京协调发展指数90.4。

城乡一体化发展持续推进。江苏城镇化率在 2017 年突破 70%，到 2023 年达 75%，高出全国平均 8.8 个百分点。城乡居民收入差距连续十四年缩小，特别是党的十八大以来，全省各地加快推进乡村全面振兴，积极推进共同富裕，农村居民收入增速持续快于城镇居民，城乡居民收入比由 2012 年的 2.37 缩小至 2023 年的 2.07，是全国城乡收入差距最小的省份之一。

基础设施建设水平显著提升。全省城市污水集中处理率 93.5%，比上年提高 1 个百分点，城市生活垃圾无害化处理率 100%。全省城市道路总长度超 6 万公里，建成区路网密度 9.0 公里 / 平方公里，人均城市道路面积达 25.5 平方米。宜居、韧性、智慧城市建设不断深入。南京、无锡、徐州、常州、苏州、淮安、镇江、泰州、宿迁 9 市入选国家"十四五"时期"无废城市"建设名单，无锡、宿迁、扬州和昆山 4 市入选国家系统化全域推进海绵城市建设示范城市，无锡和昆山建设工作在国家绩效评价中被评为 A 等；镇江加强国家海绵试点城市建设，建成区 30% 面积达海绵城市建设要求，被国家确定为优秀试点城市。全省 67 个城市完成城市安全风险辨识。数字化治理服务水平不断提升，各设区市市域"一网统管"体系初步构建。

（四）绿色低碳发展有力践行

江苏坚持以习近平生态文明思想为指导，完整准确全面贯彻新发展理念，坚定不移走生态优先、绿色发展之路。2023 年，江苏 13 市绿色发展指数均值 86.9，与 2022 年基本持平，高于全国平均水平 2.6，其中 6 市指数水平超过全省平均。

"美丽江苏"底色更绿。生态环境质量创有监测记录以来最好水平，空气质量优良天数比率提升至 79.6%，各类水体的水质全面改善，全省累计入选国家生态园林城市 9 个，数量全国第一；国家生态文明示范市县 37 个。2023 年，全省共完成造林绿化 23.3 万亩，林木覆盖率达 24.1%。太湖治理成效显著，水质藻情为 16 年来最好水平，无锡聚焦以太湖治理为标志性工程的生态文明建设，累计实施了 7278 个治太重点工程，市本级投入达 1252 亿元；盐城获"国际湿地城市"认证，大陆自然岸线保有率 43.6%；南通 430 公里沿江沿海生态带全线贯通；徐州治理采煤沉陷区 9000 亩、修复矿山 32 处。

绿色转型步伐加快。江苏以重点高耗能行业节能降耗为重点，加快推进工业绿色转型，能源消费结构发生较大转变，煤炭等传统能源消费增速回落明显。2023 年，江苏绿色制造取得突破性进展，入选 100 家国家级绿色工厂、13 家绿色园区、34 家绿色供应链管理企业，各类数量均居全国第一，均较上年实现翻番增长。累计创建国家级绿色工厂 349 家、绿色工业园区 33 家、绿色供应

三年来，浙江积极探索高质量发展高水平共同富裕之路。2023 年，浙江城镇和农村居民人均可支配收入分别为 74997 元和 40311 元，连续 23 年和 39 年居各省区第一。浙江城市协调发展指数均值为 85.6，比 2022 年提高 0.7，高于全国平均数和中位数。

杭州全力建设“最具幸福感”城市，通过扎实推动新时代“千万工程”，城乡居民收入倍差从 2022 年的 1.71 缩小至 2023 年的 1.67，成为全国最均衡的区域之一。温州稳扎稳打促共富，建成“共富工坊”1256 家，最低生活保障标准年人均提高到 13320 元，低收入农户人均可支配收入比上年增长 14%、增速全省第二位。嘉兴作为浙江城乡差距最小的设区市，全市所有村集体年经常性收入均超过 160 万元，2023 年城乡居民收入比（1.53）为全省最小。台州推进强村富民，家庭人均年收入 1.1 万元以下现象动态清零。丽水市完成“大搬快聚富民安居”五年计划，农村居民人均可支配收入和低收入农户人均可支配收入增速分别实现全省“15 连冠”和“8 连冠”。

（四）生态文明建设推动绿色低碳发展

浙江是“两山”理念发源地，是全国首个生态省。2023 年，浙江城市绿色发展指数均值为 87.8。截至 2023 年末，浙江累计建成国家生态文明建设示范区 49 个，国家“绿水青山就是金山银山”实践创新基地 14 个，数量居全国前列。

杭州和湖州成功入选首批国家碳达峰试点城市。2023 年，杭州绿色发展指数为 89.3，市控以上断面水质 III 类以上比例达 100%，获得第五届世界生物圈保护区大会举办权。湖州实现国家生态文明建设示范区县全覆盖，获评 2023 中国最具生态竞争力城市，成为全球首个响应“昆明－蒙特利尔全球生物多样性框架”城市。宁波深化践行“两山”理念，出台六大领域碳达峰实施方案，完成全国首单蓝碳拍卖交易，提前实现“十四五”风光装机目标，入选国家首批绿色出行城市。舟山打响“绿色发展看舟山”品牌，高标准打赢污染防治攻坚战，空气质量居全国前列，近岸海域一、二类海水优良率达到历史最好水平。台州空气质量稳居全国重点城市前列，上榜中国“十大秀美之城”，白沙湾获评全国海洋生态保护修复典型案例。

（五）高水平对外开放促进互利共赢

浙江深入推进政务服务增值化改革，持续优化营商环境，推进高水平对外开放，打造高能级对外开放之省。2023 年，全省货物进出口、出口和进口规模分别居全国第三、第二和第五位，占全国份额分别为 11.7%、15.0% 和 7.4%，均比上年提高 0.5 个百分点。全年中欧（义新欧）班列开行 2380 列，增长 4.9%。浙江城市开放发展指数均值为 84.3，高于全国平均数和中位数。

2023年，宁波舟山港货物吞吐量13.2亿吨，连续15年居全球第一；集装箱吞吐量3530万标箱，连续6年居全球第三，仅次于上海港、新加坡港；国际航运中心发展指数排名提升至全球第九位。海铁联运达总量居全国第二，成为全球第五个具备LNG加注服务能力的枢纽港，获批全国唯一的中东欧农食产品进口先行先试口岸，全国首创跨境电商前置仓监管模式。金华与全球233个国家和地区建立贸易关系，总结形成跨境电商贸易数据认证等超过100项试验区创新案例，市场采购贸易方式在全国31个城市复制推广，落地全国首个“先查验后装运”数字化监管集拼仓，快递业务量稳居全国第一。

（六）公共服务“七优享”增进民生福祉

浙江围绕为民办实事改善民生，启动实施公共服务“七优享”工程，努力做到“幼有善育、学有优教、劳有所得、病有良医、老有康养、住有宜居、弱有众扶”。浙江城市共享发展指数均值为80.1，比上年提高1.7，高于全国平均数和中位数。2023年“十方面民生实事”群众满意率达99.5%。

杭州从“有到优”推进公共服务。2023年共享发展指数为85.3，较上年提高3.8；开展职业技能培训32.3万人次，城镇新增就业32.9万人；实现乡镇（街道）老年学校建设全覆盖；出台生育补助政策，发放孕产、育儿补助1.6亿元，入选全国首批婴幼儿照护服务示范城市。衢州积极构建城乡统筹、分层分类、精准高效的新时代社会救助体系，市辖区人均社保、住保和就业支出居全省第二位。台州实施教育提质十大行动，第八次获评“中国最具幸福感城市”。

三、城市高质量发展实践经验

（一）聚焦引导保障成效，“8+4”经济政策体系精准高效

浙江以“勇当先行者、谱写新篇章”的使命担当，以高质量政策引领浙江高质量发展。2023年，浙江坚持集中财力办大事，通过大力度整合优化提升，构建“8+4”经济政策体系。全年共安排省级财政资金1006.8亿元，为市场经营主体减负3300亿元以上，各项贷款余额比上年增长14.2%。

（二）聚焦建设现代化产业体系，产业结构优化升级

浙江把构建现代化产业体系作为强基固本的重中之重，加快构建以先进制造业为骨干，以数字经济为核心，以现代化交通物流体系为动脉，以现代化基础设施为支撑，现代服务业与先进制造业、现代农业深度融合，数字经济和实体经济深度融合的现代化产业体系。2023年，规模以上数字经济核心产业制造业、高新技术产业、战略性新兴产业增加值比上年分别增长8.3%、7%、6.3%；规

模以上科技服务业、高技术服务业营业收入分别增长 9.7% 和 8.2%，增速均高于规模以上服务业平均水平（6.4%）。

（三）聚焦缩小“三大差距”，共同富裕建设迈出坚实步伐

浙江实施县城承载能力提升和深化“千村示范、万村整治”、土地综合整治工程。2023 年建成和美乡村示范村 292 个，建设高标准农田 85.3 万亩。支持山区海岛县高质量发展，山区 26 县生产总值增速高于全省平均 1 个百分点。加强“共富工坊”建设，截至 2023 年 10 月末，全省共建成定向招工式“共富工坊”1713 家，吸纳农村剩余劳动力 56781 人、低收入群体 11220 人就业，带动村集体增收 2.4 亿元。

（四）聚焦高水平对外开放，改革开放持续深化

浙江以实施营商环境优化提升“一号改革工程”，“地瓜经济”提能升级“一号开放工程”为牵引，着力巩固改革开放先行先发优势。不断提升制度型开放水平，制定促进民营经济高质量发展 32 条政策，2023 年末全省市场经营主体达 1034 万户，比上年增长 9.6%。积极参与共建“一带一路”，2023 年，对共建“一带一路”国家进出口额占比达 52.1%，对全省进出口增长贡献率达 89.5%。成功举办世界互联网大会乌镇峰会、全球数字贸易博览会等重大活动。加快建设长三角科创共同体等合作载体，基本建成长三角期现一体化油气交易市场。

四、存在的问题

“八八战略”引领浙江大地发生了精彩蝶变，现代化建设迸发出蓬勃生机。但是浙江自身发展面临着一些困难挑战，需引起关注。

创新势能不足。浙江 5.9 万余家规模以上工业企业中，绝大多数是中小企业，数字化、网络化、智能化水平相对较低，发展动能有待进一步提升。高等教育发展水平与浙江在全国的经济文化地位，与人才强省、创新强省首位战略要求，与浙江人民对优质高等教育的需求还不匹配。

均衡发展不佳。2023 年全省各市人均 GDP 最高、最低倍差较上年增加 0.01，“三大差距”有待进一步缩小。教育资源有待进一步优化，山区海岛县、农村地区仍存在着薄弱学校发展难点、优质生源流失痛点以及教育品质提升堵点。

绿色发展不稳。与 2022 年相比，2023 年浙江 11 个地市中有 7 市绿色发展指数下降，居六大维度首位。受单列大项目投产开工、部分高耗能行业产能持续释放等影响，全社会能耗压力加大。此外，全省细颗粒物（$PM_{2.5}$）年平均浓度测算得分有 10 个地市出现下降。

出口结构不优。外部环境复杂严峻，稳增长依然面临困难。2023 年，11 个地市中实际使用外资金额和货物贸易进出口总额近半数负增长，开放发展动力有待进一步增强。

五、对策建议

要聚焦聚力科技创新塑造发展新优势，推动高质量发展。深入实施“315”科技创新体系建设工程，一体推进教育科技人才强省建设，为高质量发展提供基础性、战略性支撑。深化实施人才强省战略，全面加强“三支队伍”建设，创新人才评价机制，推进教育科技人才一体化。

要聚焦聚力缩小“三大差距”，深化共同富裕示范区建设。推进以县城为重要载体的城镇化建设。唱好杭甬“双城记”，提升四大都市区和中心城市能级。加强党建引领“共富工坊”建设，拓宽“两山”转化通道，加快实现生态产业化、产业生态化。坚持城乡一体、均衡可及，更好促进公共服务优质共享。

要聚焦聚力提升绿色发展水平，全面推进人与自然和谐共生。坚定不移践行绿水青山就是金山银山理念，深入实施绿色低碳发展和能源保供稳价工程。扎实做好能源保供稳价工作，统筹推进电源、电网、储能、天然气管网等现代能源基础设施建设，创新生态保护补偿机制和生态产品价值实现机制。

要聚焦聚力高水平对外开放，全面提升开放能级和水平。加快形成贸易投资合作的新机制新模式，加快建设世界一流强港和交通强省，大力发展多式联运，着力构建现代化交通物流体系。高标准推进长三角一体化，全方位参与共建“一带一路”，进一步增强产业链供应链韧性和安全性。

（执笔人：吴珺　陈然）

江西城市高质量发展指数提高值比全国低 0.5，六个方面中，创新发展、协调发展、共享发展指数提高值高于全国，其他三个方面低于全国。

11 个设区市中，高于全省平均水平的有 4 个，分别为南昌（80.6）、九江（78.0）、赣州（77.8）、鹰潭（76.4）；低于全省平均水平有 7 个市，分别为萍乡（76.1）、景德镇（76.0）、上饶（75.7）、吉安（75.6）、新余（75.0）、宜春（74.4）、抚州（73.5）。

（一）综合质效稳步推进

江西认真落实中共中央、国务院决策部署，统筹做好稳增长、促改革、惠民生、保稳定、防风险等各项工作，持续巩固和增强经济回升向好态势。

城市经济平稳增长。2023 年，全省 GDP 为 32200.1 亿元，同比增长 4.1%；人均 GDP 为 71216 元，同比增长 4.1%。全省市辖区 GDP 合计 15110.4 亿元，同比增长 3.4%；市辖区人均 GDP 为 91175 元，增长 3.0%。

消费市场持续恢复。全省社会消费品零售总额 13659.8 亿元，比上年增长 6.3%；限额以上商贸经营主体净增 4198 家、总数达 2.3 万家。全省居民人均消费支出 23379 元，增长 7.7%，增速较上年提高 0.7 个百分点。

城市文明建设成效显著。全省城市文明发展指数与 2022 年持平。全省共建有新时代文明实践中心 126 个、实践所 1655 个、实践站 20925 个，实现县乡村全覆盖。

（二）创新能力明显增强

江西坚持把创新摆在现代化建设全局中的核心地位，大力实施科教强省战略，加快推进创新型省份建设，以科技创新引领产业升级，新旧动能加快转换，创新驱动动力活力不断增强。

创新实力不断增强。2022 年，全省研发经费投入为 558.2 亿元，较上年增长 11.2%；研发投入强度为 1.74，提高 0.04。全省规上工业企业 R&D 人员 14.0 万人，与 2021 年基本持平。2023 年全省财政科学技术支出 244.4 亿元，增加 15.9 亿元，增长 7.0%。宽带用户下载速率提升至 108.4Mbps，提高 62.9%。

创新能力加快提升。2023 年，全省技术合同登记 17173 项，合同成交额 1595.73 亿元，比上年增长 110.5%。专利授权量累计 6.0 万件，其中发明专利授权量 1.0 万件，增长 19.9%，每万人有效发明专利拥有量 9.13 件。全年累计培育高成长性科技型企业 457 家，有效期内高新技术企业 6381 家，入选国家库科技型中小企业 14637 家，增长 35.0%。

发展新动能茁壮成长。2023 年，全省数字经济增加值突破 1.2 万亿元，其中数字经济核心产业增加值达2773亿元。战略性新兴产业、高新技术产业、装备制造业增加值比上年分别增长9.1%、9.1%、10.0%，占规模以上工业比重分别为 28.1%、39.5%、31.6%。高技术产业投资占比达到 14.3%。网上零售额 3107.6 亿元，增长 13.8%，其中实物商品网上零售额 2734.5 亿元，增长 11.8%。

（三）发展协调性持续提升

江西主动融入国家发展战略，着力推进产业结构转型升级，深入推进以人为核心的新型城镇化，加快完善优化城镇空间布局，产业发展更加合理、城乡发展更加协调。

城镇化水平稳步提高。2023 年，全省常住人口城镇化率 63.1%，比上年末提高 1.1 个百分点，与全国平均水平的差距进一步缩小 0.12 个百分点。6 个设区市常住人口城镇化率超过全省平均水平，3 市高于 70%，分别是南昌（79.6%）、新余（75.1%）、萍乡（70.4%）。

城乡居民收入差距逐步缩小。全省农村居民人均可支配收入首次突破 2 万元，位居全国第十位，中部地区第一。城乡居民人均可支配收入比为 2.13，比上年缩小 0.06。

产业结构持续优化。全省三次产业结构由 2022 年 7.9∶43.2∶48.9 转变为 7.6∶42.6∶49.8。全省市辖区第三产业增加值为 8189.1 亿元，同比增长 5.3%，占市辖区 GDP 的比重为 54.2%，11 个设区市中有 6 市市辖区第三产业增加值占比高于全省平均水平。

（四）绿色生态保持较高水平

江西深入学习贯彻习近平生态文明思想，牢固树立和践行绿水青山就是金山银山的发展理念，深化国家生态文明试验区建设，扎实做好治山理水、显山露水文章，以更高标准打造美丽中国“江西样板”，促进经济社会发展全面绿色转型，加快打造国家生态文明建设高地。

生态环境持续巩固。2023 年，全省 $PM_{2.5}$ 平均浓度 29 微克 / 立方米，稳居中部六省第一；空气优良天数比率 96.5%，比上年提高 4.4 个百分点，改善幅度居全国第一；地表水国考断面水质优良比例为 97%，创历史最好水平，同比上升 0.8 个百分点；长江干流 10 个断面连续 6 年、赣江干流 33 个断面连续 3 年保持Ⅱ类水质；生活垃圾实现零填埋，污染防治攻坚战成效考核连续 3 年全国优秀。

城市绿化成效显著。江西森林覆盖率稳定在 63.4%，稳居全国第二，生态安全屏障进一步扎紧扎牢。2023 年，全省城市绿化覆盖面积 90651 公顷、绿地面积 83027 公顷，较 2022 年分别提高 2.7%、3.1%。全省城市公园绿地面积增加 201.3 公顷，提升 1.0%；公园个数增加 118 个，提升 13.1%。

绿色转型加快推进。2023 年，全省万元 GDP 电耗为 664.6 千瓦时，同比下降 1.9%；非化石能源占能源消费总量比重为 17.9%，比上年提高 1 个百分点；单位 GDP 用水量下降至 72.0 立方米 / 万元，比上年下降 0.8 立方米 / 万元。可再生能源发电项目装机容量占比突破 50%，新增国家级绿色工厂 70 家、绿色园区 8 家，国家级水效领跑者实现企业、园区“零的突破”。

（五）对外开放格局逐步形成

江西主动融入国家区域发展格局，加强与周边省份协同发展，加快建设江西内陆开放型经济试验区，努力构建更大范围、更宽领域、更深层次的开放格局，加快打造内陆地区改革开放高地。

共建“一带一路”成效显著。2023 年，全省货物贸易进出口总值 5697.7 亿元，其中对共建“一带一路”国家进出口 2727.7 亿元，占比 47.9%，同比提升 0.8 个百分点；对 RCEP 其他成员国进出口总值 1977.8 亿元，占比 34.7%，提升 0.3 个百分点。

外贸结构持续优化。全省生产型企业进出口总值达 3937.7 亿元，占全省比重由 2022 年的 55.1% 提升到 69.1%，提高 14 个百分点；太阳能电池、电动载人汽车、锂电池等“新三样”出口分别增长 42.7%、17.4 倍和 1.5 倍，占全国“新三样”出口份额 4.3%，提升 1.1 个百分点。

开放能级不断提升。主动融入长江经济带、长三角一体化、粤港澳大湾区建设等国家重大战略，加快赣浙、赣湘、赣粤和赣闽等省际区域合作，着力把江西打造成全国构建新发展格局的重要战略支点。成功获批全国第三个、中部首个国家级内陆开放型经济试验区。全省已建成 4 个国家级开放口岸、5 个综合保税区、5 个跨境电商综合试验区，开放型经济新格局加快形成。

（六）人民生活质量持续增进

江西始终坚持以人民为中心的发展思想，把保障和改善民生作为一切工作的出发点和落脚点，加大力度抓好民生工程、办好民生实事，织密织牢基本民生保障网，着力提升公共服务水平，民生福祉和社会保障不断增进，人民群众的获得感成色更足、幸福感更可持续、安全感更有保障。

人民生活水平稳步提高。2023 年，全省居民人均可支配收入 34242 元，比上年增长 5.6%。按常住地分，城镇居民人均可支配收入 45554 元，增长 4.2%；农村居民人均可支配收入 21358 元，增长 7.1%。全省城镇居民人均住房建筑面积为 50.2 平方米，每百户城镇居民家庭家用汽车拥有量为 54.5 辆。

医疗卫生条件日益改善。2023 年末，全省共有各类医疗卫生机构（含村卫生室）40125 个，其中医院、卫生院 2749 个，社区卫生服务中心（站）706 个，妇幼保健院（所、站）115 个，专科疾病防治院（所、站）78 个，疾病预防控制中心 154 个，卫生监督所（中心）105 个。卫生机构人员 43.9 万人，其中卫生技术人员 36.2 万人。注册护士 16.9 万人，其中市辖区注册护士 8.5 万人，同比增长 13.8%。

公共服务能力不断增强。2023 年末，全省共有艺术表演团体 329 个，文化馆 116 个，公共图书馆 114 个，博物馆 170 个。广播电视播出机构 96 个，有线电视实际用户 583.2 万户，其中有线数字电视实际用户 536.6 万户，广播综合人口覆盖率 99.6%，电视综合人口覆盖率 99.8%。全省城镇居民人均教育文化娱乐支出为 3456 元。

近年来，江西城市高质量发展取得了积极成效，但也存在城市整体竞争力不够强，城市发展不平衡等情况。下一步，江西将坚持以习近平新时代中国特色社会主义思想为指导，深入学习贯彻党的二十届三中全会精神和习近平总书记考察江西重要讲话精神，深入落实中央城市工作会议的决策部署，按照省委十五届六次全会的部署要求，聚焦“走在前、勇争先、善作为”的目标要求，坚持人民城市人民建、人民城市为人民，加快转变城市发展方式，大力推动城市协同发展，培育做强南昌都市圈，加快构建以省会为引领、省域副中心城市为带动、东西城市群为两翼、县域经济为支撑的“一主一副、两翼联动、多点支撑”的区域发展格局，努力建设和谐宜居、富有活力、各具特色的现代化城市，着力推动城市高质量发展。

（执笔人：潘琳）

山东省城市高质量发展监测报告

山东地处我国华东沿海、黄河下游，是中华文明重要发祥地之一、儒家文化发源地、中华优秀传统文化的重要起源地、革命老区，是全国首个交通强国省域示范区、医养结合示范省、新旧动能转换综合试验区和绿色低碳高质量发展先行区。近年来，山东强化城市规划引领，稳步推进城市更新，推动绿色低碳建设，城市高质量发展取得新成效。

一、城市基本概况

（一）城市发展规模现状

山东下辖济南、青岛、淄博、枣庄、东营、烟台、潍坊、济宁、泰安、威海、日照、临沂、德州、聊城、滨州、菏泽等 16 个设区市；县级行政区 136 个，其中市辖区 58 个、县级市 26 个、县 52 个。常住人口 10123 万人，其中城镇人口 6633.6 万人。常住人口城镇化率 65.5%，其中青岛、淄博、济南、威海、东营 5 市城镇化率达到 70% 以上。2023 年，烟台成为青岛、济南之后第 3 个 GDP 过万亿的城市。

（二）城市发展总体布局

加快构建“一群两心三圈”区域经济布局，推动形成双中心、多层级、多节点的网络型城市群结构，打造国家活跃增长极和强劲动力源。一群，即高质量建设山东半岛城市群。范围涵盖全省 16 市，是国家“十四五”重点培育的城市群之一。两心，即持续提升济南、青岛两个中心城市发展能级，支持济南建设黄河流域中心城市、青岛建设现代海洋城市。围绕两个中心城市，以 1 小时通勤圈为基本范围，规划建设济南、青岛 2 个都市圈。三圈，即推进省会、胶东、鲁南经济圈一体化发展。省会经济圈以济南为中心，辐射带动淄博、泰安、聊城、德州、滨州、东营 6 市。胶东经济圈以青岛为中心，辐射带动烟台、威海、潍坊、日照 4 市。鲁南经济圈包括临沂、枣庄、济宁、菏泽 4 市。

二、坚定扛牢“走在前、挑大梁”使命担当，推进城市高质量发展取得显著成效

党的十八大以来，习近平总书记先后 6 次视察山东，为山东把舵领航、指引方向。2023 年 5 月再次亲临山东视察指导，明确提出“作为经济大省，山东要在全国发展大局中定好位、挑大梁”，对山东工作提出了更高要求。牢记总书记嘱托，坚定扛牢“走在前、挑大梁”的使命担当，2023 年山东经济发展实现了质的有效提升和量的合理增长。

2023 年，全省 16 市城市高质量发展指数均值为 78.6，比上年提高 0.9。从六大发展维度看，综合质效指数均值为 77.5，提高 1.8；创新发展指数平均为 80.4，提高 0.8；协调发展指数平均为 82.3，提高 0.6；绿色发展指数平均为 83.1，提高 0.04；开放发展指数平均为 80.1，比上年减少 0.4；共享发展指数平均为 72.4，提高 1.5。

（一）总量规模不断扩大，质量效益稳步提升

从经济总量看，2023 年，全省 GDP 达 9.2 万亿元，近 5 年年均增长 5.4%，高于全国平均水平 0.5 个百分点，总量居全国第三。其中，青岛 GDP 过 1.5 万亿、济南过 1.2 万亿、烟台过万亿、潍坊过 7000 亿、临沂过 6000 亿、济宁过 5000 亿元、淄博和菏泽均过 4000 亿。从财政收入看，全省一般公共预算收入 7464.7 亿元，比上年增长 5.1%，其中，青岛和济南市过千亿，分别为 1337.8 和 1060.8 亿元；烟台和潍坊过 600 亿，分别为 673.9 和 608.3 亿元；临沂 445.8 亿元，淄博和菏泽分别为 395.3 和 316.5 亿元。从税收收入看，全省税收收入 5229.6 亿元，税占比为 70.1%，比上年提高 2.6 个百分点。

（二）聚焦产业发展加快转型升级，坚持集群式发展

一是坚持规划引领。出台《加快发展先进制造业集群的实施意见》，提出实施先进制造业集群梯次培育行动。二是改造提升传统产业，加快布局新兴产业。2023 年，全省技改投资占工业投资的比重为 51.2%，其中滨州、济宁 2 市占比分别达 81.7%、73.7%。全省高技术产业投资增长 35.3%，占固定资产投资的比重为 13.4%，其中，威海、济宁、滨州 3 市占比较高，分别为 30.3%、20.4% 和 16.8%。三是坚持高端化、智能化、绿色化、集群化发展方向，构建现代化产业体系。2023 年，全省拥有国家先进制造业集群 3 个、中小企业特色产业集群 15 个。拥有省级特色产业集群 35 个，其中，青岛、淄博、烟台、济宁、泰安、德州 6 市均有 3 个，济南、东营、潍坊、威海、日照、聊城、滨州 7 市均有 2 个。培育认定 10 个首批省级先进制造业集群，主要有青岛、烟台、威海的船舶与海洋工程装备，烟台的化工新材料，济南的生物医药、潍坊的元宇宙、滨州的轻量化

四、城市高质量发展存在的主要问题和有关建议

目前，山东城市高质量发展仍面临一些短板弱项，主要表现在：城市核心竞争力不突出，首位度不高；经济发展区域分化明显，竞合协同补位不足；自主创新动能积蓄不足等。新征程上，山东将深入学习领会习近平总书记关于城市工作的重要论述和党的二十届三中全会精神，坚定不移在中国式现代化进程中持续推动城市高质量发展。

建议一是发挥山东半岛城市群龙头作用，加快建设烟台、临沂区域中心城市和一批区域节点城市，实施新一轮突破菏泽、鲁西崛起行动。二是加快实施城市更新行动，高效打造新型智慧城市群，实施“城市大脑”提升工程。三是主动服务和融入国家区域重大战略，深度对接京津冀协同发展、长三角区域经济一体化、“一带一路”、粤港澳大湾区建设。四是建立完善沿黄城市群战略合作机制，加强与沿黄省份交通、产业、生态等领域协作，谋划建设沿黄陆海大通道。

（执笔人：张圣红　梁逊　张静）

河南省城市高质量发展监测报告

河南历史悠久、文化灿烂，是世界华人宗祖之根、中华文明之源，全省行政辖区内国土空间总面积 16.7 万平方公里，下辖 17 个省辖市，21 个县级市，82 个县和 54 个市辖区。党的十八大以来，习近平总书记站在统筹中华民族伟大复兴战略全局和世界百年未有之大变局的高度，就城市工作作出一系列重要论述，这是引领新时代城市高质量发展的总纲领。河南坚定不移沿着习近平总书记指引的方向奋勇前进，不断推动河南城市高质量发展取得新进展新成效。

一、城市基本概况

（一）城市发展规模现状

2023 年末，河南 17 个省辖市市辖区常住人口达 3083 万人，比上年增长 0.7%，占全省的 31.4%。依据第七次全国人口普查数据，全省共有特大城市 1 个（郑州），大城市 3 个（开封，洛阳，新乡），中等城市 11 个（平顶山，安阳，鹤壁，焦作，濮阳，许昌，漯河，南阳，商丘，信阳，周口）小城市 2 个（三门峡，驻马店）。

（二）城市发展根本遵循

党的十八大以来，河南先后制定了《河南省新型城镇化规划（2014—2020 年）》《郑州都市圈发展规划》《河南省人民政府办公厅关于深入贯彻城市公共交通优先发展战略 推动城市公共交通高质量发展的实施意见》等规划意见，为推动河南城市高质量发展提供了制度保障和根本遵循。

（三）城市发展定位与格局

习近平总书记指出，我国经济发展的空间结构正在发生深刻变化，中心城市和城市群正在成为承载发展要素的主要空间形式。在《河南省国土空间规划（2021—2035 年）》中提出，构建“一主两副、一圈四区多节点”网络化、开放式、集约型的空间格局。

二、城市高质量发展成效

2023 年，河南坚持稳中求进工作总基调，全面贯彻新发展理念，着力推动城市高质量发展。2023 年，河南 17 个地级以上城市高质量发展指数均值为 74.7，比上年增长 1.1%。

（一）综合实力稳步提升

2023 年，河南 17 个地级以上城市综合质效指数均值为 72.8，比上年提高 0.7。2023 年，河南 GDP 为 59132.4 亿元，增长 4.1%，市辖区 GDP 占全省的比重为 40.1%，占比提高 0.7 个百分点；市辖区人均 GDP 为 77249 元，是全省的 1.3 倍。财政实力小幅提升，市辖区一般公共预算收入 2324.7 亿元，增长 1.7%，市辖区人均一般公共预算收入 7568 元，增长 1.1%。城镇居民收入稳步增加，城镇居民人均可支配收入 40235 元，增长 4.5%。

综合质效提升是各地共同发展的结果。郑州加快发展新质生产力，推动传统产业“焕新”，战新产业“勃兴”，以集聚超聚变、昆仑、阿帕斯、浪潮等人工智能企业催生未来产业之花，着力建设新能源汽车之城、算力之城、量子之城、人工智能之城、传感之城、软件名城等。洛阳坚持做大做优农机装备产业链等优势产业链，前瞻布局裸眼 3D、量子技术、“沉浸式影院”，打造元宇宙产业集群等未来产业链。濮阳前瞻布局氢能、人工智能两大未来产业，转型升级石油化工、装备制造、绿色食品三个支柱产业。

（二）创新能力不断增强

2023 年，河南 17 个地级以上城市创新发展指数均值为 75.5，比上年提高 0.7。R&D 经费投入屡创新高。2022 年，河南共投入 R&D 经费 1143.3 亿元，比上年增长 12.2%，增速比全国高 2.1 个百分点，已连续 7 年保持两位数增长；R&D 经费投入强度 2.0%，提高 0.2 个百分点。科技成果量质齐飞，2023 年，有效发明专利数 83127 项，增长 23.8%；科技成果登记数 3843 项，增长 59.5%；市辖区技术合同成交额 633.2 亿元，增长 40.0%，占全省的 46.3%，占比提高 2.2 个百分点。

郑洛新自创区作为河南创新高地，培育、集聚了全省 60% 的国家级创新平台、61% 的高新技术企业、50% 的创新型龙头企业，创新能力持续领跑。郑州 2023 年创新平台建设取得突破，新组建了 4 家全国重点实验室，新增 5 家省实验室，成功引进 94 名顶尖人才和 1566 名高层次人才，在郑院士人数 84 人；2022 年研发活动人员数 12.42 万，接近全省的 1/3；有效发明专利数 3 万多件，接近全省 1/2。洛阳 2022 年 R&D 经费投入强度 3.0%，超过全国和全省平均水平。

地市创新发展精彩纷呈。在郑州，中国电科二十七所为神舟十四号载人飞船提供了“智慧眼”——

空间交会对接激光雷达；中铁装备盾构机产销量连续多年位居全球第一。在鹤壁科创新城里，商业航天产业从无到有，在距地面528公里的浩瀚太空，有3颗以“鹤壁”命名的商用卫星。

（三）协调发展深入推进

2023年，河南17个地级以上城市协调发展指数均值为80.7，比上年提高0.7。持续推进以人为核心的新型城镇化。2023年，河南常住人口城镇化率达58.1%，市辖区常住人口占全省比重比上年提高0.4个百分点。河南城市对人口的吸引力逐步增强，人口集聚效应明显。城乡融合发展和城市互补发展。河南全面建成米字形高铁网，形成覆盖全国4亿人口的“2小时经济圈”，郑开（兰考）、郑港间高速公路小型客车免费通行，郑许市域铁路开通运营等，为河南城乡融合和城市互补发展提供了交通便利，河南城乡居民人均可支配收入比由2018年的2.30缩小为2023年的2.01。区域合作正成为区域协调发展新模式。支持南阳融入淮河、汉江经济带建设，支持商丘强化东西开放，推进周口、漯河对接长三角一体化发展，支持安阳、鹤壁、濮阳深度融入京津冀协同发展战略。信阳持续加强与大别山革命老区周边地市战略合作，与黄冈、六安分别签订了《推进大别山革命老区振兴发展战略合作框架协议》《大别山革命老区旅游发展合作协议》等，打造大别山区域旅游协作联合体。加快建设宜居韧性智慧城市，推进城市自身协调发展。2023年，市辖区一般公共预算支出和收入比为1.8，提升0.1；市辖区实现社会消费品零售总额12226亿元，与GDP之比为51.5%，提高1.8个百分点，为加快建设宜居韧性智慧城市提供财力和经济支持，推动城市各方面、各环节协调高质量发展。

（四）生态环境有所改善

2023年，河南17个地级以上城市绿色发展指数均值为81.2，比上年提高0.6。生态环境质量全面改善。2023年，PM_{10}、$PM_{2.5}$、优良天数三项主要指标保持“两降一增”，改善幅度均位居全国前列；水环境质量持续向好，国家考核的160个地表水水质监测断面中，Ⅰ–Ⅲ类水质断面132个，占83.0%，提高1.1个百分点，优于国定目标8.0个百分点；无劣Ⅴ类水质断面。污染防治成效显著。2023年，主要污染物排放量为21.2万吨，减少0.4万吨，单位工业增加值主要污染物排放量为12.5吨/亿元，降低0.2吨/亿元。城市环境更加宜居，生态系统功能得到提升。2023年，市辖区绿化覆盖面积12.6万公顷，增长4.7%；市辖区公园绿地面积3.7万公顷，增长1.2%，市辖区人均公园绿地面积35.9平方米/人，连续五年保持增长态势。绿色生态经济产业体系雏形初见。河南通过一系列培育措施，逐步形成完备的绿色发展产业生态。2023年，河南有76家企业入选工

自动化、智能化生产技术，打造数字产业关键核心技术创新链。加快实现规模以上企业、重点产业数字化改造全覆盖。完善“政产学研金服用”协同机制，建好用好科技创新供应链平台，更大力度优化创新生态，推动科技成果更多更快地走向生产线、转化为生产力。

（二）强化协调联动，完善城市高质量发展体系

构建合理有序的城镇体系。以三大都市圈为引领，提升城镇人口与经济集聚度，提高三大都市圈 GDP 总量和发展水平。疏解武汉中心城区过度集聚的人口与功能，完善多中心、组团式的城市空间布局。建设襄阳、宜昌成为经济实力强、带动作用大的省域副中心城市。充分发挥其他城市对省内局部地区经济社会发展的引领、辐射和集散功能。

（三）坚持绿色发展理念，走好生态优先绿色发展之路

推动节地生产、节能节水、清洁生产，加快传统产业绿色化升级改造。提升产业循环化水平，推行废水循环化利用。加快工业用能结构调整，严格控制能耗强度，增加能源消费总量弹性。推进绿色空间与城镇空间相协调。尊重地域自然本底，提升区域生态空间总体质量；加强蓝绿空间融合，恢复和保持河湖水系的自然连通性和流动性。

（四）深化开放合作，激发发展动力活力

提升制造业国际竞争力。实施外贸“优进优出”行动，服务提升产业链供应链韧性和竞争力。支持有实力的企业到境外设立、兼并和收购研发机构，建立境外贸易、投融资和生产服务网络，延伸全球产业链。提升招商精准化、专业化、系统化水平。支持从境外引进研发机构等创新载体，探索建设国际联合研究中心、技术转移中心，推动本土企业加快融入国际分工体系。

（五）保障共享成果，惠及人民群众

提升城市公共服务水平。合理配置充分可得、普惠均衡的公共服务设施。加强边远地区三级医院建设，支持高校提升办学实力。提升人民居住环境和水平。建设安全健康、设施完善、管理有序的完整居住社区。推进城镇老旧小区改造，合理确定改造内容，科学编制改造规划和年度改造计划。

（执笔人：程文懿）

湖南省城市高质量发展监测报告

近年来，湖南省委、省政府坚持以习近平新时代中国特色社会主义思想为指导，深入学习贯彻党的二十大和二十届二中、三中全会精神和习近平总书记关于城市工作的重要论述，坚定不移走好中国特色城市发展道路，凝心聚力打造“三个高地”，在全面建设中国式现代化进程中推动城市高质量发展。

一、城市基本情况

（一）城市发展规模

湖南地处我国中部，承东启西、连南接北，国土面积 21.2 万平方公里，是中部地区崛起战略的重要承载地。湖南下辖 13 个地级市和 1 个自治州。2023 年末，全省常住人口 6568 万人，居中部六省第二。

（二）城市发展定位

2021 年，湖南“十四五”规划明确提出构建“一核两副三带四区”区域经济发展格局。“一核”即大力推进长株潭区域一体化，打造中部地区崛起核心增长极；“两副”即建设岳阳、衡阳两个省域副中心城市；“三带”即建设沿京广、沪昆、渝长厦通道的三大经济发展带；“四区”即推动长株潭、洞庭湖、湘南、湘西四大区域板块协调联动发展。

二、城市高质量发展主要成效

2023 年，湖南 13 个地级市城市高质量发展指数均值为 76.8，比上年提高 0.9。其中，长沙、株洲、湘潭、衡阳、岳阳、郴州 6 市均高于全省平均水平。长沙城市高质量发展指数为 84.8，连续两年居全省第一；衡阳高质量发展指数提升最多，增加 2.1。

（一）经济运行稳中有进，综合实力不断增强

2023年，湖南13个地级市城市综合质效指数均值为73.5，比上年提高1.2。其中，长沙、岳阳位列前两位，分别为82.1、79.6。

一是经济总量迈上新台阶。2023年，湖南GDP突破5万亿元，增长4.6%，两年平均增速高于全国0.3个百分点。长沙领跑，成为城市经济发展的“火车头”。2023年，长沙GDP为14332亿元，增长4.8%，占全省的28.7%。市辖区GDP超过1000亿元的有长沙、株洲、湘潭、衡阳、岳阳、常德6市。二是人均GDP不断提升。2023年，人均GDP增长5.0%。长沙、株洲、湘潭、岳阳、常德5市人均GDP超过全省平均水平。其中长沙人均GDP达到136927元，是全省的1.8倍；岳阳市辖区人均GDP达166877元，居全省首位。三是财政收入稳定增长。地方一般公共预算收入增长8.3%。其中，岳阳、娄底、郴州市辖区地方一般公共预算收入分别增长10.7%、5.6%和5.1%。

（二）创新驱动持续推进，高质量发展动能不断集聚

2023年，湖南13个地级市城市创新发展指数均值为77.8，比上年提高1.4。其中，长沙、株洲、湘潭遥遥领先于其他城市，分别为87.9、82.4和81.8，分别提高1.5、2.1和1.3。

一是创新实力不断增强。2023年，湖南技术合同成交金额达3995.3亿元，占GDP比值的8.0%。其中，长沙引领创新发展的“牛鼻子”，创新能力连续三年排名国家创新型城市第一方阵，跻身全球领先科研城市前30强，技术合同成交额超过1200亿元，增速超46.5%、占全省技术合同成交金额的30.2%。二是创新动能持续释放。有效发明专利拥有量超过10万件，每万人发明专利拥有量[1]16.0件。其中，长沙有效发明专利拥有量达6.5万件，增长22.5%；每万人有效发明专利拥有量达62.6件，远超全省平均水平。湘潭专利预审质量、一次授权率等指标均居全国前列，万人有效发明专利拥有量24.4件，高于全省水平。三是研发投入稳步提升。2022年，全社会R&D经费投入增长14.2%，增速居全国第五。株洲R&D经费投入强度3.4%，连续五年稳居全省第一。

（三）城市协同联动日益增强，生产要素加快流动

2023年，湖南13个地级市城市协调发展指数均值为80.2，比上年提高0.8。其中，长沙最高，为90.8，其余12个城市较为均衡。

一是城乡融合走深走实。2023年末，湖南常住人口城镇化率61.2%，比上年提高0.9个百分点。

1. 有效发明专利数据来源于湖南省市场监督管理局《2023年12月湖南省有效发明专利统计表》。

其中，长沙城镇化率远高于其他市州，常住人口由2013年的787.5万人增加到2023年的1051.3万人，城镇化率由2013年的70.6%提高至83.6%，比全省高22.4个百分点。二是收入差距持续缩小。城乡居民收入比由上年的2.42缩小为2.35。长沙城乡收入差距在同体量城市中最小（城乡收入比长沙1.56、武汉1.95、无锡1.72、郑州1.60、合肥1.91）。衡阳、岳阳在区域板块联动发展中各展其长，城乡人均可支配收入比分别低于全省0.6个、0.5个百分点。三是发展结构不断优化。第三产业增加值占GDP比重53.1%，提高2个百分点。8个城市市辖区第三产业增加值占GDP比重超过全省平均水平。

（四）绿色发展转型升级，生态环境不断改善

2023年，湖南13个地级市城市绿色发展指数均值为86.0，比全国均值高1.7。绿色发展指数排名前五的城市依次是郴州、岳阳、张家界、怀化、株洲，指数分别为90.7、88.4、87.7、87.4、87.2。

一是绿色转型加速推进。2023年，规模以上工业综合能源消费量比上年下降0.7%。郴州加快绿色低碳转型发展，万元GDP能耗下降3.3%，获评国家低碳试点优良城市。株洲入选全国海绵城市建设示范城市、全国区域再生水循环利用试点城市、全国绿色出行创建考核评价达标城市。二是空气质量总体稳定。空气质量平均优良天数比例为90.5%，提升2.9个百分点，位居中部第二。郴州城区空气质量优良天数比例达到95.1%，提高6.1个百分点。张家界、郴州、怀化$PM_{2.5}$年平均浓度31微克/立方米，并列全省第一。三是水环境质量稳中向好。国考断面水质优良率居中部第一，洞庭湖总磷浓度下降10%。张家界和永州的国家地表水考核断面水环境质量状况排名进入国家前10位。长江岳阳段断面水质优良率100%，洞庭湖岳阳区域总磷浓度平均下降10.4%。

（五）开放领域波动恢复，对外贸易增势良好

2023年，湖南13个地级市城市开放发展指数均值为72.0，比上年略有下降。长沙排名第一，为81.2。岳阳、郴州、衡阳、湘潭分列2—5位，指数分别为74.8、74.6、73.3、73.2。

一是开放型经济提质增效。2023年，湖南货物贸易进出口总额6175.0亿元，占GDP比重为12.3%。其中，进口达2165.6亿元，增长14.6%。长沙成为对外开放的“领头羊”，进出口总额2811.5亿元，占全省的45.5%；跨境电商、服务贸易和生产型外贸企业进出口均增长10%以上。二是贸易伙伴更加多元。外贸“朋友圈”拓展至235个。对中国香港、巴西、俄罗斯进出口分别增长7.2%、23.4%和49.7%。对非贸易额达556.7亿元、居中西部第一。郴州对非贸易进出口完成

67.8 亿元，总量居全省第三、增幅居全省第二。三是对外开放水平持续提升。实际利用外资[2]14.4 亿美元，三年平均增速达 20.1%。长沙实际使用外资占全省的 60.9%。岳阳奋力打造对外开放“桥头堡”，实际使用外商直接投资 8094 万美元，增长 46.6%。衡阳实际使用外资 4926 万美元，增长 85.5%。

（六）民生共享红利释放，居民获得感进一步增强

2023 年，湖南 13 个地级市城市共享发展指数均值为 73.6，比上年提高 1.8。排名前五的城市依次是长沙、衡阳、株洲、湘潭、郴州，指数均有明显提升。其中，衡阳提升最大（7.3）。

一是公共服务不断优化。2023 年，湖南医疗卫生服务供给加大，年末卫生健康机构、卫生技术人员比上年分别增加 2189 个、5.2 万人。其中长沙年末卫生机构、卫生技术人员、床位分别增加 1343 个、1.4 万人、0.2 万张。二是社会保障稳步提升。基本养老、城乡低保稳步提标，年末城乡居民基本养老保险参保人数 3413.0 万人，获得政府最低生活保障的城乡居民 179.4 万人。株洲城乡居民养老保险基础养老金实现“七连增”，企业退休人员养老金实现“十八连涨”，城乡低保实现“九连提”。三是民生福祉不断增进。城镇新增就业 76.5 万人，城乡居民收入分别增长 4.1%、7.0%，民生支出占比超过 70%。衡阳城镇调查失业率控制在 5.5% 以内，城乡居民收入比缩小至 1.7。湘潭实施稳岗位提技能保就业十六条措施，新增就业 5 万人，失业人员再就业 2.1 万人。郴州财政民生支出 445.5 亿元，增加 49.8 亿元、增长 12.6%。

三、城市高质量发展的经验

近年来，湖南省委、省政府全面践行人民城市理念，加速构建“一核两副三带四区”区域经济发展格局，积极发挥城市在全省经济社会发展、民生改善中的重要作用，赋能全省经济高质量发展。

（一）因地制宜培育发展湖南特色新质生产力，打造具有核心竞争力的科技创新高地

以“十大技术攻关项目”为突破，攻克一批“卡脖子”技术，累计突破关键核心技术 147 项，取得“首”字“最”字号成果 17 项。以建设“四大实验室”为依托，创新平台聚能升级，“4+4 科创工程”全部实体化运行，湘江科学城启动建设，长沙全球研发中心城市建设稳步推进。以“四大科技基础设施”为支撑，厚植前沿科技攻关基础，大飞机地面动力学试验平台项目开试，国家超算长沙中心完成升级改造，国家新一代人工智能公共算力开放创新平台获批筹建。

2. 外资数据来源于湖南省商务厅。

（二）统筹推进高水平对外开放，打造内陆地区改革开放高地

加快融入高质量共建“一带一路”，积极参与全国统一大市场建设，全面融入中部地区崛起和长江经济带发展战略，主动对接粤港澳大湾区、海南自由贸易港等重大国家战略，吸引更多资源要素向湖南集聚。抢抓国家深入实施自贸试验区提升战略等机遇高标准建设自由贸易试验区，全力打造中非经贸深度合作先行区等开放平台。积极发展跨境电商、市场采购等新业态，加大全球招商引资力度，大力推动湘商回归、校友回湘、湘智兴湘，引进更多社会资本和战略投资者来湘发展。

（三）守护好“一江碧水”，协同推进生态环境保护和绿色低碳发展

有序推进碳达峰碳中和，连续7年开展污染防治“夏季攻势”，全力打好长江保护修复、洞庭湖总磷治理、“锰三角”矿业污染整治等标志性战役。在全国率先发布《生态环境管控单元划定技术规范》等24个制度文件，明确湘江、洞庭湖生态环境整治奖补政策。推进郴州国家可持续发展议程创新示范区、岳阳长江经济带绿色发展示范区建设。有序推进长沙、张家界国家级“无废城市”建设。

（四）持续加温民生保障，人民共享发展成果

织密扎牢社会保障网。构建常态化援企稳岗帮扶机制，持续抓好高校毕业生、退役军人、农民工和城镇困难人员等重点群体就业，兜底帮扶困难群体就业。建设高质量教育体系。2023年，全省100所县域普通高中“徐特立项目”全面开工，411所乡镇标准化寄宿制学校建成使用，14所中职“楚怡学校”加快建设，293万名学生享受各类奖助学金资助。提升基层医疗水平。持续推动优质医疗资源下沉，推进医联体建设扩面提质，发展壮大农村和社区医疗卫生队伍。

四、城市高质量发展薄弱环节和不足

当前，湖南在城市高质量发展中取得了巨大成绩，但也要清醒地认识到，与高质量发展的内在要求相比，与全国先进地区城市高质量发展水平相比，湖南还存在一定的差距和短板。

（一）城镇化率水平整体较低，农业转移人口市民化进程缓慢

2023年，湖南城镇化率61.2%，低于全国5个百分点。仅长沙、株洲、湘潭、岳阳4市超过全省均值，有9个市州低于60%，最低的永州仅为49.7%。

（二）收入水平低的城市数量较多，收入“被平均化”特征较为明显

2023年，湖南城镇居民人均可支配收入达49243元，仅有长沙67276元、株洲57056元超过全省均值。从全国城镇居民人均可支配收入51821元的水平来看，也仅有上述两个城市超过全国平均线。

（三）研发投入强度相对偏低，地区之间发展不均衡

2022 年，湖南 R&D 经费投入强度比全国平均水平低 0.1 个百分点。仅有长沙、株洲、湘潭 R&D 投入强度超过全省平均水平，分别为 3.3%、3.4%、2.8%，常德、张家界、益阳、永州、怀化、湘西 6 个市州研发投入强度尚不足 2%，其中研发投入最低的张家界仅为 0.5%。

五、推动城市高质量发展的对策建议

（一）以经济高质量发展支撑城市高质量发展

根据城市自身要素禀赋和产业发展基础，持续推进产业链、供应链优化整合，实现区域间产业优势互补，建成布局完善、结构合理的城市产业分工合作体系。推动数字技术在城市智能制造、社会治理、智慧交通等重点领域的创新应用，充分激发数字经济对城市高质量发展的贡献。

（二）以新发展理念引领城市高质量发展

推动“大校、大院、大企业”协同创新，开展校企合作“双进双转”，深化高校科技成果转化。打造长株潭都市圈全国重要增长极，推动岳阳、衡阳省域副中心差异化定位和特色化发展，联动 3+5 城市群，建设长岳、长益常、长韶娄经济走廊，形成经济上紧密联系、功能上分工协作的城市聚合体。将资源环境承载力与城市高质量发展有机结合，使绿色发展成为每个城市的底色。

（三）坚持以人为核心推动城市高质量发展

加快推进农业转移人口市民化，进一步放宽大城市落户条件，增加基本公共服务覆盖面，吸引更多省内外人口在湘落户，最大限度减少人口流失，推动更多外出劳动力在家门口实现就业。坚持扩大就业与提高收入相结合，加快缩小城市收入差距。

（执笔人：王丹　屈雄英　易贝）

广东省城市高质量发展监测报告

广东地处中国大陆最南部，背枕南岭、面朝南海，开放包容、务实创新，是岭南文化的重要传承地，是改革开放前沿阵地和引进西方经济、文化、科技的窗口。在 40 多年的改革开放历程中，广东从一个相对落后的农业省快速崛起为中国第一经济大省，经济总量连续 35 年领跑全国，区域创新综合能力连续 7 年位居全国第一。全省下辖 21 个地级以上市（其中，广州是国家中心城市，深圳是国家计划单列市，东莞、中山是不设区地级市），有 122 个县级行政区划单位（65 个市辖区、20 个县级市、34 个县、3 个自治县）。截至 2023 年末，广东常住人口 1.3 亿，市场经营主体超 1800 万户，规模以上工业企业超 7.1 万家，有深圳先行示范区和横琴、前海、南沙、河套四大合作平台，联手港澳建成世界第四大湾区——粤港澳大湾区。

2023 年，习近平总书记亲临广东视察，殷切寄望广东锚定强国建设、民族复兴目标，围绕高质量发展这个首要任务和构建新发展格局这个战略任务，在全面深化改革、扩大高水平对外开放、提升科技自立自强能力、建设现代化产业体系、促进城乡区域协调发展等方面继续走在全国前列，在推进中国式现代化建设中走在前列，并赋予粤港澳大湾区“新发展格局的战略支点、高质量发展的示范地、中国式现代化的引领地”的全新定位。广东各地深入学习贯彻习近平总书记视察广东重要讲话、重要指示批示精神，全面落实省委“1310”具体部署，以“走在前列”这一总目标为统领，坚持以高质量发展为牵引，扎实推进中国式现代化的广东实践。

一、城市规模与发展定位

（一）城市发展规模现状

广东深入推进新型城镇化建设。2023 年末，广东 21 个地级以上市市辖区总人口 9165.8 万人（东莞、中山为全市数）；全省常住人口城镇化率 75.4%，居全国（不包括直辖市）首位；全省 21 个地级以上市中，超大城市 2 个（广州、深圳）、特大城市 2 个（东莞、佛山）、大城市 6 个（中山、惠州、汕头、珠海、江门、湛江）、中等城市 9 个（揭阳、潮州、茂名、清远、肇庆、阳江、韶关、梅州、河源）、小城市 2 个（云浮、汕尾）。

（二）区域协调发展进程

广东划分为珠三角、粤东、粤西、粤北四个区域。珠三角地区包括广州、深圳、珠海、佛山、惠州、东莞、中山、江门、肇庆 9 市；粤东地区包括汕头、汕尾、潮州、揭阳 4 市；粤西地区包括阳江、湛江、茂名 3 市；粤北地区包括韶关、河源、梅州、清远、云浮 5 市。广东持续增强珠三角示范带动能力，积极打造粤东粤西产业集群，深入推进粤北产业转型升级绿色发展，区域发展平衡性协调性不断增强。

（三）新型城镇化空间格局

广东持续优化“一群五圈”城镇空间格局。“一群”：加快建设珠三角世界级城市群；“五圈”：广州都市圈、深圳都市圈、珠江口西岸都市圈、汕潮揭都市圈、湛茂都市圈。加快形成以城市群为主要形态的增长动力源，推进大中小城市协调发展和以县城为重要载体的小城镇建设，形成功能互补、分工有序的多中心、网络化城镇体系。

二、城市高质量发展成效

2023 年全省城市高质量发展指数均值为 77.3，19 市比 2022 年有所提升。

（一）综合质效稳步提升

2023 年，广东坚决扛起经济大省勇挑大梁的责任担当，全省经济在攻坚克难中回升向好。城市综合质效指数均值为 74.7，比上年提高 2.7。一是宏观经济运行稳健。2023 年，广东 GDP 达 13.6 万亿元，增长 4.8%，是全国首个突破 13 万亿元省份。广州 GDP 突破 3 万亿元，深圳成为广东第二个万亿元消费城市。二是质量效益稳步提升。2023 年，地方一般公共预算收入 1.4 万亿元、增长 4.3%，占全国比重 11.8%。广州、深圳、珠海、江门 4 市市辖区人均地方一般公共预算收入达万元。三是实体经济韧性强。2023 年，制造业增加值占 GDP 比重 32.7%，规模以上工业增加值突破 4 万亿元，规模以上工业企业利润总额突破万亿元。四是营商环境进一步优化。广东 21 市综合信用指数均超过 2.5，珠三角 9 市均获评全国文明城市。

（二）创新驱动成效突出

广东围绕发展新质生产力布局产业链。2022 年，广东 R&D 经费 4411.9 亿元，占全国比重

图 1 东莞中国裂散中子源

14.3%；R&D 经费投入强度 3.4%，R&D 人员 134.0 万人，均居全国前列。2023 年，技术合同成交额 4438.1 亿元，发明专利授权量 14.3 万件；高技术制造业占规模以上工业增加值比重 29.4%。高新技术企业超 7.5 万家，连续 8 年全国排名第一；世界知识产权组织发布的全球创新指数，“深圳—香港—广州科技集群”连续 4 年位居第二。城市创新发展指数均值为 75.8，广州 91.2 领跑，深圳 90.3、东莞 85.0、佛山 82.6 紧随其后。一是科创资源投入持续发力。拥有国家重大科技基础设施 10 个，拟建和在建重大科技基础设施 19 个；2 个国家应用数学中心在建，粤港澳大湾区量子科学中心成立。二是高水平人才加速集聚。打造学科专业齐全、行业分布广泛的博士后工作体系，集聚 1.3 万多名在站博士后，平均年增长超 19%。2022 年，广州、深圳、珠海、佛山、惠州、东莞、中山 7 市万人规模以上工业 R&D 人员数超过 90 人。三是科研基础不断夯实。2023 年全省共有 28 所高校的 220 个学科入围 ESI 全球排名前 1%，8 所高校 21 个学科入选国家“双一流”。14 市万人高等教育在校生数超 100 人，其中广州达 1244 人。

（三）城乡区域发展更加协调

广东实施“百千万工程”[1]，加快推动城乡区域协调发展。2023 年末，全省常住人口城镇化

1. 百县千镇万村高质量发展工程，简称“百千万工程”，是广东高质量发展的“头号工程”。以推动高质量发展为主题，以乡村振兴战略、区域协调发展战略、主体功能区的战略、新型城镇化的战略为牵引，以城乡融合发展为主要途径，以构建城乡区域协调发展新格局为目标，壮大县域综合实力，全面推进乡村振兴。

率 75.4%，比上年末提高 0.6 个百分点；城乡人均可支配收入比降至 2.36。城市协调发展指数均值为 82.6。一是人口结构不断优化。2023 年末，珠三角、粤东、粤西、粤北人口城镇化率分别为 87.8%、61.8%、49.3%、54.4%，区域间人口城镇化水平差异有所缩小。全省常住人口中，每 10 万人中拥有大学文化程度人数由 2010 年的 8214 人提高至 2020 年的 15699 人，学历结构不断优化。二是城乡居民收入差距进一步缩小。2018—2023 年，城镇居民人均可支配收入年均增长 6.4%，农村居民人均可支配收入年均增长 8.1%。2023 年，20 市（深圳已完全城市化）城乡人均可支配收入比均低于 2.1。三是经济结构持续恢复。第三产业增加值占 GDP 比重提高 0.5 个百分点，财政支出收入比从 1.4 降至 1.3。

（四）绿美广东和谐共生

广东深入推进绿美广东生态建设，2023 年，全省平均灰霾日数 14.8 天，较常年少 26.3 天，21 市空气质量优良天数比例平均为 94.8%，城市绿色发展指数均值为 90.0。一是能源供给和消费优化。截至 2022 年底，核电、抽水蓄能、气电装机规模均居全国第一。能耗强度近十年累计下降超过 30%，为全国平均水平的 2/3。2023 年，水力、风力、太阳能发电量分别增长 12.1%、10.9%、26.6%；15 市万元 GDP 电耗增速控制在 5% 以内。二是节能减排成效明显。累计创建国家级绿色工厂 400 家、绿色工业园区 11 家、绿色供应链管理企业 80 家，绿色制造示范单位数量稳居全国首位。2023 年，21 市二氧化硫、一氧化碳年均值达一级标准，二氧化氮、PM10、$PM_{2.5}$ 达二级标准。三是城市绿化增姿添色。2022 年，建成区绿化覆盖率 43.9%，提高 1.6 个百分点；城市人均公园绿地

图 2 河源万绿湖

面积 18.0 平方米，提高 0.5 平方米。

（五）开放水平持续提高

2023 年，广东作为全国外贸第一大省，进出口规模再创历史新高，达 8.3 万亿元，占全国份额回升至 19.9%；实际使用外资金额 1519.6 亿元，占全国比重 14.0%。城市开放发展指数均值为 79.7。一是外贸承压而上。全省外贸规模连续 3 年超 8 万亿元，跨境电商平台进出口增长 25.2%。货物贸易进出口总额与 GDP 之比 61%，比全国高 28%。二是外资结构优化。2023 年，广东人均实际使用外资 1253 元，比全国高 55.7%；制造业利用外资规模增长 11.7%，占全部利用外资比重提高至 32.4%；高技术制造业利用外资增长 40.5%，占制造业利用外资比重达 51.0%。三是自贸试验区门户枢纽功能凸显。自贸试验区累计形成 696 项制度创新成果，成为全国对接国际高标准推进制度型开放的试点区域。

（六）全民共享改善提质

广东努力提高共享发展底色成色，坚持财力向民生和基层倾斜，民生类支出占一般公共预算支出比重保持在七成。城市共享发展指数均值为 68.3，18 市指数比 2022 年提高。一是居民收入水平逐步提高。2023 年，全省居民人均可支配收入 49327 元，同比增长 4.8%，2018—2023 年年均增长 6.9%。二是居民生活条件不断改善。2023 年，全省居民人均住房建筑面积 40.5 平方米，2018—2023 年年均增加 0.6 平方米。全省百户居民家庭家用汽车拥有量 52.1 辆，2018—2023 年年均增加 3.4 辆。三是医疗教育水平显著增强。2023 年，全省每万人拥有医护人员数 63.8 人，增加 4.1 人。常住人口中，15 岁及以上人口的平均受教育年限从 2010 年的 9.6 年提高至 2020 年的 10.4 年，18 市平均受教育年限超过 9 年。

三、城市高质量发展经验做法

纵深推进新阶段粤港澳大湾区建设，有力牵引全省全面深化改革开放。携手港澳加快建设国际一流湾区，深中通道主线全线贯通，港珠澳大桥车流量创历史新高；发布 110 项“湾区标准”，108 项高频政务服务事项实现粤港跨境通办；高水平建设横琴、前海、南沙、河套等重大合作平台。

深入实施“百县千镇万村高质量发展工程”，开启城乡区域协调发展新图景。建强中心镇、专业镇、特色镇，112 个镇入选全国千强镇；农村规模化供水工程覆盖率提高到 83%，新建和改造提升农村公路 6958 公里，城乡居民收入比缩小至 2.36。

坚持实体经济为本、制造业当家，现代化产业体系建设取得重要进展。着力打造“20+5”产业

（三）全力放大西部陆海新通道优势，加快建设内陆开放高地

放大“五型”国家物流枢纽城市、“四向”开放通道的区位优势，积极提升西部陆海新通道、中欧班列（成渝）、长江黄金水道、国际航空枢纽发展能级，强化西部陆海新通道物流和运营组织中心作用，着力打造“一带一路”进出口商品集散中心和国际多式联运示范基地，提升“铁公水空”联通效能，助推过境中转、多式联运业务发展。积极培育新业态新模式，推广“跨境电商 + 产业带”发展模式，深化市场采购贸易方式试点。推动服务贸易创新发展，建设服务外包示范城市，促进服务贸易稳定增长。

（四）深入实施绿色低碳转型行动，加快建设美丽中国先行区

实施工业、农业、城乡建设、交通、能源和新基建等六大重点领域碳达峰行动计划。建立健全碳排放统计核算体系，开展全市碳排放普查试点，逐步推动能耗“双控”向碳排放“双控”转变。推动电力、钢铁、化工等重点行业开展节能降碳改造升级，深入实施制造业高质量绿色发展行动计划，积极发展智能网联新能源汽车、先进材料、清洁能源及储能等绿色新兴产业，开展低碳数字能源试点示范。推动地方碳排放权交易市场建设，深入推进全域绿色金融改革创新试验区建设，推进气候投融资试点。

（执笔人：胡晓霞　何相莹）

四川省城市高质量发展监测报告

2023 年，四川省委、省政府坚持以习近平新时代中国特色社会主义思想为指导，深入贯彻落实党的二十大精神和习近平总书记对四川工作重要讲话重要指示批示精神，坚持以成渝地区双城经济圈建设为总牵引，扎实推进新型工业化、城镇化、信息化和农业现代化建设，以城市大发展引领新时代治蜀兴川，推动区域共兴走深走实，迈出城市高质量发展坚定步伐。

一、城市发展基本情况

四川位于中国西南部，地处长江上游，与 7 个省（区、市）接壤，北连陕西、甘肃、青海，南接云南、贵州，东邻重庆，西衔西藏，是承接华南、华中，连接西南、西北，沟通中亚、南亚、东南亚的重要交汇点和交通走廊。全省行政区划面积 48.6 万平方公里，居全国第 5，下辖地级区划数 21 个，数量居全国第一，其中地级市 18 个、少数民族自治州 3 个；县级区划数 183 个，数量居全国第一。截至 2023 年底，全省户籍人口 9071.4 万人，居全国第四；常住人口 8368.0 万人，居全国第五。其中超大城市 1 个，即成都大城市 4 个，分别是绵阳、南充、宜宾、泸州；中等城市 8 个，分别是达州、自贡、遂宁、乐山、眉山、攀枝花、德阳、内江；小城市 5 个，分别是广元、巴中、资阳、广安、雅安。

二、城市高质量发展成效

2023 年，全省 18 个城市高质量发展指数均值为 68.3，较 2022 年提高 1.1，其中成都、自贡、攀枝花、泸州、德阳、绵阳、遂宁、宜宾等 8 市高于全省各市均值、成都居第一；达州较 2022 年提高 3.9，提高幅度最大。

（一）综合发展成效显著

2023 年，18 个城市综合质效指数均值为 73.3，较 2022 年提高 2.2，其中成都、自贡、泸州、德阳、绵阳、遂宁、乐山、眉山、宜宾等9市高于各市均值；广元提高5.7，提高幅度最大。

经济总量不断增大。2023年，18个城市实现GDP57314.6亿元，较2022年增加3695.7亿元，增长6.4%，其中市辖区GDP34670.5亿元，较2022年增加2218.7亿元，增长6.7%。成都GDP较2022年跨过2个千亿元台阶，经济总量达到22074.7亿元；绵阳、德阳GDP均迈上1个千亿元台阶，分别实现4038.7亿元、3014.4亿元；宜宾GDP实现3806.6亿元；除巴中外，其余13市GDP均超过1000亿元。

人口总量稳定增长。2023年，18个城市常住人口7684.3万人，较2022年增加135.3万人，增长1.8%，其中市辖区常住人口3813.9万人。成都自2020年成为全国第4个城区常住人口超1000万人的超大城市后，常住人口持续稳定增长，2023年达2140.3万人，全省另有大城市4个、中等城市8个、小城市5个。

财政保障不断增强。2023年，18个城市地方一般公共预算收入达到4213.4亿元，较2022年增加486.6亿元，增长13.1%，其中市辖区达到2350.2亿元，较2022年增加183.9亿元，增长8.5%。达州、雅安市辖区地方一般公共预算收入分别增长78.1%、62.7%，成都、德阳、遂宁、资阳等4市市辖区均实现两位数增长。

（二）创新发展突破升级

2023年，18个城市创新发展指数均值为71.7，较2022年提高0.7，其中成都、自贡、攀枝花、泸州、德阳、绵阳、宜宾等7市高于各市均值；达州提高9.5，提高幅度最大。

创新能力加快提高。全省拥有17个国家重点实验室、10个国家大科学装置、369家科研院所、205个国家级科技创新平台，拥有137所普通高校。成都加快建设西部（成都）科学城，成渝（兴隆湖）综合性科学中心等重大创新平台，2023年获全球创新指数（GII）排名第24位。绵阳作为中共中央、国务院批准建设的全国唯一科技城市，2023年其创新能力位列中国城市科技创新竞争力50强第17位。

创新成果加快转化。2023年18个城市有效发明专利拥有量139631件，较2022年增长22.1%，其中成都、德阳、绵阳、广元、南充、广安等6市增速超30%。18个城市技术合同成交额达到1950.9亿元，较2022年增长18.3%。绵阳市X-FLASH放疗技术等科技成果转化落地，全球最先进的医用回旋加速器生产基地投产，全年成果转化145项，技术合同成交额超100亿元。资阳“中国牙谷”的签约入驻企业中，全球行业100强企业达15家，为全国最大口腔装备材料产业基地。

企业主体地位继续增强。实施创新型企业培育强领军、强主干、强基础“三强计划”，2022 年，全省研究与试验发展（R&D）经费支出 1215 亿元，总量排全国第八，其中企业研发投入占全社会研发投入的比重提升至 60.3%，首次突破六成，研发投入强度为 2.1%。18 个城市研究与试验发展（R&D）经费支出 1210.6 亿元，比 2021 年增加 4.7 亿元。成都、绵阳、德阳、宜宾、泸州、眉山、南充等 7 市研究与试验发展（R&D）经费支出超过 20 亿元。

（三）协调发展效能优化

2023 年，18 个城市协调发展指数均值为 77.8，较 2022 年提高 0.4，其中成都、自贡、攀枝花、绵阳、遂宁、南充、达州等 7 市高于各市均值；自贡、雅安分别提高 1.4、1.3，提高幅度靠前。

城镇化水平稳步提高。2023 年 18 个城市常住人口城镇化率 55.7%，其中，成都、自贡、攀枝花、德阳、绵阳、遂宁、乐山等 7 市城镇化率超过各市平均数。成都超大城市转型发展迈出新步伐，城市核心功能、基本功能、特色功能全面增强，城镇化率突破 80%。

城乡收入差距稳步缩小。2023 年 18 个城市城乡居民人均可支配收入比为 2.2，其中成都、攀枝花、德阳、遂宁、南充、眉山、达州、资阳等 8 市收入比小于各市均值。成都聚焦西部片区国家城乡融合发展试验区 5 项试验重点任务持续发力，城乡居民收入比缩小至 1.8；资阳做强“一县一特”产业集群，打造出“安岳柠檬”等多个乡村品牌助农增收，城乡居民收入比低于 2.0。

区域联动携手共进。成渝地区双城经济圈区域和城乡发展格局持续优化，四川 8 市和渝西 8 区相向发展，促进成渝地区中部崛起，2023 年成渝地区双城经济圈经济总量突破 8 万亿元，经济增速赶超全国。

（四）绿色发展底色鲜明

2023 年，18 个城市绿色发展指数均值为 84.9，比 2022 年提高 0.1，其中成都、自贡、攀枝花、德阳、广元、遂宁、达州、雅安、巴中、资阳等 10 市高于各市均值；攀枝花提高 2.1，提高幅度最大。

环境质量持续优化。2023 年，全省空气质量指数列全国第 13 位、较 2022 年提升 3 位，203 个国考断面水质优良率首次达到 100%。

结构性减排持续深化。严格控制高耗能、高污染、低水平项目重复建设，2023 年，全省累计成交国家核证自愿减排量 3828.7 万吨，居全国第四。攀枝花全力淘汰过剩产能、优化产业结构，推进电炉短流程炼钢创新突破。

绿色能源加快开发。大力发展清洁能源产业，晶硅光伏、动力电池、新能源汽车、节能环保等产业加速成长。2023 年全省清洁能源装机容量达到 1.1 亿千瓦，其中水电装机容量 9759 万千瓦、居全国第一。天然气（页岩气）产量达到 552 亿立方米，居全国第一。2023 年成都位列中国新能源产业集聚度城市榜前十，宜宾动力电池产业年产值突破千亿元，乐山打造“中国绿色硅谷”，高纯晶硅产能位居全国前三。

（五）开放发展水平更高

2023 年，18 个城市开放发展指数均值为 70.3，较 2022 年提高 0.4，其中成都、泸州、德阳、绵阳、内江、眉山、宜宾、资阳等 8 市高于各市均值，内江、自贡分别提高 2.1、1.9，提高幅度位居前列。

通道建设成效明显。打通“断头路”、拓宽“瓶颈路”，打通进出境的多线路物流通道，共建面向东盟的国际空中通道，与重庆合作共同打造成渝世界级机场群，目前全省进出川大通道累计达 48 条。2023 年，中欧班列（成渝）开行量稳居全国第一，成都国际航空枢纽年旅客吞吐量近 7500 万人次，进出口总额超过 9500 亿元。

平台建设稳步扩大。创新设立 13 家协同改革先行区，加强集成创新、产业协作、平台共建，进一步释放改革红利，开放能级不断提升，四川自由贸易试验区进出口总额近 5900 亿元，以不足全省 1/4000 的面积，贡献了全省近 1/4 的外商直接投资、1/10 的进出口。2023 年，18 个城市实际使用外资金额达 32 亿美元，其中成都、绵阳、眉山、资阳等 4 市超过 1 亿美元。

外贸市场保持平稳。“一企一策”稳加工贸易龙头企业，组织“川行天下”市场拓展活动，实施扩大进口专项行动，电动载人汽车、锂电材料、太阳能电池等外贸“新三样”进出口持续增长。在川世界 500 强企业达到 381 家，居中西部第二，在川领事机构达 23 个。2023 年 18 个城市进出口总额 9545.8 亿元，其中成都实现 7486.5 亿元，占全省的 78.4%，泸州、德阳、绵阳等 3 市超 200 亿元；宜宾、遂宁、雅安凭借电子信息产业、锂电产业的发展，进出口总额分别增长 15.5%、41.0%、34.9%，规模均创历史新高。

（六）共享发展提质增效

2023 年，18 个城市共享发展指数均值为 66.7，较 2022 年提高 1.1，其中成都、攀枝花、泸州、德阳、绵阳、广元、乐山、宜宾、雅安等 9 市高于各市均值；达州提高 3.8，提高幅度最大。

社会保障充分。基本建成省、市、县、乡四级联动的低收入人口动态监测预警机制。城市社区“15 分钟养老服务圈”和农村三级养老服务网络基本成型，建立多主体供给、多渠道保障、租购并举的住房保障制度，2023年18个城市市辖区住房保障支出151.4亿元，占地方一般公共预算收入的4%，18个城市城镇居民人均住房建筑面积38.8平方米。“超大班额”全面消除，“四川云教”城乡联盟优质教育资源惠及薄弱学校1700余所，2023年18个城市市辖区教育支出963.7亿元，占地方一般公共预算收入的25.3%。

就业保障有力。出台促进青年就业创业“35条”，提供政策性岗位超过30万个，实施以工代赈重点工程375个。2023年，全省城镇新增就业104万人，应届高校毕业生就业去向落实率居全国前列，“四类重点人群”高校毕业生基本实现就业，2600多万农民工就业总体稳定，“零就业”家庭实现动态清零。

人民生活水平提升。2023年，18个城市人均GDP6.7万元，市辖区人均GDP7.5万元，其中成都、攀枝花人均GDP突破10万元，德阳等11市超过5万元，自贡、绵阳、广元、遂宁、广安、雅安均较上年跨过1个万元台阶；成都、攀枝花、德阳、宜宾等4市市辖区人均GDP突破10万元。18个城市城镇居民人均可支配收入达到44247元，其中成都达到54489元，超过全国城镇居民人均可支配收入0.3万元；红色革命老区巴中市迈上4万元台阶，全省18市城镇人均可支配收入均超过4万元。

三、城市高质量发展的薄弱环节

（一）区域、城乡发展不平衡不充分

区域、城乡发展不平衡不充分是长期制约四川高质量发展的突出短板。五大经济区之间，省会城市与其他城市之间，市内县区之间，经济体量悬殊较大，发展水平差距也较大。18个城市中有64个区（县）城镇化率未超过50%，多数县域产业发展质量和效益不高，吸纳就业的空间和能力不足，农村人居环境总体质量水平不高。

（二）公共服务有效供给不足

教育保障方面，教育资源配置不均，教师流动性大、稳定性不足；城市、城镇公办学位相对紧张，农村生源流失大；教育经费管理不优，“两个只增不减”政策落实有薄弱点，仍有部分县区教育经费负增长。医疗保障方面，区域医疗资源分布不均衡，大量优质医疗资源集中于成都平原经济带，老、少、边地区优质医疗资源依然匮乏，布局“小散弱”，医疗服务水平参差不齐。住房保障方面，保障性安居工程建设进展不平衡，有的地方开工率较低，社会资金投入保障性住房建设的措施不完善，工程质量、分配管理等方面还有待加强。

支持贵安新区深化改革创新，加快遵义省域副中心建设，支持毕节建设贯彻新发展理念示范区，支持六盘水打造西南地区煤炭保供中心。

（四）更加注重绿色共治，生态发展底色鲜明

习近平总书记视察贵州时强调，要牢固树立绿水青山就是金山银山的理念，守住发展和生态两条底线，努力走出一条生态优先、绿色发展的新路子。贵州全面贯彻党中央的指示要求，大力推进“电动贵州”建设，提高发展的“含绿量”、降低“含碳量”，生态环境优势进一步巩固。2023 年，全省城市绿色发展指数均值为 88.1，贵阳、遵义、六盘水高于全省平均水平。贵州世界自然遗产全国最多，动植物种类全国第三，森林覆盖率达 63.0%。节能降碳成效明显，单位 GDP 能耗比上年下降 3.6%，绿色经济占比达 46% 左右。清洁能源发电装机容量占比超过 56%，实现火、水、风、光、储“多能互补”。2023 年，中心城市环境空气质量平均优良天数比例达 98.6%，主要河流出境断面水质优良率保持 100%。

贵阳生态优势持续彰显，环境空气质量优良天数比例达 99.5%，空气质量在全国 168 个重点城市中稳居前列，成为 2023 年唯一获评国家生态文明建设示范区的省会城市。遵义筑牢生态屏障，实施营造林 28.4 万亩、国储林 29 万亩，完成水土流失综合治理 633.3 平方公里，实施石漠化治理 7.5 万亩。毕节加强生态修复，完成石漠化治理 285.8 平方公里、水土流失治理 690 平方公里，林长制改革获国家林草局经验交流推广。六盘水持续深入开展污染防治攻坚，省控以上地表水断面水质优良率、县级以上集中式饮用水水源地水质达标率、地下水环境质量达标率首次实现“三个 100%”。

（五）更加注重开放共赢，对外开放成果丰硕

贵州全面推进改革开放创新，持续深入服务和融入国家重大战略，西部大开发综合改革实施方案获批。2023 年，全省城市开放发展指数均值为 67.0，贵阳、遵义高于全省平均水平。全年全省新设外商投资企业 409 户。首条国际货运航线开通，贵阳、贵安、遵义三个综保区能级提升，贵安新区获批建设国家级加工贸易梯度转移重点承接地，全省进出口总额 759.7 亿元，比上年增长 11.5%；其中出口总额 520.5 亿元，增长 22.6%。

贵阳建成跨境电商公共服务平台，完成国家全面深化服务贸易创新发展试点任务，货物贸易进出口总额同比增长 17.2%。遵义加快发展外向型经济，进出口贸易拓展至 152 个国家和地区，新增外贸实绩企业 64 家，实际利用外资 2.4 亿美元。毕节推动区域合作事项 163 项，引进产业项目 566 个、新增到位资金410亿元，外贸进出口总额增长10.9%。铜仁加快建设国家级跨境电商综合试验区，实际利用外资增长18.4%，进出口总额排全省第三。安顺先进装备、茶叶、石材等特色产品走俏国外市场，全市进出口额增长38.4%、增速位居全省第二；实际利用外资实现突破，增速位居全省第一。

（六）更加注重社会民生，人民生活美好幸福

贵州大力发展社会事业，人民群众“三感”加快提升。在财政压力加大的情况下，贵州千方百计增收节支，基层“三保”保障有力，十件民生实事全面完成，民生事业稳步推进，民生福祉持续提升。2023年，全省城市共享发展指数均值为68.2，较上年提高2.3，贵阳、铜仁高于全省平均水平。城乡低保平均标准分别提高8.0%、15.0%，截至2023年底贵州年人均纯收入低于万元的人口已基本实现动态清零。全面落实就业优先政策，全省城镇新增就业61.8万人，省外务工劳动力稳定在600万人左右。用心用力办好人民满意的教育，新增各级各类学位18.6万个，其中基础教育学位12.3万个；大力推进省市（州）共建本科高校管理体制改革，新增2所普通高校，6所高校转为省管。加快建设6个省级区域医疗中心，建成县域医疗次中心50个，省市县乡村五级医疗体系加快健全，群众看病难、看病远问题得到有效解决。强化养老托育等服务供给，养老机构护理型床位占比达62.0%，每千人口拥有3岁以下婴幼儿托位数达3.8个，铜仁市每千人口拥有3岁以下婴幼儿托位数4.1个、排全省前列。丰富群众精神文化生活，“村超”“村BA”“路边音乐会”活力四射，各类群众性文化体育活动蓬勃开展。

贵阳“一圈两场三改”三年攻坚顺利完成，140个“15分钟生活圈”全面建成；城镇新增就业15.4万人，农村劳动力转移就业4.1万人，零就业家庭保持动态清零。毕节坚持民生投入力度不减、稳中有增，教育、卫生健康、社保就业等9项民生支出占一般公共预算支出的82.3%，全市城镇新增就业6.8万人，失业人员再就业1.6万人。六盘水民生福祉持续改善，市中心城区新增集中供热面积73.6万平方米，总覆盖面积达640万平方米，惠及20余万人，“夏凉+冬暖”正成为新的靓丽名片。

三、坚持问题导向，推动城市高质量发展“出新绩”

近年来，贵州迈向高质量发展新征程，但在推动城市高质量发展中还面临较大压力：一是经济发展仍需大力推动。贵州人均GDP、人均一般公共预算收入等指标与其他省份差距明显。二是创新驱动水平有待提高。贵州R&D支出占GDP比重、万人专利授权量等指标与其他省份有差距。三是经济外向度较低。受西部内陆区位条件约束，贵州“不沿边、不靠海”，对外开放起步晚、步伐慢，引进和利用外资水平相对较低，进出口规模较小，进出口总额位居 31 个省份第 27 位。四是城乡居民收入差距较大。贵州城乡居民收入比为 2.89，农村居民人均可支配收入位居 12 个西部省份第 11 位，缩小城乡居民收入差距任重道远。

当前，贵州经济正处于新旧动能转化、产业提质升级的关键时期，习近平总书记关于新质生产力的重要论述为贵州城市高质量发展提供了更明确的方向。贵州将继续坚持以高质量发展统揽全局，坚定不移在新时代西部大开发上闯新路，奋力推动城市高质量发展实现新跨越。一是锚定“六大产业基地”，因地制宜发展新质生产力。以“富矿精开”为关键抓手，构建富有贵州特色、在国家产业格局中具有重要地位的现代化产业体系。二是做强做优数字经济，推进“东数西算”工程。用好用活省数据局、省发展改革委等 8 个部门联合出台的《关于促进全国一体化算力网络国家（贵州）枢纽节点建设的若干激励政策》，加快打造面向全国的算力保障基地，着力推进大数据与实体经济深度融合。三是统筹城乡融合发展，建立健全促进城乡协调发展的体制机制和政策体系，着力缩小地区差距、城乡差距、收入差距“三大差距”。四是着力优化产业布局，加快发展现代服务业。以产业园区为载体，突出地方特色，全力推动现代服务业集聚区提质升级。五是坚持生态优先绿色发展。持续打好污染防治攻坚战，建设生态文明城市，大力发展绿色经济，积极推进“碳达峰、碳中和”行动，全面推行城乡生活垃圾分类处理。六是抢抓西部陆海新通道建设机遇，推进陆港型国家物流枢纽建设。扩大商品服务进出口总额，提高经济外向度。七是以“贵人服务”持续优化营商环境。持续深入推进“放管服”改革，持续提升投资便利度，着力打造国内一流的营商环境。

（执笔人：廖晓春　刘颖　高鹿鹿）

云南省城市高质量发展监测报告

云南省委、省政府以习近平新时代中国特色社会主义思想为指导，深入学习贯彻落实党的二十大精神和习近平总书记考察云南重要讲话精神，全面践行人民城市理念，进一步加强对城市高质量发展工作的领导，深入推进以人为核心的新型城镇化建设，积极发挥城市在全省经济社会发展、民生改善中的重要作用，奋力推进城市高质量发展。

一、全省基本概况

云南位于中国西南边陲，东与广西和贵州毗邻，北以金沙江为界与四川隔江相望，西北隅与西藏相连，西部与缅甸相邻，南部和东南部分别与老挝、越南接壤，总面积 39.4 万平方千米，边境线长 4060 公里，是全国边境线最长的省份之一，是连接东南亚与亚洲腹地的枢纽和通道。地形以高原为主，平均海拔 1500 米，气候随海拔高度不同而呈明显的垂直差异；地势西北部高东南部低，西北部地处青藏高原边缘，高山深谷相间，地质构造独特，山地丘陵占全省面积的 9 4 %。省内有怒江、澜沧江、金沙江、红河、南盘江和伊洛瓦底江六大水系，其中，金沙江为长江上游，是长江经济带重要组成部分。世居少数民族 25 个，是全国少数民族人口多、分布广的省份之一，自然景观与历史、宗教遗迹、民族文化风情交融荟萃，构成了特色鲜明的旅游资源。2023 年末，全省常住人口 4673 万人，城镇人口 2473 万人，常住人口城镇化率为 52.9%。根据行政区划，2023 年云南省共 16 个市（州），其中，8 个地级市、8 个民族自治州。8 个地级市中，特大城市 1 个（昆明），中等城市 2 个（曲靖、玉溪），小城市 5 个（保山、昭通、丽江、普洱、临沧）。

二、城市高质量发展初见成效

近年来，云南立足实际，聚焦瓶颈补短板，突出关键强弱项，深挖潜能扬优势，守牢底线保安全，凝心聚力促团结，抓实党建强保证，向深化改革要红利、向扩大开放要活力、向科技创新要动力、向作风效能要实绩，持续壮大“资源经济、园区经济、口岸经济”（以下简称“三大经济”），以高质量跨越式发展推进中国式现代化云南实践。2023年，云南8个地级市城市高质量发展指数均值为73.5，比上年提高0.3。从六大维度看，综合质效、创新发展、协调发展、绿色发展、开放发展、共享发展指数均值分别为71.4、69.4、75.4、86.7、69.8、70.8；其中，综合质效、创新发展、协调发展、共享发展指数均比2022年有所提高，绿色发展、共享发展指数较上年有所下降，但仍保持较高水平。

（一）综合发展质效稳步提升

云南通过精准落实国家稳经济系列政策，大力发展“三大经济”，坚定不移推进“五化”进程，深入实施系列三年行动计划，出台经济稳进提质25条措施，有力地推动了全省经济持续恢复向好。2023年，全省实现GDP30021亿元，经济总量继2012年迈上1万亿元台阶、2018年迈上2万亿元台阶后，迈上3万亿元台阶；全省高原特色农业领域增加值增长4.2%，以硅光伏和新能源电池为代表的电子信息制造领域增加值增长27.7%，绿色能源领域、矿产资源领域增加值分别增长5.5%、0.7%，资源优势加快转化为产业优势。昆明、曲靖承接产业转移园区和磨憨、瑞丽、河口沿边产业园区建设加快推进，89个开发区规模以上工业增加值增长7.7%。口岸进出口货运量增长32.2%，磨憨铁路口岸成为全国对东盟的第一大铁路口岸。全省实有经营主体达632.3万户，是2020年末的1.7倍，全年净增141万户，其中“四上”企业数突破2万户、达到21566户，较上年末净增3242户，增长17.7%。2023年，全省城市综合质效指数均值为71.4，比上年增加0.8，其中曲靖、昆明、玉溪、丽江高于全省平均水平，其综合质效指数分别为77.7、77.6、74.5、72.7。

（二）科技创新驱动能力增强

29条创新驱动高质量发展措施的制定和实施为全省科技创新营造了良好的生态环境，有力地推动了科技与产业的深度融合，推动高质量发展取得了实实在在的成绩。2023年，全省新建3个全国重点实验室、2个云南实验室、10个省技术创新中心、14个省重点实验室、9个省野外科学观测研究站；2728名“三区”科技人才获科技部认定备案；全社会研究与试验发展经费支出达313.5亿元，研发投入强度为1.1%；省级财政科技经费基础研究投入增长率居全国首位；全省发明专利较上年增长44.4%，国家级高新技术企业数再创新高，较上年增长25%，技术合同成交额较上年增长22.9%，高等教育学校在校生数较上年增长3.6%，其中研究生在校生数增长7.8%。重点产业关键核心技术不断突破，在全国率先实现固态氢能发电并网，直拉法生产光伏级锗单晶的技术打破了少数欧美发达国家在该项技术领域的长期垄断，5G 通讯结构功能一体化铝合金进入国内主流通讯企业的供应链体系。2023 年，全省城市创新发展指数均值为 69.4，比上年增加 0.1，其中昆明、曲靖、玉溪高于全省平均水平，其创新发展指数分别为 81.5、72.5、72.2。

（三）城乡融合发展更加协调

云南积极探索以县城为重要载体的城乡融合发展，深入推进以人为核心的新型城镇化，基础设施不断向乡村延伸、公共服务不断向乡村覆盖、人才要素不断向乡村流动，城乡之间基本实现基础设施共享共用、各类服务互联互通，城乡公共厕所脏、乱、差面貌得到彻底改变，城乡面貌焕然一新，城镇品质逐步提高。2023 年，全省常住人口城镇化率由上年的 51.7% 提高到 52.9%，第三产业增加值占 GDP 的比重由上年的 50.0% 提高到 51.8%，城乡居民人均可支配收入比由上年的 2.78 缩小到 2.66。2023 年，全省城市协调发展指数均值为 75.4，比上年提高 1.4，其中昆明、丽江高于全省平均水平，其协调发展指数分别为 88.4、78.5。

（四）绿色发展取得新成效

云南坚持生态惠民、生态利民、生态为民，全省上下牢固树立和践行“共抓大保护、不搞大开发”“生态优先、绿色发展”理念，坚决扛起“保护好一江碧水”的政治责任，将绿色发展作为高质量发展的底色，以生态环境保护、资源高效利用和循环利用为核心，促进经济社会发展全面绿色转型，生态环境质量稳定向好，生态保护修复成效明显，生物多样性保护亮点突出，绿色低碳发展加快推进，生态文明排头兵建设迈出重大步伐。城市空气优良天数比例多年来稳定在 98% 左右，城市空气质量连续 7 年位居全国前列，2023 年，全省地表水国控断面水质优良比例高达 94.1%；$PM_{2.5}$ 平均浓度 21.8 微克 / 立方米，比全国平均水平低近 30%；地（市）级、县级集中式饮用水水源地水质达标率分别达 97.9%、94.1%，受污染耕地安全利用率达 90%；发电装机容量 1.3 亿千瓦，其中清洁能源装机 1.2 亿千瓦，清洁能源装机容量占比居全国首位。主要河流出境水质优良率达 100%，每年为长江、珠江输送超过 1000 亿立方米的优质水源。2023 年，全省城市绿色发展指数均值为 86.7，居全国前列，其中临沧、普洱、丽江、玉溪、昆明、曲靖高于全省平均水平，其绿色发展指数分别为 91.4、91.4、89.9、87.7、87.7、87.3。

（五）对外开放取得新突破

云南紧抓国家推动新一轮高水平对外开放和中国（云南）自由贸易试验区新机遇，充分发挥区位优势，以服务和融入“一带一路”建设为重点，加强与西部陆海新通道的衔接，加快建成内引外

东清洁能源开发区加快完善流域规划布局，推动雅鲁藏布江、金沙江、澜沧江等流域水风光综合开发。藏西北生态涵养区加强重要江河源头生态保护，引导人口适度聚集，加强重点城镇建设，完善基本公共服务，发展高原特色牧业。

（三）坚持以人民为中心，不断完善城市功能

2021 年 7 月，习近平总书记在西藏考察时强调，城市的核心是人，城市工作做得好不好，老百姓满意不满意、生活方便不方便，是重要评判标准。要坚持以人为本，不断完善城市功能，提高群众生活品质。党的十八大以来，西藏高度重视城市发展工作，以建设宜居、宜业、智慧、人文城市为目标，持续加强城镇综合承载和区域辐射能力，扎实推进城市高质量发展。在历次政府工作报告中自治区对城市发展工作做了部署。其中，2013 年着力提高城市建设和管理科学化水平，加强城市历史文化保护，完善城市基础设施，改善人居环境质量，使城市更加宜居、宜业、宜商、宜游；2016 年着力提高城市发展持续性、宜居性；2018 年推进智慧城市建设；2020 年加快拉萨高新产业示范区建设和国家智慧城市试点；2024 年推进“无废城市”建设。西藏在推进城市发展建设中，因地制宜、稳步推进，发展方式逐步由外延扩张式向内涵提升式转变，城镇功能与品质全面提升，城市治理现代化水平不断提高。

（执笔人：晋美朗杰）

陕西省城市高质量发展监测报告

陕西省委、省政府深刻领会习近平总书记关于城市工作的重要论述，全面践行人民城市理念，奋力开创陕西人民城市高质量发展新局面。2023 年，陕西省 10 个设区市城市高质量发展指数平均值为 72.7，较 2022 年提高 0.6，其中，协调发展指数、共享发展指数上升较快，分别提高 1.2 和 1.9；西安、宝鸡、咸阳、延安、榆林城市高质量发展指数在全国和西部中位数以上。

一、城市规模与发展定位

（一）城市发展规模现状

陕西地处我国内陆腹地，历史悠久、资源丰富，是中华民族、华夏文明重要发祥地和西北地区重要的经济、文化中心之一，是新时代西部大开发、共建“一带一路”的重要节点地区。全省行政辖区内国土空间总面积 20.6 万平方公里，下辖西安、铜川、宝鸡、咸阳、渭南、延安、汉中、榆林、安康、商洛 10 个设区市和杨凌农业高新技术产业示范区，有 7 个县级市，69 个县和 31 个市辖区。2023 年末，全省常住人口 3952 万人，其中城镇人口 2575 万人，常住人口城镇化率 65.2%。

（二）新型城镇化发展格局确立

陕西国土空间全局安排更加精准完善，省域国土空间保护、开发、利用、修复有了新的政策和总纲，城镇发展新格局确立。以西安主城区、咸阳主城区及西咸新区为核心，渭南中心城区、铜川中心城区、杨凌示范区为副中心组成的西安都市圈。

（三）“三秦”城市协调赋能发展

近年来，陕西根据“三秦”片区特点精准定位，充分发挥各市资源禀赋优势，相互赋能提升城市能级。“关中”着力推进平原城市群高质量发展，以科技创新和先进制造为牵引，提升产业层次和城市能级，不断增强全省辐射带动能力。“陕北”聚力推动转型升级发展，打造世界一流高端能化基地和高端材料基地，加速打通陕北至关中第三输电通道，实现电力跨区域有效调配。“陕南”坚持产业生态化、生态产业化，推动绿色循环发展，提升消费品制造业发展水平，探索生态产品价值实现机制。

二、城市高质量发展成效

（一）高质量发展综合质效提升

2023 年，全省 GDP 为 3.4 万亿元，位居全国第 14 位；全省城市综合质效指数平均值为 71.3，较 2022 年提高 0.4；西安、铜川、宝鸡、咸阳、延安、榆林城市综合质效指数高于全省平均水平。

2020 年，西安成为西北首个 GDP 破万亿元城市，2023 年，GDP 达到 1.2 万亿元，人均 GDP 为 9.2 万元，年末常住人口达到 1307.8 万人，比上年末增加 8.2 万人。咸阳市辖区 GDP 同比增长 3.8%，人均 GDP 较上年同期增加 1259 元，全市高技术产业投资增长 41.1%。渭南全市乳制品等四大产业被纳入国家优势特色产业集群，7 条特色现代农业全产业链总产值近千亿元。汉中市辖区人均 GDP 为 6.2 万元，高于全市总体水平 1814 元，市辖区人均地方一般公共预算收入 3019 元，高于全市平均水平 1361 元。2023 年，榆林、延安经济总量占全省比重近三成，工业增加值占全省比重近五成。安康攻项目、强产业，项目建设有力拉动固定资产投资增长，金融机构存、贷款余额分别增长 8.1% 和 11.4%。商洛市辖区人均地方一般公共财政预算收入增长 32.8%，城镇居民人均可支配收入同比增长 6.0%。

（二）创新驱动发展取得成效

陕西要实现追赶超越，必须在加强科技创新、建设现代化产业体系上取得新突破。陕西启动秦创原创新驱动平台建设的三年来，创新推广实施加快推动科技成果转化“三项改革”，1.8 万项科技成果实现转移转化，科研人员领办创办科技企业 1232 家，“科技经纪人”“科学家 + 工程师”“新双创”三支队伍总量达到 4742 支，全省技术合同成交额 4121 亿元，年均增速超 35.0%。2023 年，全省城市创新发展指数平均值为 71.6，关中片区城市创新发展指数高于全省平均水平 3.8；西安“双中心”建设成形起势。

2023 年末，西安拥有国家级工程技术研究中心 2 家，国家级科技企业孵化器 34 家，市级以上新型研发机构 39 个，两院院士 69 人，认定地区优秀人才及实用储备人才 2.8 万人；认定登记技术合同 6.4 万项，技术合同成交额 3900.1 亿元，比上年增长 35.4%。铜川麟字大学生创业孵化中心晋档升级为国家级科技企业孵化器。宝鸡全市科学技术支出增长175.5%，高于一般公共预算支出增速171.4个百分点，高技术产业投资增长58.6%。咸阳高新技术企业同比增长97.0%，发明专利同比增长32.4%，技术合同成交额同比增长20.0%。汉中国家级高新技术企业数较上年增长48.9%，高技术产业投资增长22.1%。安康11个工业集中区和5个飞地经济园综合产值300亿元，高新技术企业、瞪羚企业、科技型中小企业分别增长101.6%、100.0%、66.9%。商洛市深化“产学研用”融合，万人高等教育在校生数比上年提升15.4%，万人有效发明专利数比上年提升17.0%。

（三）城市加快协调融合发展

陕西按照主体功能定位，充分发挥各地区比较优势，推动三大区域相互赋能，努力构建区域协调发展新格局。2023年，全省城市协调发展指数平均值为75.6，较2022年提升1.2；西安、咸阳、延安、榆林城市协调发展指数高于全省平均水平。

2023年，西安城镇化率由2012年的72.1%提高到79.9%，城乡居民收入比由2017年的2.9降至2.6；三次产业结构优化调整，比例为2.7 ∶ 34.5 ∶ 62.8，规模以上工业六大支柱产业产值比上年增长10.1%，五大新兴产业营业收入增长6.1%。宝鸡制造业发展活力凸显，市辖区制造业增加值占第二产业增加值比重达72.8%。咸阳全域推进西安咸阳一体化，出台稳就业促发展惠民生20条措施，全市民生支出412.6亿元，占一般公共预算支出的77.9%。渭南一体推进全国文明城市创建，195个城建项目加快建设，50个海绵城市建设项目全面推进。汉中产业结构不断优化，市辖区第三产业增加值和社会消费品零售总额占GDP的比重，分别较上年提高2.1个和1.1个百分点。安康城市开工建设棚改项目3356户，启动老旧小区改造182个。

（四）绿色协同发展稳步推进

2023年，陕西新能源装机突破4000万千瓦，淘汰老旧柴油货运车辆7291辆，新能源汽车产量同比增长36.3%，为319万户居民提供清洁取暖补助19亿元；全省城市绿色发展指数平均值为82.6，较2022年提升0.2；西安、铜川、延安、榆林、安康、商洛城市绿色发展指数高于全省平均水平；陕北片区城市绿色发展指数平均值为90.4，高于全省平均水平7.8，绿色转型发展迈出坚实步伐。

2023年，关中地区电煤消费较上年同期减少322万吨。西安推进工业企业退城入园，空气质量优良天数比上年增加38天。铜川聚焦“双碳”要求，全市单位GDP能耗明显下降。咸阳完成近130家“散乱污”企业搬迁治理，市辖区能源消费总量减少33万吨标准煤。渭南$PM_{2.5}$年平均浓度降幅明显，优良天数取得历史最好成绩。汉中地表水达到或好于Ⅲ类水体比例达100%。榆林成

三、城市高质量发展经验

（一）构建“一核三带”，提升城市高质量发展“驱动力”

建设环兰一小时核心经济圈。建设以兰州和兰州新区为中心、以兰白一体化为重点、辐射带动定西临夏的一小时核心经济圈，提升省会城市综合实力和承载能力。

提升河西走廊、陇东南经济带发展能级。聚焦建设河西走廊经济带，培育壮大新能源产业链。聚焦建设陇东南经济带，天水大力推进传统产业改造升级，培育壮大制造业；平凉、庆阳培育壮大以绿色清洁能源为核心的特色产业链。

建设黄河上游生态功能带。深入实施黄河流域生态保护和高质量发展战略，建立黄河流域生态环境基础数据库，推动生态环境质量整体改善。

（二）抓实“四强”行动，打造城市高质量发展“新引擎”

稳步推进强科技。从“提升科技创新创造力、提升科技支撑重点产业发展能力、提升科技人才创新能力、提升科技成果转移转化效力、激发科技创新活力”五个方面，谋划建设了一批重大创新平台、推进实施了一批重大专项行动、组织实施了一批产业技术创新工程、部署开展了一批重大改革举措。

坚定不移强工业。坚持强龙头、补链条、聚集群，积极推动传统产业改造升级，振兴老工业基地，促进工业经济迭代升级、提质增效，大力发展战略性新兴产业，在改旧育新中推动工业经济扩量提质。

多措并举强省会。着力打造产业园区发展、营商环境改善、现代城市建设、公共服务供给、制度体制革新的样板，增强省会城市在全省整体发展中的集聚和辐射带动作用。

激发活力强县域。助力各市州、县区因地制宜找准赛道发扬优势，做强做大特色优势产业，合力打造一批工业强县、农业大县、文旅名县、生态优县。

（三）践行生态理念，夯实城市高质量发展“基本盘”

用心守好“一条河”。全面落实黄河国家战略，持续深化黄河流域污染防治，推进黄河流域入河排污口排查整治专项行动。

用心护好“一片绿”。主动做好重大项目环评审批服务保障，制定出台生态环境领域全力服务保障经济高质量发展“一揽子”政策措施；积极推进祁连山地区生态保护红线生态环境监管工作，切实提升祁连山自然保护区植被指数。

全力打好“保卫战”。深入打好蓝天保卫战，严格落实研判、调度、预警等大气环境管理机制，落实落细大气污染各项管控措施。深入打好碧水保卫战，定期召开水环境质量形势分析会，研判水质状况及趋势，推进生态补偿工作。深入打好净土保卫战，加强耕地污染源头控制，确保受污染耕地安全利用与严格管控任务全面完成。

四、城市高质量发展薄弱环节

甘肃城市经济社会发展虽然取得了一定成绩，但目前还存在一些短板和不足，需加力发展补齐。一是发展不平衡不充分的问题依然存在；二是科技赋能经济发展的作用有待提升；三是开放发展整体水平较低，外贸进出口规模较小，结构较为单一。

五、城市高质量发展对策建议

加快提升综合质效水平。加快推进三次产业高质量协同发展，不断拓存创增，着力扩大经济总量。围绕“强龙头、补链条、聚集群”，大力实施“强工业”行动，做大做强传统优势产业，大力发展战略性新兴产业，积极培育壮大新兴和高技术产业，推动制造业转型升级和强基升链，提升制造业核心竞争力。

全面推进城乡融合发展。进一步促进农业转移人口市民化。不断完善全省城镇体系，持续优化城镇空间布局和形态，积极推进新型城镇化建设。做大县域经济规模，加快提升综合竞争力，构建县域经济发展新格局。

大力提升科技创新能力。不断优化研发投入支持政策，注入科技创新发展“动力源”，提升研发投入强度。培优育强研发主体，全面激活科技创新发展“引擎”，提升研发主体能级。建立产学研合作机制，不断提高科技成果转化效率。

持续扩大对外开放力度。进一步拓展对外开放空间，持续扩大对外开放能级。发挥国际物流集团集聚带动作用。参与“一带一路”电子商务大市场建设。积极推动马鬃山口岸复通工作，扩大高水平对外开放。

（执笔人：范雪涛　王健）

进一步缩小，群众健康水平进一步提高，人均预期寿命超过 77 岁。2023 年，城镇和农村居民人均可支配收入比上年分别增长 5.5% 和 8.2%，居全国第八和第五；参加基本养老、医疗、失业、工伤、生育保险总人数增加 11.17 万人；共有医疗卫生机构 4863 个，专业公共卫生机构 104 个；卫生技术人员 65731 人，其中，执业（助理）医师 24266 人，注册护士 30046 人。2023 年，宁夏城市共享发展指数平均值为 67.23，比上年增加 1.29，其中，银川和石嘴山高于平均水平。

三、制约城市高质量发展的短板问题

（一）经济增长基础薄弱

西部大开发战略实施以来，宁夏依托低成本的土地和劳动力优势、丰富的煤炭和电力等资源优势，在推进资源优势向经济优势转化上取得了积极成效。但低端产能过剩、高端供给不足、经济基础不牢等问题依然突出，“倚能倚重”特征仍然明显。2023 年，宁夏重工业比重接近 90%，其中，煤炭、电力、原材料三大行业增加值占宁夏规模以上工业增加值的 60% 以上。主要工业产品中初级产品和原材料产品比重大，产品附加值还有待进一步提高。高新技术产业、战略性新兴产业培育发展基础差、总量小，其中战略性新兴产业占工业增加值的比重不到 20%，与全国相比还有较大差距。从财政缺口看，宁夏财政自给率处于全国下游水平，近十年平均为 30.7%。一般公共预算收入同比增长率波动较大，2016—2023 年平均增长率为 3.9%，相比全国同期的 4.5% 偏慢。

（二）五市发展尚不平衡

总体来看，宁夏经济总体呈现“北强南弱”的格局。2023 年，银川 GDP 占宁夏比重超过 50%，石嘴山、吴忠、固原、中卫分别为 13.1%、16.9%、8.2%、11.1%。银川常住人口占总人口的 40.0%，石嘴山、吴忠、固原、中卫分别为 10.3%、19.2%、15.7%、14.8%。银川市常住人口城镇化率为 82.8%，石嘴山、吴忠、固原、中卫分别为 80.7%、57.9%、45.7%、51.6%。银川对其他地级城市的虹吸效应越来越明显，地级城市之间发展不平衡，在经济发展水平、人口总量、基础设施、环境保护等方面都还有明显差距，不同能级城市间辐射带动、互补赋能、承接转化还需要加强。

四、推动城市高质量发展的意见建议

（一）坚持城市更新，兼顾城市发展外延扩张和内涵提升

强化国土空间规划引领，优化居住、工业、商业、交通、生态等功能空间布局，促进产城融合、职住平衡。加快推进老旧小区、老旧商业区、城中村、其他公共空间改造。打通断头路，完善非机动车、行人交通系统及过街设施，加快建设适宜绿色出行的城市道路网络。完善城市防涝、防冰雪、

抗震、消防等设施建设，确保城市安全稳定运行。

（二）坚持生态优先，深入推进城市绿色低碳发展

加快荒漠化综合防治，建立完善生态产品价值实现机制。全面实施水资源刚性约束制度，加快现代水网建设，实现从“水源头”到“水龙头”全过程用水管控。深入推进大气污染防治，深入推进水污染治理，动态消除城市、县城黑臭水体。全面推动形成绿色低碳生活方式，引导支持垃圾分类、绿色出行，让绿色低碳生活成为宁夏城市新风尚。

（三）坚持对外开放，增强城市高质量发展活力

全面加强与西部省区资源能源、生态环保、交通物流等方面共建共享，更好融入西部大开发新格局。持续推动与沿黄地区、京津冀、长三角、粤港澳，特别是福建、内蒙古等省际合作协议落实。巩固欧美韩日等传统市场，拓展东盟等新兴市场，深化对阿经贸合作，全面落实中阿博览会成果。

（执笔人：马兴明）

新疆维吾尔自治区城市高质量发展监测报告

新疆维吾尔自治区地处中国西北边陲，位于亚欧大陆腹地，周边与俄罗斯、哈萨克斯坦、吉尔吉斯斯坦等 8 个国家接壤，是中国陆地边境线最长、毗邻国家最多的省区。随着国家向西开放和“一带一路”核心区建设的深入推进，新疆已经从相对封闭的内陆变成对外开放的前沿，成为向西开放的重要门户。新疆行政区划面积 166.5 万平方公里，约占全国陆地总面积的六分之一，是中国陆地面积最大的省级行政区。新疆地貌可以概括为“三山夹两盆”：北面是阿尔泰山，南面是昆仑山，天山横亘中部，把新疆分为南北两部分，习惯称天山以南为南疆，天山以北为北疆。

一、城市规模与现状

新疆古称“西域”，意为中国的西部疆域，自古以来就是祖国不可分割的一部分。现有 14 个地（州、市），包括 5 个自治州、5 个地区和乌鲁木齐、克拉玛依、吐鲁番、哈密 4 个地级市；共有 108 个县（市、区）。2023 年末，全区常住人口达到 2598 万人，其中：城镇人口 1539 万人，城镇化率 59.24%，比上年提高 1.35 个百分点。根据《国务院关于调整城市规模划分标准的通知》（国发〔2014〕51 号）标准，通过对第七次人口普查城市人口数据、2023 年常住人口数据以及经济社会发展现状综合界定：全区 14 个地（州、市）人民政府（行署）所在城市中，大城市 1 个、中等城市 8 个、小城市 5 个。

二、城市特点及发展格局

（一）城市主要特点

新疆的城市以绿洲为基础，以资源能源为依托，以区位和交通为条件，基本格局可分为：绿洲型、行政中心型、农垦型、能源资源型、交通枢纽型、商贸中心与口岸型、旅游型、综合型等。随着国家对高质量发展把脉定向，新疆主要城市经济社会高速发展，新格局逐步形成，整体实力和可持续发展能力得到提升。

能源资源是新疆城市最显著的优势特点，从深化央地合作推动重大能源项目落地，到打造能源资源领域的战略科技力量，能源资源发展潜力得到有效释放，为加快国家能源资源战略保障基地建设，保障国家能源安全，发挥着重要的作用。

商贸活动是新疆城市发展的强大动力。近年来随着国家向西开放和“一带一路”核心区建设的深入推进，新疆已经从相对封闭的内陆变成对外开放的前沿，已经成为我国向西开放的重要门户。

（二）城市未来发展格局

新疆城市把握战略定位，为新疆高质量发展发挥比较优势。努力构筑“一圈多群、三轴一带”的城镇总体空间格局。一圈：把乌鲁木齐都市圈建设成为我国面向中亚、西亚、南亚地区的国际性商贸中心、文化交流中心和区域联络中心，我国西北地区重要的能源综合利用基地、新型工业基地、旅游集散中心，新疆区域经济和科技创新中心。多群：构筑喀什—阿图什、伊犁河谷、库尔勒、克奎乌、阿克苏、库车、麦盖提—莎车—泽普—叶城、和田—墨玉—洛浦、阿勒泰—北屯、博乐阿拉山口—精河、塔额盆地等绿洲城镇组群，建设成为新型城镇化、新型工业化和农牧业现代化的重要载体。三轴：引导人口和产业向兰新线城镇发展轴、南疆铁路城镇发展轴、喀什—和田新兴城镇发展轴上主要城镇集聚；以点带群，由点及线，加强绿洲之间的经济社会联系。一带：大力扶持边境城镇（团场、口岸）发展，打造战略屏障和对外开放前沿。

三、城市高质量发展成效

乌鲁木齐、克拉玛依、吐鲁番、哈密在新疆城镇发展格局中起着至关重要的作用，2023 年四个城市高质量发展指数分别为 77.9、79.4、64.5、70.7，比上年分别提高 1.6、1.9、1.4、3.0。

（一）综合质效提升明显

近年来，新疆高质量发展扎实推进，全区经济综合实力稳步增强，经济结构不断优化，人民生活日益改善，综合质效明显提高。2023 年，GDP、投资、消费、进出口、财政、居民收入等 6 项主要指标增速均居全国前 5 位。全年实现 GDP19126 亿元，按可比价格计算，同比增长 6.8%，增速居全国第四，高质量发展迈出坚实步伐。

2023 年，乌鲁木齐市依托首府优势，聚焦特色优势产业、基础设施、民生保障等重点领域，实现 GDP4168 亿元，同比增长 6.0%。克拉玛依、哈密、吐鲁番是新疆工业化比较发达的城市，工业增加值占 GDP 的比重分别为 75.2%、48.3%、55.8%。克拉玛依石油和天然气开采业增加值占本地规模以上工业增加值的55.2%，全年实现GDP1260.5亿元，同比增长8.1%。吐鲁番拥有较完备的工业体系，煤炭、石油、化工、非金属、有色金属、电力等行业发展良好，全年实现GDP588亿元，同比增长9.0%。哈密依托煤炭资源，大力发展煤炭、煤电、煤化工产业，煤炭开采和洗选业增加值占规模以上工业增加值的49.1%，电力生产增加值占规模以上工业增加值的24.0%，全年实现GDP983亿元，同比增长11.3%。

（二）创新发展加快塑造

新疆深入实施创新驱动发展战略、科技兴疆战略、人才强区战略，锚定新疆发展战略定位，更好发挥科技创新的基础性、战略性支撑作用，打造面向中亚的丝绸之路经济带区域科技创新中心，推动创新链产业链深度融合。制定每年20亿元财政科技经费，引导全社会加大科研投入力度。实施重大人才计划，筹集100亿元设立新疆人才发展基金，打造重大科研创新平台以及建设区域人才高地。

2023年，乌鲁木齐怀柔实验室新疆基地落户，光伏材料与电池全国重点实验室获批，铝基材料重点实验室等7个自治区级创新平台挂牌，新认定国家科技型中小企业500家、增长28.2%；认定高新技术企业245家、增长23.3%；新增科技创新领军企业7家；4家企业入选国家级引才引智示范基地。新增自治区级技术转移机构17家，完成技术交易16.8亿元。克拉玛依聚焦区域科技创新中心建设，全新布局创新空间，全市财政科技支出增长35.2%。国家科技型中小企业备案189家，高新技术企业达到192家。实现技术合同成交额9.9亿元，增长72.6%。吐鲁番市新增“专精特新”企业7家、高新技术企业13家、科技型创新型中小企业46家。“国家葡萄及葡萄制品质量检验检测中心”和“国家干热环境测试产品质量检验检测中心”对产业发展的技术支撑作用不断增强。哈密成功入选国家创新驱动示范市，国家高新技术企业达42家，科技型中小企业达79家。

（三）协调发展更加优化

新疆坚持区域协调发展，统筹推动乌克昌、北疆、东疆、南疆联动发展，构建优势互补、高质量发展的区域经济和空间布局。深入推进以人为核心的新型城镇化，着力培育乌鲁木齐、伊宁、喀什都市圈，构建北疆城市带、打造南疆城市群，推进以县城为重要载体的城镇化建设，构建以中心城市、边境城市、小城镇为载体的多支点发展、大中小城市协调发展格局。

2023年，乌鲁木齐人均居民可支配收入持续增加，全市城乡居民收入差距不断缩小，城乡居民可支配收入比为1.73，比上年缩小0.04；积极推进新型城镇化建设，全市城镇化率达96.6%，比上年提高0.1个百分点；多措并举加快推进第三产业高质量发展，第三产业增加值占GDP的比重达 71.7%，比上年提高 2.3 个百分点。克拉玛依市产业布局更加协调，在落实保障国家能源战略安全的政治任务的同时，自觉扛起资源型城市科学转型的历史使命，在新能源、新材料、数字经济等战略性新兴产业赛道上加速突进。12GW 高效单晶硅棒及硅片项目一期顺利投产，填补了新疆高效单晶硅生产制造的空白。全国规模前列的风光气储氢一体化项目开工，打造中国西部氢都。吐鲁番产业调整更加合理，在工业经济不断提档升级的同时，积极发展以文旅为主的第三产业，构建了七大产业集群 18 条重点产业链的现代化产业体系，建成并网新能源发电总规模 354 万千瓦，布局 935 万千瓦新能源项目，总规模达 1289 万千瓦；吐哈油田 120 兆瓦源网荷储一体化项目获评全国油气勘探开发领域十大标志成果之一。2023 年，全市接待游客 2628.2 万人次、实现旅游收入 202.8 亿元，同比分别增长 132.0%、217.6%，均创历史新高。哈密高质量编制《哈密市中心城区城市更新专项规划》以及城市风貌、综合交通、蓝绿空间、公共服务、历史保护传承等 7 个领域的专项规划，城市发展更加有序、科学、可持续。

（四）绿色发展成色更足

新疆深入贯彻习近平生态文明思想，践行“绿水青山就是金山银山、冰天雪地也是金山银山”理念，坚定不移走生态优先、绿色低碳的高质量发展道路。系统谋划推进新疆生态环境保护、荒漠化综合防治各项工作，协同推进降碳、减污、扩绿、增长，以高品质生态环境更好建设美丽新疆。

2023 年，乌鲁木齐聚焦燃煤源、移动源、工业源、扬尘源，推动自治区“乌—昌—石”区域大气环境整治取得新成效。全年减排 4 项污染物 1.1 万吨、较 2022 年工业排放总量下降 34.4%。全年空气质量优良天数达 299 天、增加 14 天，重污染天数 14 天、减少 3 天，空气质量达标率 81.9%，创有环境监测记录以来的最好成绩。克拉玛依市全面推进绿色生产生活方式，新建民用建筑 100% 为绿色建筑，生活垃圾 100% 无害化处置。加快实施生态绿化建设，完成造林绿化面积 10565 亩。全年空气质量优良率达 93.7%。吐鲁番市坚持最严格的水资源管理制度、国土空间用途管制制度、生态保护制度。完成葡萄高效节水改造 23.3 万亩，成功创建国家节水型城市。城镇集中式饮用水水源地水质达标率、地表水水质优良断面比例达到 100%。哈密市成功申报创建国家级再生水利用试点城市，在全疆率先开展戈壁生态环境保护调查与修复。空气质量优良率达到 83.3%，监测断面水质达到或好于Ⅲ类断面比例为 100%。

（五）对外开放不断扩大

新疆大力推进与周边国家特别是中亚五国全方位、多领域交流合作。中国（新疆）自由贸易试验区挂牌成立，印发《中国（新疆）自由贸易试验区总体方案》，明确了新疆自贸试验区建设的总体要求，区位布局、主要任务和 25 个方面具体举措等。

2023 年，乌鲁木齐全年始发中欧班列 1332 列，同比增长 14.3%。国际机场旅客吞吐量突破 2500 万人次，增长 150%，货邮吞吐量达 15.5 万吨，增长 65.6%。全年实现货物出口额 700.1 亿元，增长 36.5%。自贸试验区建设开局良好。引入西北首家零碳服务中心，开展电子元器件保税物流、境外债和信用类债券发行等业务。克拉玛依积极融入亚欧黄金通道和向西开放桥头堡战略，对外开放交流的深度和广度持续扩展。推动石油石化工程技术服务“走出去”发展，获批自治区级服务外包示范城市，全年实现货物进出口总额 16.8 亿元，同比增长 3.8%。吐鲁番积极融入丝绸之路经济带核心区建设，加快临空产业园和大型物流中心建设，全年开通航线 28 条、通航城市 31 个，进出新疆“首选地”交通枢纽的地位愈发凸显，全年实现货物进出口总额 5.0 亿元，同比增长 103.5%。哈密全面落实外贸稳规模优结构等政策措施，对外交流合作持续深化，扎实推动老爷庙口岸转型升级，通关查验、仓储物流和产业发展基础设施建设加快推进，丰富进出口贸易品种，稳定铁矿砂进口，拓展能源、农副产品出口，全年完成货物进出口额 8.4 亿元。

（六）民生福祉持续改善

新疆坚持以人民为中心的发展思想，坚持把本级财政支出的七成以上用于保障改善民生，切实把发展落实到改善民生上、落实到惠及当地上、落实到增进团结上。

2023 年，乌鲁木齐 12 件民生实事全面完成，兑现了为民承诺。城镇新增就业 10.3 万人，高校毕业生就业去向落实率达 95.6%。开展各类职业技能培训 17.7 万人次，深化“一对一”就业帮扶，5.5 万名登记失业人员、0.5 万名就业困难人员实现就业。全市基本养老、失业、工伤保险参保人数同比分别增长 10.3%、2.3%、7.3%。克拉玛依民生支出 91 亿元，增长 12.6%，占一般公共预算支出的 71.8%。更新改造老旧小区 41 个，新建或改造“口袋公园”51 个，试点开放 9 处共享绿地，新增公共停车位 1540 个，筹建续建保障性住房 2906 套。吐鲁番开展各类职业技能培训 5.39 万人次，实现城镇新增就业 7187 人，实现了稳就业目标。发放困难群众救助补助资金 8910.4 万元。哈密 10 个方面民生实事扎实推进，续建 1524 套公租房、3102 套保障性租赁住房，29 个老旧小区和 1200 套棚户区改造全面开工建设，建设充电站 68 座、充电桩 889 个。

（执笔人：田靓　包银花　张孝奎）

中国城市高质量发展监测报告
2024

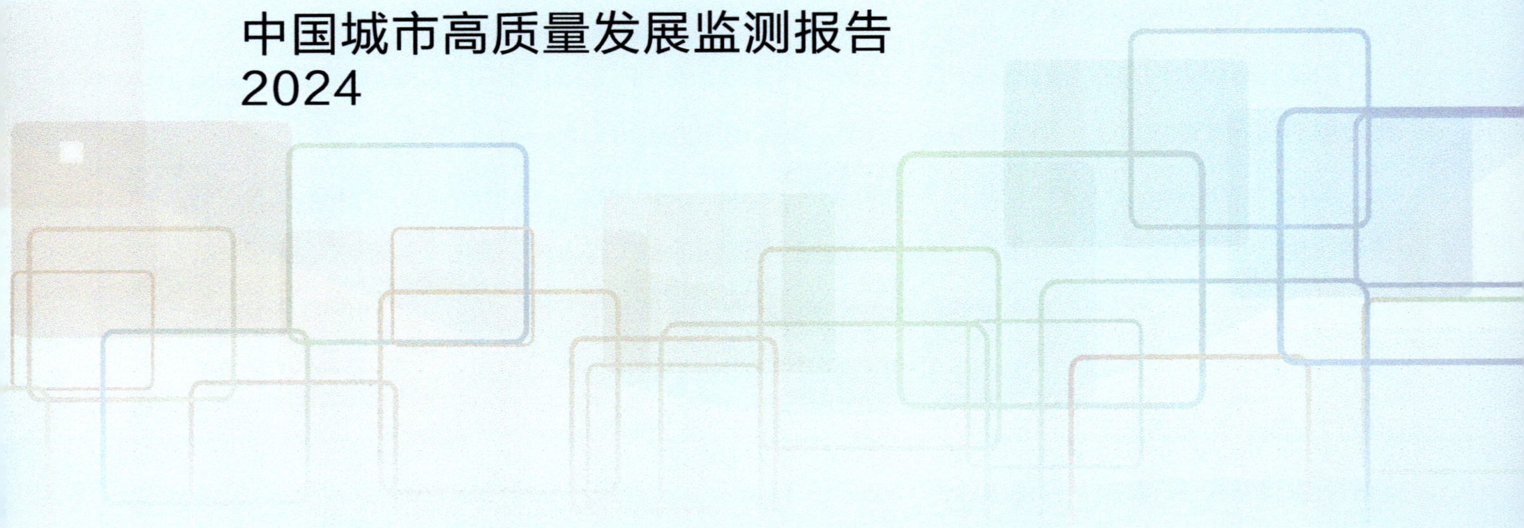

四、典型城市篇 ▶▶

大连市城市高质量发展监测报告

2023 年，大连市委、市政府坚持以习近平新时代中国特色社会主义思想为指导，深入学习贯彻习近平总书记关于东北、辽宁、大连振兴发展重要讲话重要指示批示精神，锚定高质量发展，大力实施开放引领、转型发展、民生优先和品质立市的发展战略，统筹推进全域城市化、新型工业化、城市智慧化和农业现代化，形成营商环境优、创新能力强、开放程度深、生态环境良、幸福指数佳、文明程度高的可持续高质量发展新局面。

一、城市基本情况

大连地处辽东半岛最南端，辖 7 个区、2 个县级市、1 个海岛县，下设 102 个街道办事处、47 个乡镇，常住人口 753.9 万人。大连历史文化悠久，17000 年前就有人类活动，1899 年开埠建市，连续六届荣膺“全国文明城市”，八次荣获“全国双拥模范城”，蝉联全国社会治安综合治理最高奖“长安杯”。大连生态环境良好，依山傍海，风景秀美，气候宜人，是我国大陆岸线最长的城市，鲍鱼、刺参、海胆、大樱桃等优质产品驰名国内外，荣获中国十大“美好宜居”城市等称号，是有影响力的国际旅游目的地城市。大连是我国第一批沿海开放城市，拥有 3 个国家级对外开放先导区，20 余个开放合作平台，大连自贸片区占中国（辽宁）自由贸易试验区总面积的 50%。

二、城市高质量发展取得成绩

2023 年，大连市高质量发展指数为 82.4。从六大维度看，综合质效指数 81.5，绿色发展指数 90.5，开放发展指数 85.1，创新发展指数 84.1，共享发展指数 72.8，协调发展指数 86.6。

（一）经济运行稳中向好，高质量发展扎实推进

经济运行总体平稳，稳中向好。2023 年，全市 GDP 为 8753 亿元，按可比价格计算，同比增长 6.0%，比上年提高 2.0 个百分点，高于全国 0.8 个百分点。其中，第一产业增加值 596 亿元，增

图 1 大连东港商务区

长 4.9%；第二产业增加值 3715 亿元，增长 9.0%；第三产业增加值 4442 亿元，增长 3.8%。按常住人口计算，人均 GDP 为 11.7 万元，比上年增长 5.6%。

第一产业稳中有进。主要农产品保障有力，2023 年，全市蔬菜及食用菌产量 192.5 万吨，同比增长 3.4%；水果产量 206.9 万吨，同比增长 5%；猪牛羊禽肉产量 101.6 万吨，同比增长 0.6%；地方水产品产量（不含远洋渔业产量）243.8 万吨，同比增长 4.5%。

第二产业快速增长。2023 年，全市规模以上工业增加值同比增长 12.0%，比上年提高 6.9 个百分点，分别高于全国、全省 7.4 个和 7.0 个百分点，居全省首位。其中，高技术制造业增加值同比增长 30.3%；占规模以上工业比重八成的石化工业和装备制造业增加值分别增长 11.1%、19.7%。

第三产业持续恢复。2023 年，全市水路、航空运输总周转量同比分别增长 20.6%、1.4 倍，复苏显著。消费市场持续恢复，升级类商品消费增长较快，2023 年，全市社会消费品零售总额同比增长 8.8%，比上年提高 12.1 个百分点，高于全国 1.6 个百分点。

（二）创新驱动提档加速，创新发展能力显著增强

创新人才不断聚集。深化产教融合、市校协同，金普新区入选首批国家级市域产教联合体，大连理工大学和海事大学等 4 个学科被列入全国“双一流”。全市共有本、专科在校生 32.8 万人；

在学研究生 6.8 万人，其中在学博士生 0.9 万人。深入实施“兴连英才计划”，引进“带土移植”团队 13 个，新增高层次人才 792 人。开展“青年学子留连来连高校行”等活动，接收应届高校毕业生 6.5 万人，增长 27.0%。

科创平台不断突破。英歌石科学城建设进入快车道，首批 235 个细分领域实验室确定入驻，先进光源大科学装置预研项目主体完工，辽宁滨海实验室、黄海实验室投入使用，水路交通控制全国重点实验室正式获批，大连人工智能计算中心获批国家新一代人工智能公共算力开放创新平台。新注册科技型中小企业 2093 家。年末全市共有国家级重点实验室 9 个、工程技术研究中心 4 个；省级重点实验室 157 个、技术创新中心 114 个；市级重点实验室 175 个、工程技术研究中心 156 个。共有科技企业孵化器 32 个，备案众创空间 78 家。

创新能力不断加强。开展关键核心技术攻关，实施“揭榜挂帅”132 项，“大连 1 号”卫星成功发射，高铁轴承等技术取得实质性突破。全年发明专利授权 4514 件，比上年增长 5.4%。有效发明专利拥有量 2.7 万件，每万人口有效发明专利拥有量 36.2 件。全年技术合同成交额 505.8 亿元，比上年增长 18.4%，科技成果本地转化率达 42.2%。2022 年，全社会研发投入增长 10.8%，占 GDP 比重达 3.1%，是东北地区唯一超过 3% 的城市。

（三）城乡融合陆海统筹，区域协调发展呈现新局面

海洋经济稳健发展。2023 年，全市海洋经济总产值超 4200 亿元，增长 9% 以上。“蓝色粮仓”加快建设，新建国家级海洋牧场 3 个，新认定国家级、省级良种场 6 个；全市近岸海域优良水质比例达 99.1%。

城市品质全面提升。完善城市基础设施，升级改造重点道路 35 条，新增停车泊位 4 万个，建成“口袋公园”116 处，建设海绵城市项目 24 个。实施城市更新行动，改造燃气管网 1350 公里、老旧供热管网 276 公里、老旧排水管网 111 公里，筹集保障性租赁住房 6036 套。改造老旧小区 192 个、1100 万平方米，惠及 15 万户居民。

（四）美丽大连图景展现，绿色发展取得积极成效

环境质量向好向优。蓝天、碧水、净土三大污染防治攻坚战取得阶段性成果，2023 年，全年市区 $PM_{2.5}$ 平均浓度为 29 微克 / 立方米，空气质量优良天数达 319 天，13 个国考河流断面水质优良比例达 100%，重点建设用地安全利用率、危险废物安全处置利用率保持 100%。

生态保护修复纵深推进。统筹推进山水林田湖草沙一体化保护和修复，创新实施“土壤修复 +

开发建设”模式试点，深入实施“绿满大连”工程，完成人工造林 2 万亩，复绿废弃矿山 1.5 万亩，庄河市被生态环境部命名为“生态文明建设示范区”，长海县被评为国家首批自然资源节约集约示范县。

发展方式绿色转型。推进碳达峰碳中和，全市规模以上工业能耗总量、强度实现“双下降”，入选全国首批碳达峰试点城市。产业结构、能源结构、交通运输结构优化调整，2023 年，非化石能源发电量占比达 73.8%。大力发展循环经济，高质量建设“无废城市”，绿色低碳生产生活方式成为大连人的新时尚。

（五）开放合作深入推进，“三个中心”建设成果丰硕

对外开放持续加力。自贸试验区推出 30 项首创性制度创新成果，2 项成果入选国务院改革试点经验并在全国复制推广。RCEP（大连）国际商务区功能不断拓展，公共服务平台上线运行，跨境商品展贸中心启动运营。

“三个中心”建设加快。航运中心能级提升，开通大连—符拉迪沃斯托克、大连—羽田航线，全年空港吞吐量 1613 万人次，比上年增长 153%，增速超过全国平均水平，集装箱吞吐量增速居全国沿海港口前列；物流中心体系完善，畅通海陆大通道，开通大庆至大连海铁联运班列，海铁联运量占比居全国前列。

（六）社会事业长足发展，人民群众共享发展成果

就业优先深入推进。健全就业公共服务体系，开展助企稳岗扩岗促就业活动，突出抓好高校毕业生、退役军人等重点群体就业创业，2023 年，全年城镇新增就业 13 万人，零就业家庭动态清零。扶持创业带头人 2314 人，带动就业 1.6 万人。

居民生活持续改善。2023 年，全体居民人均可支配收入 47608 元，比上年增长 4.0%。按常住地分，城镇居民人均可支配收入 53689 元，比上年增长 3.4%；农村居民人均可支配收入 26430 元，比上年增长 6.8%。全体居民人均消费支出 31178 元，比上年增长 8.8%。按常住地分，城镇居民人均消费支出 35684 元，比上年增长 8.1%；农村居民人均消费支出 15484 元，比上年增长 13.8%。

民生保障有力有效。城乡居民最低生活保障标准、城乡特困供养人员基本生活保障标准全面提升。截至 2023 年末，全市共有城镇居民 1.6 万人和农村居民 2.8 万人享受政府最低生活保障。全市参加城镇职工基本养老保险人数 397.1 万人，比上年末增加 10.7 万人。参加基本医疗保险人数 633.8 万人。其中，参加职工基本医疗保险 364.1 万人，参加城乡居民医疗保险 269.6 万人。市场化养老产业集群快速发展，区、街、社区三级联动的居家和社区养老服务设施网络初步形成。

健康大连建设成果丰富。新增国家临床重点专科 5 个，发热门诊、住院楼建设等 10 个项目投入使用，市民就医条件明显改善，公立医院“一院多区”改革入选全国典型案例。

文化服务水平显著提升。实施文化惠民工程，开展“艺术点亮城市”等惠民文化活动 410 场，建成城市书房、非遗工坊等新型公共文化空间 20 个。开展全民健身运动，大连国际徒步大会和马拉松赛成功举办。老铁山和长山群岛候鸟栖息地通过世界遗产中心评估。入选“东亚文化之都”，城市知名度和美誉度进一步提升。

三、城市高质量发展的薄弱环节和不足

（一）产业协调发展能力还需进一步提升

大连作为沿海经济较为发达的城市，产业结构发展水平与经济整体进入新的发展阶段还不相适应。2023 年，三次产业增速分别为 4.9%、9%、3.8%，占 GDP 的比重分别为 6.8%、42.4%、50.8%，相较于全国 7.1%、38.3%、54.6% 的平均占比，服务业占比偏低，二、三产业融合发展不够，服务业发展落后于工业化进程，且发展差距仍在加大，产业协同发展合力尚未形成。

（二）外资外贸领域还需进一步发力

受世界经济复苏乏力，国外需求萎缩等外部环境及大宗商品价格波动等因素影响，2023 年，全市进出口总额 4552.8 亿元，比上年下降 5.0%，其中，出口额下降 0.3%，进口额下降 8.6%。全市新增外商投资企业 286 家，比上年下降 17.3%，新增企业比 2022 年减少 60 家。商务部统计口径实际利用外资 9.7 亿美元，比上年下降 52.5%，外向型经济运行面临更多挑战，外资外贸基本盘还需进一步巩固。

（三）消费市场潜力还需进一步挖掘

2023 年，大连社会消费品零售总额 2008.6 亿元，比上年增长 8.8%，增速与全省持平，比全国高 1.6 个百分点，但市场规模偏小，消费对经济增长的基础性作用发挥不够充分。从商品类别看，限额以上 21 类商品中，有 8 类同比下降，家用电器和音像器材类、建筑及装潢材料类等房地产关联商品零售降幅较大，市场恢复态势尚显不足。

四、城市发展建议

（一）优化产业布局，形成产业协调发展新合力

加快推动产业结构转型升级，改造提升传统产业，大力发展现代生产性服务业，积极培育新产

业新赛道，深挖服务业发展潜力。在稳一产、强二产的基础上，根据三产服务业细分行业特点，加强分析研究，有针对性地制定政策措施、完善配套政策、压实工作责任，协调处理服务业发展中的重大问题，在推动增加市场主体、培育新兴业态、促进行业发展等方面出实策、见实招。

（二）推动开放合作，建设内畅外联的高水平开放门户枢纽

深入实施自贸试验区提升战略，积极争取国家政策支持，推进大连片区整合提升，高标准对接国际经贸规则，完善以投资贸易自由化便利化为核心的开放型制度体系，打造面向世界的高水平开放平台。着力优化利用外资结构，探索实施海外并购等进资路径，吸引跨国公司在连设立区域总部、结算中心等功能性机构。支持跨境电商等新业态新模式，用好“一带一路”、RCEP、国际展会等平台，拓展出口潜力，帮助企业稳订单、拓市场，促进外贸保稳提质。

（三）挖潜力增供给，推动消费持续扩大

坚持“政策＋活动”双轮驱动，大力推动汽车、家电等以旧换新；围绕节日消费热点，举办各类消费促进活动，营造浓厚消费氛围，为居民提供更多元、更丰富的消费体验。聚焦科技服务、现代物流、软件和信息技术等领域发力，通过人工智能、云计算、大数据、工业物联网等新一代信息技术联结制造与服务。探索建立各类互联网生活服务平台，引进、培育更多互联网商贸企业，扩大经营和辐射范围。支持发展电子商务、网络教育、网络娱乐等在线消费新业态新模式，挖掘更多消费增量。

（执笔人：魏来）

苏州市城市高质量发展监测报告

苏州地处江苏东南部，东临上海，南接浙江，西抱太湖，北依长江，拥有太湖3/4以上的水域面积。苏州下辖10个板块，包括4个县级市、5个区和苏州工业园区，2023年末常住人口1295.8万人。苏州是国家历史文化名城，也是长三角重要中心城市，先后获得国家卫生城市、中国优秀旅游城市、世界遗产典范城市等荣誉称号，是全国首批生态文明建设示范市和美丽山水城市。

苏州是用实践印证邓小平同志小康构想的地方，是习近平总书记作出“勾画现代化目标”殷殷嘱托的地方。改革开放以来，苏州先后抓住农村改革、乡镇企业发展、浦东开发开放、中国加入WTO、新一轮科技革命和产业变革等重大历史机遇，实现了“农转工”“内转外”“量转质”的华丽转变。近年来苏州突出高质量发展导向，持续深化创新转型，综合实力显著增强，以全国0.09%

图1 苏州工业园区

的国土面积和1%的人口，贡献了全国2%的经济总量、3%的工业增加值、4%的实际使用外资、5%的上市公司数量和6%的进出口总额，经济密度、创新浓度、开放程度均居全国前列。习近平总书记2023年7月亲临苏州考察，指出苏州在传统与现代的结合上做得很好，不仅有历史文化传承，而且有高科技创新和高质量发展，代表未来的发展方向。

一、城市高质量发展成效

党的十九大以来，面对复杂严峻的外部环境和新冠疫情冲击等多重超预期挑战，苏州坚持以习近平新时代中国特色社会主义思想为指导，完整、准确、全面贯彻新发展理念，认真落实中共中央、国务院、省委省政府决策部署，牢牢把握高质量发展主题主线，加快创新转型、推进动能转换，苏州经济底盘更稳韧性更足，现代经济结构性特征越发明显，各项事业取得了来之不易的成绩。2023年苏州高质量发展指数87.7，居江苏首位。

（一）经济发展量质齐升，综合竞争力跃上新台阶

综合实力显著增强。2020年苏州GDP迈上2万亿元台阶，2023年24653.4亿元，稳居全国第六位，人均GDP突破19万元。全市一般公共预算收入2456.8亿元，居全国第五位。2023年末金融机构人民币存、贷款余额双双突破5万亿元大关，分别达5.08万亿元、5.12万亿元。

制造业向高端化迈进。深入推进新型工业化，全面实施“苏州智造”强基提质行动，构建“1030”产业体系，统筹推进传统产业升级、新兴产业壮大、未来产业培育。2023年全市规模以上工业总产值44343.9亿元，居全国第二位。装备制造、电子信息两大万亿级产业沉锚压舱。高新技术产业产值、战略性新兴产业产值占规模以上工业总产值比重分别达52.7%、47.6%。

现代服务业活力增强。2023年，全市服务业增加值占GDP比重为52.4%；生产性服务业增加值占服务业增加值的比重达58.0%，金融业增加值占GDP比重提高到10.1%，高技术服务业营业收入占规上服务业的36.4%。苏州入选首批国家服务型制造示范城市，先进制造业和现代服务业“两业融合”经验在全国推广。

数实融合深入推进。以推动“智改数转网联”工作为主要抓手，对制造业进行系统性重塑。2023年，全市数字经济核心产业增加值占GDP比重达16.2%，智能化改造和数字化转型实现规上工业企业全覆盖。拥有国家级智能制造示范工厂7家，全球“灯塔工厂”7家，居全国第一。

内需潜力持续释放。实施一系列强信心、优供给、扩内需政策措施，持续释放投资和消费潜力。有效投资积蓄新势能。2023年，高新技术产业投资占工业投资的47.7%，新兴产业投资占固定资

产投资的32.4%，比2017年分别提高12.5和7.4个百分点。消费市场恢复向好。持续打响“五五”“双十二”“夜ZUI苏州”购物节品牌，2023年全市社会消费品零售总额9582.9亿元，居全国第七位。“互联网+”消费新模式和新业态崛起，全市限上批发和零售业通过公共网络实现零售额占社会消费品零售总额的比重由2017年的6.5%提高至2023年的11.9%。苏州入选国家首批综合型信息消费示范城市，跻身十大首店城市行列。

（二）创新活力竞相迸发，科技创新能级显著提升

实施科技创新“八大工程”，聚焦建载体、强企业、聚人才、优生态，加快建立以企业为主体、市场为导向、产学研深度融合的技术创新体系，加快推进高水平科技自立自强。

科技创新成果丰硕。2023年，全社会研发投入强度预计达4.1%。技术合同成交额突破千亿，达1011.5亿元。有效发明专利量13.0万件，万人发明专利拥有量达100.2件。

创新载体加快建设。苏州实验室挂牌组建，“一区两中心”（国家生物药技术创新中心、国家第三代半导体技术创新中心、国家新一代人工智能创新发展试验区）三大国家级平台落户。成功获批全国重点实验室5家，省级重点实验室累计16家。国家级科技企业孵化器76家，跃升至全国第一位。省级以上企业技术中心1284家，省级以上工程技术研究中心1540家，省级以上工程研究中心161家，省级以上众创空间424家。累计培育建设创新联合体120家，市级以上新型研发机构106家。全国首个先进技术成果区域转化中心——长三角转化中心落地苏州。

创新型企业梯队壮大。2023年末，全市有效高企数达15717家，国家级专精特新“小巨人”企业401家，均居全国第四位。国家科技型中小企业2.54万家，居全国第一。2023年入选中国独角兽企业17家、潜在独角兽企业75家，分别居全国第六位和第三位。2022年全市有R&D活动的企业数占规模以上工业企业的比重达57.4%，比2017年提高12.5个百分点。

智力支撑不断强化。实施人才乐居工程，举办国际精英创业周等活动，引育一流创新人才。2023年末，全市人才总量387.4万人，其中高层次人才和高技能人才分别达41.8万人和101.4万人。立项顶尖人才和重大创新团队56个。入选江苏省“双创计划”人才1571人，支持姑苏创新创业领军人才3458人，分别比2017年增长100.9%、241.7%。南京大学苏州校区实现首届招生，C9高校全部在苏州实现重大布局。

（三）合作开放纵深推进，开放引领发展动力强化

深度实施国家重大区域战略，做好“内聚”“外联”两篇文章，统筹推进深层次改革和高水平开放，激发体制机制新活力。

不断拓展区域合作。积极融入长三角一体化、长江经济带、省内区域协调发展和上海大都市圈建设，扎实推进长三角生态绿色一体化发展示范区、虹桥国际开放枢纽北向拓展带、G60科创走廊建设，扎实推进嘉昆太一体化，与上海、浙江共建全国首个跨省域高新区，与临港新片区共建长三角车联网，设立上海交通大学长三角（苏州）创新研究院。轨交11号线与上海轨交实现“无感换乘”。

对外贸易提质升级。2023年，全市进出口总额24514.1亿元，其中出口额15081.6亿元，分别保持全国第四位和第三位。外贸结构持续优化。一般贸易出口占出口额比重为41.5%，比2017年提高9.1个百分点。服务贸易进出口220.6亿美元，比2017年增长35.9%。积极融入共建“一带一路”，大力开拓新兴市场，2023年对共建“一带一路”国家和地区进出口占进出口总额的比重达36.2%。

双向开放全方位深入。2023年，全市实际使用外资69.0亿美元，比2017年增长53.3%。175家世界500强跨国公司在苏州投资设立了486个项目。全市拥有省认定跨国公司地区总部和功能性机构210家，占全省的53.2%。“走出去”步伐加快，2023年中方境外协议投资额27.0亿美元，其中对共建“一带一路”国家和地区投资占协议投资额比重达63.9%。中荷科技创新港启用，中国·沙特中心落户苏州。

（四）民生福祉持续增进，群众获得感不断增强

用情用力做优公共服务，通过惠民生、兜底线、防风险，不断提升公共服务水平，增进民生福祉。

百姓生活日益富裕。2023年城乡居民人均可支配收入分别为82989元和46385元，与2017年相比年均分别增长5.9%和7.5%。城乡公共服务支出占一般公共预算支出的比重达81.1%，比2017年提高4.9个百分点。教体文卫领域资源供给不断加大。2023年末全市中小学、幼儿园分别有817所和1034所，四星级普通高中实现各板块全覆盖。有各类卫生机构4484所、卫生技术人员11.2万人，比2017年分别增长41.9%和41.0%。率先实现国家卫生城市、国家卫生镇全覆盖。苏州与上海、浙江跨省异地就医门诊费用实现直接结算。建成苏州第二图书馆、吴文化博物馆等一批大型公共文化设施，荣获全球首个世界遗产典范城市称号。体育设施加快建设，人均体育场地面积从2017年3.5平方米增加到2023年4.0平方米。

社会保障网不断织密。城乡居民最低生活保障标准从2017年的875元/月提高到2023年1115元/月，职工最低工资标准从1940元/月提升到2280元/月，市区城乡居民基本养老保险基础养老金标准提高到 655 元 / 月。“一老一小”服务更加暖心。截至 2023 年末，全市累计完成家庭适老化改造 3.4 万户，建成 64 个区域性养老服务中心、2284 个日间照料中心，市老年病医院正式挂牌。拥有普惠性托育机构 179 家、托位 1 万多个，获评全国首批婴幼儿照护服务示范城市，入选国家儿童友好城市建设名单。

（五）城乡发展更趋协调，居民幸福指数稳步提升

全面推进乡村振兴战略，加快新型城镇化建设，深化城乡融合发展。

城乡融合加快推进。2023 年末，全市常住人口城镇化率达 82.5%，比 2017 年提高 3.9 个百分点，城乡收入比缩小至 1.79。2023 年全市村级集体总资产达 1325 亿元，建成全国农村一二三产业融合发展先导区 1 个、国家农业产业强镇 4 个、现代农业产业园区 75 个，培育新型职业农民 1.55 万人。城乡一体“10 分钟公共文化圈”和“10 分钟体育健身圈”基本建成。苏州连续 3 年获评中国最具幸福感城市。

城乡基础设施建设全面提速。城市轨道交通成网运营，从 2017 年的 3 条线、120.7 公里增加到 2023 年的 6 条线、251.2 公里。沪苏通长江公铁大桥暨沪苏通铁路建成通车，沿江三市结束了不通铁路的历史，中环快速路全线贯通。2023 年末全市公路里程数 11322.2 公里，内河航道通航里程 2786.3 公里，苏州港沿江港区集装箱吞吐量达到 933.4 万标箱。实现大市范围 5G 网络全覆盖。苏州入选全国综合型流通支点城市。

（六）生态底色日益鲜明，绿色集约发展扎实推进

坚持生态优先绿色发展，打好污染防治攻坚战，协同推进降碳、减污、扩绿、增长，积极构建碳达峰碳中和政策体系。

生态环境持续改善。2023 年，苏州市区空气质量优良天数比例 80.8%，比 2017 年提高 9.3 个百分点。市区 $PM_{2.5}$ 年均浓度 30 微克 / 立方米，比 2017 年下降 30.2%。国省考断面水质优Ⅲ比例达 95%。阳澄湖湖心水质首次达到Ⅲ类，太湖水质创十年来最好水平，首次被生态环境部评价为优良湖泊。2023 年末全市湿地保护率 72%，市区人均公园绿地面积 15.0 平方米，建成区绿化覆盖率 45.0%。建成全国首个“国家生态园林城市群”。

绿色低碳转型加快。统筹推动冶金、化工、纺织、轻工等传统优势产业加快转型升级，在全国率先建立工业企业资源集约利用大数据平台与工业企业综合评价体系。加快绿色制造体系建设，2023 年末累计创建国家级工业产品绿色设计示范企业 12 家、绿色工厂 77 家、绿色工业园区 6 家，数量均居全省首位，创新开展“近零碳”工厂培育建设，评选“近零碳”工厂 17 家。

二、城市高质量发展的薄弱环节和不足

在看到成绩的同时，我们也清醒认识到，对标高质量发展目标，苏州经济社会发展中仍然存在一些矛盾和问题。主要表现在：一是新动能培育仍需增强。高技术制造业产值占规上工业总产值比重 37.4%，支撑度亟待提高。苏州与上海、深圳工业规模相当，但服务经济发展还不平衡，苏州金融业、信息传输软件和信息技术服务业、租赁和商务服务业、科学研究和技术服务业增加值占服务业的比重为 37.2%，与先进城市相比还有差距。二是科技创新整体实力仍需提升。创新“策源性”、成果“转化性”等方面仍存在短板，R&D 经费投入强度在省内领先，但与上海、深圳等城市仍有差距。苏州虽与多所国内外高校院所建立了稳定合作关系，但本地优质高等教育资源较为短缺。三是民生领域优质供给仍需强化。对标广大人民群众对美好生活的期盼，对标先进城市，苏州优质教育、卫生健康、养老服务等公共服务供给有待优化增强。四是生态环境治理仍需久久为功。苏州工业企业数量众多，能源消费量巨大，节能减排任务较重。尽管近年来本市生态环境治理取得了明显成效，但反弹性、波动性问题仍然存在，长效化管理、持续性改善仍需加力。

三、城市高质量发展的对策建议

下一步要贯彻落实“因地制宜发展新质生产力”重大要求，全力推进新型工业化，加快培育新兴产业新动能，促进先进制造业与现代服务业深度融合，加快打造现代化产业体系。坚持科技创新引领，强化高能级载体建设，培育壮大科技领军企业，激发企业创新源动力，推动关键技术攻关，加快科研成果转化落地，持续构建产学研有效衔接、大中小企业融通创新的格局与生态。持续加强民生保障，实施更加积极的就业创业和更加有效的富民增收政策，推进优质教育资源扩容提升，建设高效的医疗卫生服务体系，健全多层次社会保障体系，多点发力不断提高公共服务水平。加快推进绿色制造体系建设，发展清洁低碳能源体系，赋能生态环境高水平保护，全面提升发展“含绿量”。

（执笔人：王伟）

宁波市城市高质量发展监测报告

宁波坚持以习近平新时代中国特色社会主义思想为指导，全面贯彻党的二十大和习近平总书记考察浙江重要讲话精神，紧扣“勇当先行者、谱写新篇章”新定位新使命，以三个“一号工程”为引领、“三支队伍”建设为支撑，深入推进“六大变革”，全力打造“六个之都”，加快建设现代化滨海大都市，城市综合竞争力和影响力持续提升，高质量发展和高品质生活取得显著进步，为争创共同富裕和中国式现代化示范引领市域样板打下坚实基础。

一、城市基本概况

宁波简称“甬”，是计划单列市、副省级城市。唐代称明州，明洪武十四年取“海定则波宁”之意，改称为宁波，沿用至今。全市陆域面积 9816 平方公里，海域面积 8356 平方公里，兼具江南水乡和滨海城市特色。现辖海曙、江北、镇海、北仑、鄞州、奉化 6 个区，余姚、慈溪 2 个县级市，宁海、象山 2 个县。

世界第一大港。宁波是古代“海上丝绸之路”的始发港，被习近平总书记誉为记载“一带一路”历史的活化石。海洋资源丰富，拥有 3 大港湾、600 余个海岛，海岸线 1678 公里，其中深水海岸线达 139 公里。宁波舟山港拥有国内国际航线 300 余条，万吨级以上大型泊位近 170 座。

国际开放门户。宁波拥有中国－中东欧国家经贸合作示范区、浙江自贸区宁波片区等高能级开放平台和全部海关特殊监管区域形态，是全国唯一的中国－中东欧国家博览会承办城市。与 220 多个国家和地区建立了投资贸易关系，与 109 个城市建立国际友城关系。

先进制造基地。宁波制造业实力强劲，培育了汽车零部件、绿色石化等 5 个国家级产业集群，拥有中国注塑机之都、中国模具之都、中国紧固件之都等 11 个全国唯一的特色产业之都称号，110 家企业主导产品市场占有率全球第一，拥有国家级制造业单项冠军企业 104 家、专精特新“小巨人”

企业 352 家。

民生幸福家园。宁波是全国文明城市创建“七连冠”，14 次获评中国最具幸福感城市，实现省平安创建“十七连冠”、全国双拥模范城创建“九连冠”。连续 5 年获浙江“五水共治”最高奖—大禹鼎，拥有国家级生态文明建设示范区 4 个，是国家森林城市、园林城市、环保模范城市。

图 1 苏州工业园区

“亦文亦武”之城。习近平总书记在浙江工作期间赞扬“宁波人亦文亦武，文是院士，武是商家，文武相济，大事必成”。以井头山、河姆渡史前文明为起点，宁波开启了 8000 多年文明史，孕育了海丝文化、阳明文化、商帮文化等地域特色文化，涌现了王阳明、黄宗羲等硕学大儒，拥有宁波籍“两院”院士 122 人，诺贝尔奖获得者 1 人。

二、城市高质量发展成效

宁波作为实体经济“重镇”、对外开放“前沿”、国家战略“枢纽”，近年来锚定“打造一流城市、跻身第一方阵”目标，以高质量发展统揽全局，推动城市竞争力、创新力、美誉度全面提升。根据国家城市高质量发展评价指标体系统一测算，2023 年，宁波城市高质量发展指数为 87.0，较上年提升 0.9，其中综合质效、创新发展、协调发展、绿色发展、开放发展、共享发展等六大维度指数均比上年提升。

（一）综合实力稳步提升，发展质量显著提高

2023 年，宁波综合质效指数为 89.2，比上年提升 2.0。全市 GDP 总量达 16452.8 亿元，比上年增长 5.5%，高于全国平均水平 0.3 个百分点。人均 GDP 为 170363 元，比上年提高 6452 元。一是财政实力持续增强。全年财政总收入 3384.1 亿元，增长 0.8%，其中一般公共预算收入 1785.9 亿

元，增长 6.3%，税收占比为 82.0%；一般公共预算支出 2235.1 亿元，增长 2.2%。二是制造业优势凸显。年产值百亿以上企业 32 家，中国制造业 500 强企业 18 家，境内外制造业上市企业超过百家，规模以上工业企业达 10460 家。工业增加值达 6770 亿元，行业集中度较高，化学原料、汽车制造业和电气机械制造业三大行业增加值占规模以上工业的比重超四成。三是市场主体加快培育。截至 2023 年末，拥有各类市场主体 138.6 万户，增长 6.3%；其中私营企业 52.4 万户。累计实有个体工商户 81.7 万户。境内外上市企业 143 家，10 家企业入围中国企业 500 强。四是民营经济迸发活力。截至年末，民营主体 134.1 万户，占各类市场主体总量的 96.7%，20 家企业入围中国民营企业 500 强。规模以上民营工业企业增加值 3042.8 亿元，增长 8.2%，对规模以上工业增加值增长的贡献率达 69.2%；民营企业进出口总额 9632.8 亿元，占全市进出口总额的 75.4%。

（二）创新动能不断激发，转型升级成效明显

2023 年，宁波更加突出创新引领，积极推进“四链”深度融合，出台科技新政 15 条，新发展动能加速积蓄，全市创新发展指数为 86.1，比上年提升 1.1。一是创新策源力持续提高。全年财政科技支出比上年增长 20.6%，高出一般公共预算支出 18.4 个百分点，增速比上年提高 5.5 个百分点。高新技术产业投资增长 13.2%，高出固定资产投资增速 5.7 个百分点。规模以上工业企业研发费用投入增长 3.8%，高于同期利润增速 6 个百分点。二是新兴产业提速发展。全年新认定高新技术企业 1920 家，年末全市高新技术企业 7021 家，比上年增长 31.6%。规模以上工业中，新能源和环保产业增加值分别增长 20.3% 和 10.2%；规模以上服务业中，时尚创意服务业、数字经济服务业、科技服务业营业收入均实现两位数增长。三是新需求加速释放。网络消费日益活跃，通过公共网络实现零售额 654.3 亿元，增长 26.8%。新能源汽车、智能手机、照相器材零售额分别增长 87.5%、74.3% 和 46.4%。四是科创平台提档升级。国家自主创新示范区、甬江科创区等高能级科创平台建设积极推进，甬江实验室、宁波东方理工大学（暂名）等建设全面实施，宁波自主培养两院院士实现零的突破，有效发明专利达 5.5 万件，完成技术交易额 888.0 亿元，增长 72.1%。

（三）城乡发展协调并进，区域一体化进程加快

2023 年，宁波统筹城乡发展，促进区域协调发展，加快构建新发展格局，全市协调发展指数为 87.8，比上年提升 0.6。一是城乡收入差距持续缩小。全市城乡居民人均可支配收入分别达到 80144 元和 48350 元，城乡居民收入比 1.66，比上年缩小 0.03，连续 20 年缩小。二是区域发展更趋协调。围绕薄弱地区抓区域协调，深化南翼地区崛起、四明山区域振兴行动，各区（县、市）

GDP 极值比 3.64，较上年缩小 0.16，人均 GDP 极值比 2.48，较上年缩小 0.07；居民人均可支配收入极值比 1.41，较上年缩小 0.01。三是城镇化水平稳步提高。全市常住人口 969.7 万人，城镇化率 79.9%，较上年提高 1.0 个百分点。四是民生保障更加有力。城乡社区支出、社会保障和就业支出、教育支出等重点民生支出分别增长 8.7%、6.6% 和 6.4%，均高于一般公共预算支出增速。城镇新增就业人员 26 万人，增长 6.5%。

（四）绿色发展深入推进，大美宁波图景展现

2023 年，宁波深化践行“两山”理念，协同推进降碳、减污、扩绿、增长，生态环境质量持续改善，全市绿色发展指数为 90.6，比上年提升 0.4。一是环境质量不断优化。宁波中心城区空气质量优良天数比率为 93.7%，$PM_{2.5}$ 浓度为 22 微克 / 立方米，地表水市控以上断面水质优良率达 96.8%，连续 6 年获评“大禹鼎”，垃圾分类工作稳居全国前列。二是生态修复成效显著。年末全市累计建成国家级生态文明建设示范县（区）6 个、国家级“两山”实践创新基地 2 个，杭州湾国家湿地公园入选国家重要湿地名录，花岙岛入选国家级“和美海岛”示范创建名单。三是低碳转型加快推进。稳步实施“碳达峰十大行动”，新能源发电量居全省最高，完成全国首单蓝碳拍卖交易，累计建设国家级绿色工厂 98 家。新增光伏、风电装机 171 万千瓦，提前实现“十四五”风光装机目标，入选国家首批废旧物资循环利用体系建设重点城市、首批国家绿色出行城市，绿色建筑覆盖率达 100%。

（五）“硬核力量”不断彰显，开放合作全面提升

2023 年，宁波牢记“再创开放新优势”重大要求，着力锻强港口“硬核力量”，扩大内外一体双向开放，全市开放发展指数为 90.4，比上年提升 0.04。一是世界一流强港加快打造。宁波舟山港荣获全省首个中国质量奖，原油、铁矿石吞吐量分别占全国港口的 21% 和 12%，石油储备能力占全国的 11.2%。完成货物吞吐量 13.2 亿吨，比上年增长 4.9%，连续 15 年蝉联世界首位；完成集装箱吞吐量 3530.1 万标箱，增长 5.8%。二是对外贸易跨越式发展。全年口岸进出口总额 23984.5 亿元，直接与宁波开展贸易往来的国家和地区达 231 个，完成国际服务贸易进出口额 1728.3 亿元。全年承接服务外包执行额 725.0 亿元，增长 7.4%。三是对外开放不断深化。成功举办三届中国—中东欧国家博览会，自中东欧国家进口占全国的 6.3%，宁波自贸片区 16 项制度成果在全国复制推广，6 项成果列入历届“一带一路”国际合作高峰论坛成果清单，与 58 个国家 114 个城市建立友城关系。海外仓面积占全国 1/6，实际利用外资累计达到 726 亿美元，跨境电商进出口额达 2302 亿元，跨境电商网购保税业务规模连续 6 年居全国首位。

（六）民生福祉持续增进，共富先行扎实推进

2023 年，宁波牢记“让城乡居民共享现代化大都市的文明和生活”重大要求，迭代完善共同富裕示范先行市建设工作体系，推进公共服务均衡可及、优质共享，全市共享发展指数为 80.8，比上年提升 0.6。一是社会保障体系日臻完善。扎实推进“扩中提低”、强村富民等改革，实现集体经济总收入 50 万元和经营性收入 30 万元以下行政村“双清零”，新增三甲医院 3 家，每千人口托位数提升至 4.2 个，年末共有养老机构 266 个，床位数 4.6 万张，最低生活保障标准提高到每人 1255 元 / 月。二是民生底色持续擦亮。全年居民人均可支配收入 71731 元，比上年增长 4.9%，居民人均生活消费支出 45503 元，增长 5.8%。每百户城镇家庭、农村家庭汽车拥有量分别为 67 辆和 47 辆。三是城乡建设品质大幅提升。城市轨道交通里程达到 185 公里，高速公路网密度达到 6.7 公里 / 百平方公里，八成以上乡镇实现“15 分钟上高速”，生活垃圾分类、污水治理、公厕改造实现行政村全覆盖，成为首批全国“四好农村路”示范市。

三、城市高质量发展存在的问题

近年来，宁波全市上下认真贯彻国家、省市各项决策部署，统筹推进稳增长、促改革、调结构、惠民生、防风险、保稳定各项工作，扎实推动经济迈向高质量发展。宁波城市高质量发展态势良好，但也存在一些短板和不足：

产业结构有待进一步优化。宁波一直以来以工业经济为主，二产占 GDP 比重超过 45%，传统产业转型升级不够快，制造业仍以石化、汽车制造等周期性产业为主导，数字经济、现代服务、文化经济短板明显，缺少新质生产力领域的大项目好项目，“有零件缺产品、有链核缺链主”等问题比较突出。

创新能力有待进一步加强。宁波科技创新策源能力不强，研发投入强度不高，高能级创新平台不多，高水平大学数量偏少，仅 1 家省实验室、1 家全国重点实验室，缺乏国家实验室、大科学装置等支撑。入围全省民营企业研发投入百强的仅 13 家。人才队伍对现代化建设的支撑力不足，2023 年新引进大学生中硕博士比例仅为 5.3%。

城市能级有待进一步提升。宁波中心城区人口密度为 1642 人 / 平方千米，不到杭州的 1/3，集聚辐射能力不够强；“大港口”与“小空铁”的局面亟待改变，宁波机场是副省级城市中唯一没有洲际航线的机场。

电路、生物医药、新能源汽车、人工智能 4 个产业链联盟，G60 科创走廊 8 个产业合作园区挂牌运行。推进高水平开放。加快建设自贸试验区、服务贸易试点市、跨境电商综合试验区、进口贸易示范区等四个国家级开放平台。2023 年，全市进出口总额 3588 亿元，占全省 44.6%；经济外向度 28.3%，高于全省 11.2 个百分点；新增外资企业 205 家，创历史新高。大通道大通关建设。构建公铁水空多式联运体系，江淮运河全线贯通，合肥中欧班列 2023 年发运 868 列、净增 100 列，累计发运量居全国城市前 10。

（六）共建共享提升城市新品质

教育事业均衡发展。幼儿园公办率、普惠率分别达 60.3% 和 92%，优质教育集团城区覆盖面达七成，义务教育课后服务、幼儿园延时服务实现全覆盖，普通高中“双新”示范区建设成为全国典型，教育数字化做法全国推广。截至 2023 年底，拥有中国科技大学等各类高等院校 58 所，在校学生 94.5 万人；每 10 万人口中拥有大学文化程度的人数 2.7 万，是全国的 1.8 倍。医疗资源加速汇聚。深入实施“名医名科名院”工程，80% 社区卫生服务中心建成紧密型医联体。年末全市医疗卫生机构 4013 个，其中医院 230 家，每千人拥有执业（助理）医师 3.66 人、注册护士 4.84 人。民生支出较快增长。坚持以人民为中心，推动高质量发展与高品质生活有机结合。2023 年，全市民生支出 1219.4 亿元，占一般公共预算支出 86.4%，同比提高 1.9 个百分点；城乡居民基本养老保险人均每月超过 238 元，全年发放城乡低保金 10.2 亿元。城乡收入差距缩小，近 10 年城镇居民收入增长 1.2 倍、农村居民收入增长 2.2 倍，城乡收入差距由 2.80 缩小为 1.91。

三、高质量发展存在的问题

（一）城市影响力仍需扩大

合肥作为区域经济中心，经济总量占全省比重达 26.9%，集聚了省内 16.1% 的常住人口，城市高质量发展各方面基础条件良好。但大而不强的问题依然存在，与中部省会城市相比，GDP 总量分别低于武汉 7337.9 亿元、长沙 1658.2 亿元、郑州 944 亿元，省会首位度低于武汉、长沙 8.9 和 1.7 个百分点；在长三角城市群中，GDP 总量居长三角万亿九市第七位，经济实力、产业规模需进一步壮大。

（二）圈层聚合力仍需加强

合肥都市圈是长三角城市群向中西部延伸的重要枢纽和门户，经过近年的快速发展已成为安徽发展的核心增长极，地域面积、经济总量、人口规模等方面在省内有绝对优势，发展方向和质量将在很大程度上决定区域高质量发展的成色。当前合肥都市圈内各城市发展能级尚不均衡，产业转型、创新发展不同步，同质化竞争问题依然存在，在资金投放、消费能力等方面也参差不齐，都市圈之间互利共赢的局面还没有完全打开，协调合作机制待进一步完善，以推动都市圈高质量发展聚力融合成势。

（三）城乡服务均等化水平仍需提升

合肥下辖 81 个乡镇、拥有 142.4 万乡村常住人口，城乡二元结构还没有根本改变，城乡综合承载力和统筹发展水平有待提高。城乡一体化发展依然存在难点，如要素流动不顺畅，乡村自我发展能力不完善，农村消费市场扩容提质升级、农村要素市场化配置等存在短板。从公共事业与服务看，切实提高县域医疗卫生共同体、城乡义务教育一体化建设，努力实现县域内基本公共服务均等化仍需发力。

四、高质量发展对策建议

（一）加快提升城市综合实力和竞争力

对标先发城市，进一步提升城市能级。激发“合肥创造”活力，高水平建设综合性国家科学中心，服务保障好国家实验室，加快大科学装置集群建设，高标准建设滨湖科学城，打造科技大市场和人才集聚强磁场，加快成为具有国际影响力的科创名城。塑造“合肥制造”优势，坚持以“亩均论英雄”为导向，大力实施战新产业集聚、现代服务业提速提质、数字赋能、开发区升级等行动，打造具有国际影响力的产业地标，加快成为新兴产业集聚的产业名城。提升“合肥服务”品质，强化现代金融服务创新能力，做大做强创投基金、产业基金、专项基金等，打造区域金融中心，实施标识性消费场景塑造行动，推进重点专业市场、商业综合体、商业街区转型升级，建设国际消费中心城市。

（二）加快推进都市圈一体化发展水平

合肥都市圈的优势在于区位、交通、科技等方面，要结合优势禀赋、提高政策协同、强化要素流动、促进一体发展，以建设城市的标准打造都市圈，打造具有全国重要影响力的都市圈。加强产业链协同发展，有效整合圈内产业资源和创新要素，建立健全产业发展规划和政策体系，利用溢出效应，形成上中下游合作的产业链条和产业体系，实现产业强链补链延链，带动圈内城市高质量错位互补发展。加快企业融通发展，明确区域制造业分工定位，促进上下游企业合作，推动分工和资源共享，提升产业集聚力，带动新兴产业从点向面扩展、进而形成集群优势。打造发展“软硬环境”，促进都市圈内部公共政策的互联互通，推进城市、产业、企业和人才的全面开放，最大限度地让人才、资金、技术等资源要素得到充分流动，优化交通运输体系，协同打造多式联运集疏系统，共建进出口商品集散中心，高标准建设好完善的基础设施。

（三）加快提升城乡公共建设和服务水平

加快城市更新行动，打造宜居、韧性、智慧城市，建设“和谐宜居生活城市”，围绕居民居住需求、生活质量推动公共服务提质升级，努力实现“城市让人民生活更美好”的愿景。注重空间科学规划，进一步加大规划、用地、资金等扶持力度，全面提高县域内要素协同配置效率，统筹县域农田保护、生态涵养、城镇建设、村落分布等空间布局，推动形成田园乡村与现代城镇各具特色、交相辉映的城乡融合发展形态，推动公共服务在城乡间自由流动，实现公共服务供给水平和便利程度高效发展。

（执笔人：汪为民　晏飞　谷瑾琼）

厦门市城市高质量发展监测报告

厦门别称鹭岛，位于福建省东南、九龙江入海口，辖思明、湖里、集美、海沧、同安、翔安6个区，有37个街道、8个镇，404个社区、147个村。厦门是习近平新时代中国特色社会主义思想的重要孕育地和先行实践地，是一座“高素质的创新创业之城”“高颜值的生态花园之城”和“经济蓬勃发展、人民安居乐业、对外交流密切的现代化、国际化城市”。自首届开始蝉联六届全国文明城市、九届全国双拥模范城，获得联合国人居奖、国际花园城市、平安中国建设示范市、全国法治政府建设示范市等称号。

一、城市高质量发展规模和格局

（一）城市发展规模现状

厦门陆域面积1699平方公里，海域面积333平方公里。2023年，厦门市年末户籍人口302.1万人，常住人口532.7万人，城镇化率90.8%。厦门是我国改革开放后最早设立的四个经济特区之一，实行计划单列，确定为副省级城市，授予经济特区立法权。福建自贸试验区厦门片区于2015年4月21日正式挂牌运作，包括两岸贸易中心核心区和厦门国际航运中心海沧港区两大功能园区，面积43.8平方公里。

（二）城市建设水平不断提升

厦门深入贯彻“提升本岛、跨岛发展”战略，高起点组团式推动岛外新城建设。城市运行更具韧性，厦门新机场飞行区、航站区等项目加快建设，翔安大桥通车，福厦高铁开通运营，2号线二期工程等3个项目获鲁班奖。城市治理更加智慧，高水平建设城市大脑，累计建成5G基站1.47万个，率先开展智慧港口、公交、医疗等5G场景应用，是全国第三个公共交通“一码多乘”城市。

二、高质量发展成效

厦门加快打造新发展格局节点城市，增创高质量发展新优势。2023 年，厦门城市高质量发展指数为 84.6，比上年提高 0.4，居全省首位。其中，创新发展、协调发展和共享发展指数较上年有所提高。

（一）综合发展：经济发展趋势向好，发展质效稳步提升

厦门市委、市政府出台经济稳增长一揽子政策，助力经济回升向好，推动经济实现质的有效提升和量的合理增长。2023 年，厦门综合质效指数 83.2，分别比全国、全省均值高 9.3、3.7。一是经济整体回升向好。全市 GDP 总量 8066.5 亿元，增长 3.1%。一般公共预算收入 932.1 亿元，占财政总收入的 59.1%。二是发展质效逐步提升。厦门以占全省 1.4% 的土地面积，创造出全省 14.8% 的 GDP、26.7% 的财政收入和 48.0% 的外贸进出口。人均 GDP 达 15.17 万元，增长 2.6%。人均地方一般公共预算收入 1.75 万元，增长 5.1%，呈现较好增长态势，政府财政可支配能力的增强使社会民生得到更有效保障。

（二）创新发展：科技创新活力增强，高等教育实力提升

厦门坚持聚焦关键领域，以培育新质生产力为主线，促进创新链、产业链、人才链协同发力。2023 年，厦门创新发展水平为 83.0，比上年提高 0.7，分别比全国、全省均值高 9.1、5.8。一是创新能力不断提升。2022 年，R&D 经费支出 250.7 亿元，与 GDP 之比达 3.2%。截至 2023 年底，全市拥有高新技术企业 4220 家，技术先进型服务企业 62 家，国家级专精特新“小巨人”企业 22 家，省级科技小巨人企业 655 家，市级科技企业孵化器 54 家，中国制造“隐形冠军”企业 21 家。厦门科学城建设加快，火炬高新区争先进位，省级海洋高新区获批设立，厦门生物医药港提质增效，四大科创“引擎”驱动厦门高质量发展。二是科技创新活力增强。技术合同成交额占 GDP 的 2.2%，比上年提高 0.5 个百分点。国内专利授权量 31454 件，其中发明专利授权量 5375 件，万人有效发明数 53.6 件，增长 19.7%，经营主体更加注重发明专利，自主创新能力增强。三是高等教育提质升级。高等教育在校生数 22.6 万人，增长 6.7%，更多人享受优质教育资源，为城市发展提供人才储备。支持高校“双一流”建设，推动厦门理工学院更名为“厦门理工大学”，推进厦门医学院建成区域一流高水平应用型医学院本科院校，推动“厦门海洋职业大学”筹建，现有高等教育结构持续优化，教育发展综合实力不断增强。

（三）协调发展：城乡融合深入推进，经济社会协调发展

厦门坚持以协调发展理念为引领，建设均衡协调的现代化城市，优化城市空间布局，实现产城融合。2023 年，厦门协调发展水平为 90.2，比上年提高 0.5，分别比全国、全省均值高 9.6、7.2。一是城乡融合扎实推进。厦门常住人口城镇化率 90.8%，比上年提高 0.6 个百分点，为全省最高，城镇吸引力和容纳能力增强。城乡居民人均可支配收入比值为 2.13，城乡居民收入相对差距缩小。深化山海协作，闽宁产业园一期初步建成，东西部协作 3 项创新做法在全国推广。二是产业结构优化升级。全市三次产业结构为 0.3:35.6:64.1，第三产业增加值 5170.8 亿元，增长 7.0%，占 GDP 的比重比上年提高 5.9 个百分点。全力构建“4+4+6”现代化产业体系，入选全国首批中小企业数字化转型试点城市，工业战略性新兴产业占规上工业增加值的 46.6%，新能源产值增长 32.5%；新兴服务业快速发展，互联网软件业、租赁和商务服务业营业收入分别增长 37.5% 和 24.8%，产业结构转型升级助力推动经济高质量增长。

（四）绿色发展：生态文明成效显著，经济韧性活力增强

厦门加大力度构建绿色低碳发展模式，加快建设美丽中国先行示范市，全域获评“国家生态文明建设示范区”，海洋生态修复与保护工作成效获习近平总书记重要批示，习近平生态文明思想“厦门实践”在全国推广。2023 年，厦门绿色发展水平为 92.0，比全国均值高 7.6。一是生态环境稳中改善。城镇建设用地面积 380.9 平方公里。拥有公园数量 202 个，占地面积 4070.6 公顷，增长 1.0%；全市建成区绿地覆盖面积 20613.9 公顷，建成区绿化覆盖率 44.3%，人均公园绿地面积 14.8 平方米，绿色生态建设富有成效。生态环境满意度为 91.3%，比上年提高 0.2 个百分点，满意率全省第一。空气质量综合指数在全国 168 个重点城市中排名位居第七位，比上年上升 2 位，空气质量优良天数比例为 99.7%，并列全国第一。二是经济社会绿色转型。污水集中处理率、生活垃圾无害化处理率均为 100%；全年城市声环境功能区昼间、夜间达标率分别为 100%、86.2%；万元地区 GDP 电耗为 447.2 千瓦时，保持相对稳定。创建 ABB 工业中心等 24 个低碳试点，鼓浪屿完成二星级近零碳景区创建，成为福建省首个实现近零碳排放景区的世界文化遗产地。

（五）开放发展：外贸市场更加活跃，开放水平整体提升

作为“21 世纪海上丝绸之路”战略支点城市，厦门深度融入共建“一带一路”，努力建设更高水平开放型经济新体制。2023 年，厦门开放发展水平为 93.5，分别比全国、全省平均值高 20.8、14.5。一是对外开放持续扩大。新设立外商直接投资企业数 1682 个，居全省首位，增长 47.4%；

其中，第三产业企业最多，有1640个，占比达到97.5%；按行业分，企业数量排名前三的行业为批发和零售业，科学研究、技术服务和地质勘查业，租赁和商务服务业，分别占比33.5%、25.7%和19.5%。启动建设中国－金砖国家新时代科创孵化园，对金砖国家进出口增长14.4%；实施厦门自贸片区提升战略，新增全国首创经验16项；持续打造海上合作战略支点城市，“丝路海运”命名航线突破110条，开放水平整体提升。二是跨境贸易质升量稳。外贸进出口总值为9470.4亿元，居全省首位，增长2.7%，高于全国、全省平均水平。人均外贸进出口总值为17.8万元，增长2.3%。新能源汽车、锂电池、光伏产品“新三样”出口额增长1.7倍，跨境电商进出口额增长65.0%，电子信息产业入选国家外经贸提质增效示范产业，获批首批全国内外贸一体化试点城市。三是两岸融合稳步推进。贯彻落实《中共中央国务院关于支持福建探索海峡两岸融合发展新路 建设两岸融合发展示范区的意见》，厦台交流交往恢复扩大，举办270多场两岸交流活动。设立全国首支数字人民币台企融资增信基金，新批台资项目数、实际使用台资分别增长64.0%和408.3%。落实落细台企台胞同等待遇政策，全国首创“两岸通保”专案并给予保费补贴，厦门两岸行业标准共通服务平台正式上线。

（六）共享发展：社会治理共建共享，民生保障有力有效

厦门坚持以人为本，扎实推进共同富裕，让市民共享文明建设成果，共建宜居宜业家园。2023年，厦门共享发展水平为74.9，比上年提高2.1，分别比全国、全省均值高4.4、4.3。一是民生保障更加有力。民生支出占财政支出的73.5%，比上年提高1.8个百分点。教育支出203.8亿元，居全省首位，占财政支出的18.8%，全年完成53个中小学幼儿园的项目建设，新增学位6.3万个，2项基础教育教学成果全省首次获评国家级一等奖。万人医护人员数为86人，增长6.2%，深化国家区域医疗中心试点建设，川大华西厦门医院、苏颂医院正式运营，新增医疗床位2000张，获批全国健康城市建设试点，医疗服务水平进一步提升。出台促进青年就业创业等措施，城镇新增就业16.5万人。建设保障性租赁住房4.2万套，推出来厦大学生“5年5折租房”等政策。二是生活水平稳步提升。城镇居民人均可支配收入7.3万元，增长3.4%。城镇居民人均教育文化娱乐支出为4292元，居全省首位，增长9.9%。百户城镇居民家庭家用汽车拥有量为46辆，增长17.9%。医疗、文化教育、交通通信类等发展型消费支出较快增长，推动厦门居民消费结构持续优化。

三、存在的问题

（一）经济增长形有波动，工业生产承压前行

2023 年，厦门经济整体呈现“稳开、回调、恢复、回升”的波动态势，GDP 增速比上年回落 1.3 个百分点，分别低于全国、全省 2.1 和 1.4 个百分点。分产业看，第一产业增加值下降 4.0%，比上年回落 5.4 个百分点；第二产业增加值下降 2.8%，比上年回落 6.6 个百分点。分行业看，工业年初延续上年走势深度下滑，后逐步企稳回升，全年规模以上工业增加值与上年持平，分别低于全国、全省 4.6 和 3.3 个百分点。

（二）外贸出口面临挑战，利用外资下滑明显

厦门作为高度外向型城市，2023 年，经济外贸依存度高达 117.4%，在同类城市中居首位。从对外贸易看，外贸进出口总值增速比上年回落 1.3 个百分点，特别是出口表现不佳，下降 3.9%，比上年回落 12.1 个百分点。厦门出口下滑对工业经济产生了直接影响，全市工业企业出口交货值下降 6.4%，企业出口下降面达 57.2%。从利用外资看，全年合同外资下降 38.2%，实际利用外资下降 10.8%。从对外劳务与投资看，全年对外协议投资额下降 16.5%。

（三）出生人口逐年减少，社会老龄化程度加深

近年来，厦门出生人口持续走低，增量和增速呈放缓趋势。厦门人口出生率 7.15‰，比上年下降 0.41 个千分点，出生人口 3.81 万人，比上年减少 0.2 万人。从年龄分布看，0 至 15 岁人口比上年下降 1.4%，占人口总数的 17.5%，回落 0.3 个百分点；60 岁及以上人口增长 10.8%，占人口总数的 11.6%，提高 0.9 个百分点；65 岁及以上人口增长 8.1%，占人口总数的 7.3%，提高 0.5 个百分点。

四、推动高质量发展的意见建议

（一）助力企业内外兼修，激发工业生产活力

一是加快推进政策落地显效，切实落实好国家、省、市出台的一系列减税降费、金融支持和产业扶持政策，指导符合条件的企业加快兑现。二是大力增强内生动力，聚焦前沿性技术创新，充分释放人才创新活力，不断优化大数据、人工智能等新型创新要素，探索科技创新赋能工业新质生产力发展新路径。三是激活出口新动能，鼓励企业“抱团”拓展海外市场，真金白银支持企业参展洽谈，对企业出境参展给予展位费补助和展品运输、展台布置、人员往来便利化服务。

（二）构建新发展格局，推动高水平对外开放

一是加强国际交流合作，鼓励开展跨境商务活动，对外商来华提供入境签证、子女入学、医疗等高效便捷服务，带动海外优秀科技人才及团队落户；推进外籍“高精尖缺”人才认定标准试点，鼓励吸引更多境外专业人才就业创业。二是加大政策支持力度，结合厦门“4+4+6”现代化产业体系，积极支持多领域外资项目纳入重大和重点外资项目清单，享受税收优惠政策和金融服务；优化外资管理机制和流程，提升外资研发便利性。三是优化公平营商环境，落实外商投资准入负面清单，强化知识产权行政保护，为外商企业提供专利“一站式服务”。

（三）多措并举提升人口规模，积极应对人口老龄化

一是多层次吸纳外来人口，强化人才引进政策支持，在税收、住房、子女教育等多方面给予人才政策倾斜，吸引更多人才来厦发展，合理规划住房建设，创新住房供给制度，提升外来务工人员留厦意愿。二是持续深入宣传生育鼓励政策，依法实施三孩生育政策，促进消除生育顾虑，切实提升民众的生育意愿。三是发展多元养老服务，利用“互联网＋养老”新模式，借助智能化管理系统建立完整、连续性的老年人长期护理服务体系。

（执笔人：苏文婷　郭利扬）

青岛市城市高质量发展监测报告

青岛地处黄海之滨，山东半岛南端，陆域面积 1.1 万平方公里，海域面积 1.2 万平方公里，辖七区三市，全市常住人口 1037 万人，是中国北方一座富有人文魅力、自然禀赋优越的沿海开放城市。

一、城市基本概况

2016 年 1 月，国务院批复的青岛市城市总体规划对青岛的定位是：我国沿海重要中心城市和滨海度假旅游城市、国际性港口城市、国家历史文化名城。

（一）国家沿海重要中心城市

青岛经济繁荣、富有活力，实体经济特别是制造业基础雄厚，在智能家电、轨道交通装备、汽车制造、现代海洋等领域形成了一批特色产业集群，聚集了海尔、海信、中车、青岛啤酒等一批国际著名企业和品牌，连续 3 年在全国先进制造业百强市榜单中位居第七位。拥有涉海大学和研究机构 57 家，部级以上涉海高端研发平台占全国 1/3，涉海两院院士占全国 1/4，2023 年海洋生产总值占全市 GDP 比重超过 1/3。

（二）滨海度假旅游城市

青岛依山傍海，海岸线 817 公里，有 49 个海湾和 120 个岛屿，具有“红瓦绿树、碧海蓝天”的独特风貌，是著名的观光旅游和休闲度假胜地，拥有 A 级旅游景区 100 处，2023 年接待游客 1.3 亿人次，被联合国评为最适宜人类居住的城市之一。

（三）国际性港口城市

青岛是“一带一路”节点支点城市、国家规划的国际性综合交通枢纽城市。青岛港有 220 余条航线、通达世界 700 多个港口，2023 年青岛港货物、集装箱吞吐量分别突破 7 亿吨、3000 万标箱，居世界第四位、第五位，海铁联运量保持全国沿海港口首位；4F 级胶东国际机场通航航线 244 条、通航城市 169 座。

（四）国家历史文化名城

青岛既有历史的厚重印迹，也有反映时代的崭新名片。城市中坐落着很多欧式建筑以及中西融合的建筑，有“万国建筑博览会”之称。青岛是备受关注的“帆船之都”“音乐之岛”，也被联合国教科文组织评为世界“电影之都”。近年来，青岛大力推进城市更新，城市基础设施和环境进一步完善，功能品质得到新的提升。

图 1 青岛五四广场

二、城市高质量发展成效

2023 年是全面贯彻党的二十大精神的开局之年，青岛牢牢把握高质量发展这个首要任务，着力扩大内需、优化结构、改善民生、防范化解风险，高质量发展迈出新步伐。2023 年，青岛城市高质量发展指数为 85.0，比 2022 年提高 1.0。其中，六大维度指数“四升二降”，综合质效、创新发展、协调发展、共享发展指数比 2022 年均有所提升，绿色发展、开放发展指数比 2022 年略有下降。

（一）综合实力稳步增强，发展质效持续提升

面对复杂严峻的国际环境和艰巨的国内经济恢复发展任务，青岛着力扩内需稳外需，经济运行持续回升向好，经济增长质量、社会发展活力发生积极变化。2023 年，全市综合质效指数为 85.4，比上年提高 1.7。

经济总量持续扩大，2023 年全市生产总值达到 15760.3 亿元，按不变价格计算，比上年增长 5.9%，增速比上年加快 2.0 个百分点。人均 GDP 稳步增加，2023 年达到 152174 元，比上年增长

5.3%。财政收支运行稳健，全年一般公共预算收入1337.8亿元，比上年增长5.1%，其中税收收入1006.0亿元，增长14.2%，占一般公共预算收入比重75.2%，比上年提高1.5个百分点；一般公共预算支出1718.9亿元，其中民生支出1286.3亿元，占一般公共预算支出比重74.8%，比上年提高1.1个百分点。

全市加力推进实体经济振兴和城市更新建设，重点领域投资成效明显，基础设施投资比上年增长38.0%，制造业投资增长10.8%，其中高技术制造业投资增长32.4%。新动能较快成长，规模以上高技术制造业和服务业营业收入分别比上年增长16.3%和9.2%，分别高于规模以上工业和服务业11.0个和14.3个百分点。消费潜力加快释放，社会消费品零售总额突破6000亿大关，达到6318.9亿元，比上年增长7.3%，增速比2022年提高8.7个百分点。

（二）科技投入不断加大，创新成果持续涌现

青岛始终坚定不移把科技创新摆在核心位置，以科技创新引领现代化产业体系建设，加快培育发展新质生产力。2023年，全市创新发展指数为86.1，比上年提高1.0。

科技研发强度持续增长，2022年，全社会研发投入400.2亿元，比上年增长12.8%；全社会研发投入强度为2.7%，比上年提高0.2个百分点。科创平台建设成形起势，2023年，崂山实验室实现规范化运行，3个全国重点实验室获批建设，目前，全市拥有1个国家实验室、3个国家技术创新中心、12个国家级重点实验室、29所高校、33个省级技术创新中心和56个省级重点实验室。科技创新的企业基座不断夯固，全市高新技术企业总数达到7920家，比上年增加1240家；入库国家科技型中小企业达到9343家；新培育国家专精特新“小巨人”企业38家，总数累计达到190家。

科创成果不断涌现，2023年，全市累计有效发明专利达到73676件，比上年增长24.0%，每万人有效发明专利拥有量71.8件，比上年增加12.8件；技术合同交易额632.3亿元，增长60.0%，其中涉海技术合同成交额69.4亿元，增长70.0%。

（三）区域发展统筹推进，产业发展更趋协调

青岛坚持区域协调发展，统筹新型城镇化和乡村全面振兴，城市发展更加均衡；坚持把发展经济的着力点放在实体经济上，加快发展先进制造业，做优做强现代服务业，大力发展现代农业，三次产业发展更加多元。2023年，全市协调发展指数为86.8，比上年提高0.7。

城镇化发展达到新水平，2023年末，全市常住人口城镇化率达78.3%，比上年末提高1.0个百分点。城乡居民收入差距不断缩小，全年全市城镇居民和农村居民人均可支配收入分别为65751元和29736元，城乡居民人均可支配收入之比为2.21，比上年缩小0.05。城乡消费趋于优化，全年全市城镇居民人均消费支出39663元，增长5.5%；农村居民人均消费支出19070元，增长8.9%，高于城镇居民3.4个百分点。

三次产业协调发展。第一产业稳步增长，2023年第一产业增加值比上年增长4.1%，增速比上年加快1.9个百分点，为打造乡村振兴齐鲁样板提供了有力支撑。第二产业持续扩大，增加值增长5.6%，比上年加快2.8个百分点，其中规模以上高技术制造业和工业战略性新兴产业增加值分别增长16.3%和8.6%，成为推动全市实体经济高质量发展的重要引擎。第三产业较快增长，增加值增长6.1%，比上年加快1.6个百分点，其中生产性服务业增长7.7%，占服务业比重（60.0%）比2022年提高0.8个百分点，为服务业蓬勃发展注入新的动力。2023年，全市三次产业结构调整为3.1：33.4：63.5。

（四）城市环境升级改善，绿色发展蹄疾步稳

全市持续优化城市规划布局，深入推进城市更新建设十项攻坚，城市宜居宜业宜游水平不断提升；进一步优化产业和能源结构，持续打好污染防治攻坚战，美丽青岛建设取得积极进展。2023年，全市绿色发展指数为87.7。

地铁工程加快建设，西海岸轨道交通快线全线贯通，2023年末，全市轨道交通线路长度达到326公里，年客运量4.7亿人次。主城区“四纵五横”快速路网基本形成，年末公路总里程达到15634公里，其中高速公路里程909公里。人居环境得到新改善，全年实施14个城中村改造，高标准完成473个老旧小区改造；年末地下综合管廊长度达到189公里。

环境品质显著提高，2023年，城市空气质量优良天数比率为78.9%；$PM_{2.5}$平均浓度为29微克/立方米，连续4年达到国家二级标准；地表水达到或好于Ⅲ类水体比例达到71.4%；污水处理厂集中处理率达到98.6%，比上年提高0.15个百分点；生活垃圾无害化处理率达到100%。“双碳”工作扎实开展，入选国家首批碳达峰试点城市；新能源发电装机占比超过50%；新能源汽车保有量达到26万辆，比上年增长45.2%。

（五）对外合作纵深拓展，开放发展持续推进

青岛把握开放发展大势，充分发挥上合示范区、自贸试验区开放引领作用，加强与“一带一路”沿线国家和上合组织、RCEP成员国的联动，全方位对外开放稳步推进。2023年，全市开放发展指数为88.2。

对外贸易有序扩大，全年货物进出口总额8759.7亿元，稳居全省首位，比上年增长4.6%。其中，出口额4713.6亿元，增长0.3%；进口额4046.1亿元，增长10.1%。对外合作加速推进，全市对外直接投资额20.5亿美元，比上年增长29.0%；实施重点产业链全球招商计划，新引进世界500强投资项目31个；全年新设外商投资企业745家，比上年增长7.5%。

对外贸易新业态发展势头良好，跨境电商进出口额314.8亿元，比上年增长10.8%。海外市场多元拓展，全年对“一带一路”国家进出口4531.7亿元，增长4.4%；对RCEP其他成员国进出口3383.4亿元，增长2.9%；对“上合组织”成员国投资项目10个，中方协议投资额6.3亿美元，实际对外投资额1.1亿美元、增长26.1%。

（六）生活水平大幅改善，民生福祉继续增进

青岛聚焦更好满足人民对美好生活的向往，构建覆盖城乡的多层次民生保障体系，经济社会发展成果更多惠及民生，人民群众的获得感、幸福感、安全感不断增强。2023年，全市共享发展指数为79.1，比上年提高2.3。

居民生活水平日益提高，2023年，全市居民人均可支配收入56961元，比上年增长6.0%；每百户城镇居民家庭家用汽车拥有量达到93辆，比上年增加21辆；城镇居民人均住房建筑面积达到35.3平方米，比上年增加1.3平方米。

社会保障体系更加完善，年末参加基本养老、基本医疗、失业、工伤保险人数分别为848.2万人、932.9万人、286.1万人和334.0万人，分别比上年增长4.5%、2.1%、1.7%和1.2%。全市养老机构床位数46655张，比上年增长6.6%；医疗卫生机构数、床位数、卫生技术人员数分别达到8983个、69611张、104914人，分别比上年增加220个、1627张、5793人。文化体育事业蓬勃发展，年末全市博物馆数、体育场地数分别达到136个和27035个，分别比上年增加15个和1733个。

三、推动高质量发展的薄弱环节及相关建议

总的来看，2023年，青岛在持续推进城市高质量发展各方面均取得了明显成效，但也应看到，全市高质量发展还存在一些薄弱环节，需予以高度重视。

（一）现代化产业体系仍需加快培育

当前青岛制造业规模不够壮大，2023年，制造业增加值占GDP比重仅为23.8%。从产业结构看，高耗能行业占比仍然较高，传统产业数字化转型覆盖不广，除家电、汽车、纺织服装等领域外，其他行业数字化转型相对较慢，一些中小企业数字化应用意愿不强烈。新兴产业规模仍然偏小，与深

零部件“武汉造”。

（二）加快把交通区位优势转化为国内国际双循环枢纽链接优势

武汉发布《关于加快推动交通区位优势转化为国内国际双循环枢纽链接优势的实施意见》，做大枢纽能级，做强枢纽贸易，做实枢纽产业，高水平建设枢纽经济示范区。2023 年 5 月，汉亚航线上的第三艘直达船“长越 1”国际海轮从韩国釜山港出发抵达阳逻港，成为武汉对外开放以来首次入境的万吨海轮，阳逻国际港从“内陆辐”到“远洋辐”，集装箱吞吐量年均增长 12% 以上；截至 2022 年底，武汉新能源公交占比增至八成，交通出行更低碳环保，出炉全国首个城市级智能网联道路建设规范《智能网联道路建设规范》，建成智能网联汽车测试道路 751.6 公里，建设 5G 宏站 139 个；2023 年 6 月，武汉天河机场累计旅客吞吐量已突破 1000 万人次，机场高峰小时容量从 42 架次扩容至 55 架次，第三跑道工程开工，建成投用后将新增 6 万 / 年至 8 万 / 年起降架次的保障能力，可满足年旅客吞吐量 6300 万人次的需求，天河机场也将成为全国第 7 家拥有三条跑道的机场。

（三）加快把生态资源优势转化为绿色发展优势

武汉是全球唯一人口超千万的国际湿地城市，在《湿地公约》第十四届缔约方大会开幕式上，习近平总书记称赞武汉同湿地融为一体，生态宜居。2023 年 4 月，武汉水资源保护交出亮眼答卷：武汉连续三年劣五类湖泊实现“清零”，水质达到或优于三类标准的河流断面占比 75%，水质优于四类标准的湖泊占比 84%，这是武汉深入推进长江大保护和流域综合治理的“结晶”。近年来，长江武汉段水质已稳定保持在二类，为 20 年来最优，长江江豚“逐浪”频现武汉，万千鸟类诗意栖居天兴洲。自 2021 年起，武汉以通顺河、道观河、府澴河为试点，联合仙桃、黄冈、孝感、随州等地在武汉都市圈推进河湖水质生态保护补偿机制，上游来水水质优良，下游地区出钱奖励，上下游携手共治，确保了“一江清水向东流”。

四、城市高质量发展的薄弱环节和不足

奋力推进中国式现代化湖北实践，加快推动“三个优势转化”，武汉城市高质量发展仍存在一些薄弱环节和不足。一是产业能级有待进一步提升。2023 年，规模以上工业增加值增速排名前三的分别为石油、煤炭及其他燃料加工业增长 17.2%，计算机、通信和其他电子设备制造业增长 13.2%，电气机械和器材制造业增长 12.1%。传统制造业仍占较大比重，电子信息、装备制造、生物医药等新兴产业集群优势不突出。第三产业增加值 12736.4 亿元，占 GDP 比重 63.6%，信息服

务、数据服务、科技服务等高端生产性服务业发展相对滞后。二是创新成果转化水平有待进一步提升。2023 年，高技术制造业增加值仅占规模以上工业的 17.8%，规模以上高新技术制造业增加值增速 6.5%，比上年回落 4.6 个百分点。科技优势与产业发展结合不够紧密，创新成果转化与同类城市相比存在差距，潜在优势有待进一步挖掘。三是引才用才留才有待进一步提升。2023 年，城镇常住居民人均可支配收入 61693 元，在 19 个副省级及以上城市中排名第 11 位，相比国内一线城市存在一定差距。第七次全国人口普查显示，近十年间，武汉新增常住人口排名全国第 9 位，与第六次全国人口普查相比，排名倒退 2 位。四是对外开放水平有待进一步提升。2023 年，经济外向度 18.0%，回落 0.6 个百分点，规模在全国副省级及以上城市中排名第 14 位，武汉对外开放程度落后于东部沿海先进城市和部分中部同类城市，“黄金水道”和中欧班列武汉还有较大发挥空间。

五、城市高质量发展的对策建议

站在新的历史起点，武汉要推进城市高质量发展，须争当先锋、打好头阵，成为湖北建成中部地区崛起的重要战略支点：一要坚持以科技创新引领产业创新，打造发展新质生产力的重要阵地。二要加快提升城市辐射带动能力，打造支撑中部地区崛起的重要增长极。三要统筹推进深层次改革和高水平开放，打造国内国际双循环的重要枢纽。四要协同推进生态环境保护和绿色低碳发展，打造人与自然和谐共生的重要典范。五要扎实推进乡村全面振兴，打造超大城市农业农村现代化的重要样板。六要推动发展和安全动态平衡，打造保障国家发展安全的重要支撑。

（执笔人：俞楚玥）

深圳市城市高质量发展监测报告

2023年是全面贯彻党的二十大精神的开局之年。深圳坚持以习近平新时代中国特色社会主义思想为指导，全面贯彻落实党的二十大和二十届二中全会精神，深入学习贯彻习近平总书记对广东、深圳系列重要讲话和重要指示精神，认真贯彻落实中共中央、国务院决策部署，打造更具全球影响力的经济中心城市和现代化国际大都市，新动能新优势加快形成，高质量发展取得新进展新成效。

一、城市基本情况

深圳于1979年3月建市，1980年8月深圳经济特区成立。40多年来，深圳从落后的边陲小镇发展成为一座现代化国际化大都市，创造了世界城市发展史上的奇迹。2019年8月，中共中央、国务院印发《关于支持深圳建设中国特色社会主义先行示范区的意见》，深圳再次迎来新的重大机遇和光荣使命。

作为中国南部海滨城市，深圳地处珠江三角洲前沿，毗邻中国香港，东临大亚湾和大鹏湾，西濒珠江口和伶仃洋，南边深圳河与香港相连，北部与东莞、惠州两城市接壤。全市面积1997平方公里，海域面积1145平方公里，海岸线总长260.5公里，属亚热带季风气候，温润宜人，降水丰富。全市下辖9个行政区和1个新区：福田区、罗湖区、盐田区、南山区、宝安区、龙岗区、龙华区、坪山区、光明区，大鹏新区。2018年12月，位于汕尾市的深汕特别合作区正式揭牌。深圳人口年龄结构较为年轻，根据第七次全国人口普查结果，常住人口平均年龄32.5岁，15—59岁常住人口占比79.5%；60岁以上老人占比5.4%，人口老龄化程度较低。

二、高质量发展主要成就

（一）综合实力显著增强

2023年，深圳GDP34606.40亿元，同比增长6.0%，增速提高2.7个百分点。全年人均

GDP19.52 万元，增长 5.6%。回顾深圳总量增长，1979 年，深圳 GDP 仅 1.96 亿元，1996 年突破 1000 亿元，2005 年突破 5000 亿元，2010 年突破万亿元大关，是全国第四个突破万亿元大关的城市。2016 年较 2010 年翻番，是第三个经济总量突破两万亿元的城市，居全国第三。2021 年，GDP 稳步跨越 3 万亿元大关。从 1 千亿到 1 万亿用了 14 年，1 万亿到 2 万亿经过 6 年，2 万亿到 3 万亿仅历时 5 年。近年来，面对严峻复杂的国际、国内形势以及新冠肺炎疫情等多重影响，深圳经济表现出韧性强、潜力大、活力足的特点。

2023 年，深圳工业增加值和规模以上工业总产值蝉联国内“双第一”，以“工业立市”“制造强市”支撑深圳高质量发展。社会消费品零售总额首次破万亿元，达 10486.2 亿元，同比增长 7.8%。外贸进出口总额 38710.7 亿元，位居全国第二，其中出口总额 24552.1 亿元，连续 31 年居首位。财政收入总量位居全国第三，仅次于上海和北京。年末，全市金融机构（含外资）本外币存款、贷款分别为 13.3 万亿元、9.2 万亿元。年末深圳证券交易所上市公司 2844 家，增加 101 家。上市股票 2879 只，增加 101 只。其中，A 股 2838 只，增加 102 只。年末常住人口（含深汕特别合作区）达 1779 万人，增加 12.83 万人。

（二）创新驱动成效明显

研发投入保持快速增长。2022 年，深圳 R&D 经费 1880.49 亿元，同比增长 11.8%，继续保持快速增长态势；R&D 经费投入强度 5.8%，提高 0.32 个百分点，连续八年稳步提升。其中，企业 R&D 经费投入 1785.2 亿元，增长 12.8%；占全市 R&D 经费的 94.9%，提高 0.9 个百分点，创新主体地位进一步加强。

战略性新兴产业成为经济发展重要引擎。全年战略性新兴产业增加值合计 1.4 万亿元，比上年增长 8.8%，占 GDP 的比重持续提升至 41.9%。其中，3 大产业实现两位数增长，数字与时尚产业增加值 4099.0 亿元，增长 18.3%；绿色低碳产业增加值 2213.6 亿元，增长 16.9%；新材料产业增加值 352.6 亿元，增长 15.2%。20 个产业集群中，7 个集群实现两位数增长，其中智能网联汽车、软件与信息服务两大集群增速均超 20%。

科技创新生态持续优化。2023 年，深圳国家专精特新“小巨人”企业达 742 家。新增国家高新技术企业 1615 家，总量达 2.5 万家；新增全国重点实验室 3 家、国家企业技术中心 8 家、中小试基地 23 个。

科技创新成果振奋人心。2023 年，深圳国内专利授权 23.5 万件，居全国首位。其中发明专利

图 1 深圳人才公园

授权 6.2 万件、实用新型专利授权 10.8 万件、外观设计专利授权 6.5 万件。有效发明专利拥有量 30 万件，其中高价值发明专利拥有量 17.4 万件。PCT 国际专利申请量 1.6 万件，连续 20 年居全国首位；PCT 国际专利申请公开量 1.7 万件，在国际创新城市对比中排名第二。商标申请量 39.2 万件，商标注册量 25 万件，居全国首位。

（三）协调发展效能不断提升

2023 年，深圳城镇化率为 99.8%，不含深汕特别合作区，城镇化率为 100%。深圳居民人均可支配收入 76910 元，比上年增长 5.8%。居民人均消费支出 49013 元，增长 9.4%。恩格尔系数为 29.4%，下降 0.3 个百分点。平均每一就业者负担人口 1.6 人，下降 9.6%。

基本形成以先进制造业和现代服务业为主体，三次产业融合发展的现代产业体系。2023 年，深圳第一产业增加值 24.7 亿元，比上年增长 2.6%；第二产业增加值 13015.3 亿元，增长 6.5%；第三产业增加值 21566.4 亿元，增长 5.6%。第一产业增加值占全市 GDP 比重为 0.1%，第二产业增加值比重为 37.6%，第三产业增加值比重为 62.3%。就业结构与产业发展协调度提高，2023 年，年末从业人员三次产业结构比重为 0.1：39.0：60.9，第三产业成为吸纳就业主渠道。全市现代服务业增加值 16458.5 亿元，增长 6.2%，占第三产业比重 76.3%。高技术制造业增加值增长 3.3%，先进制造业增加值增长 5.1%，占规模以上工业增加值比重分别为 58.4% 和 66.8%。

（四）绿色发展迈出坚实步伐

大气环境质量稳中有升。2023 年，深圳空气质量在全国 168 个重点城市中位居前列，臭氧年均浓度下降 10.9%，$PM_{2.5}$ 年均浓度 17.6 微克 / 立方米。空气质量优良天数占比 97.8%、提升 5.7 个百分点，居超大城市首位。

水环境质量持续提升。地表水国控省控断面水质优良比例达 95.2%，310 条河流按河长计算水体优良比例达 73.9%、提高 6.3 个百分点。城市饮用水水源水质达标率 100%。开工建设 4 座水质净化厂，新建、修复污水管网 118 公里，创建污水零直排小区 4080 个，污水集中收集率 84.7%，再生水利用率提升至 76.0%。

节能降耗成效明显。深圳入选国家首批碳达峰试点城市。新增绿色建筑 2500 万平方米、装配式建筑 2380 万平方米，建成超低能耗、近零能耗、零碳建筑 68 万平方米。创建国家级绿色工厂 29 家、绿色供应链 3 家，获评国家级工业产品绿色设计示范企业 3 家。

城市环境更加优美。全市绿化覆盖面积 10.5 万公顷，建成区绿化覆盖率 43.6%，建成区绿地率 40.9%。年末共有公园 1290 个，比上年增加 30 个，公园面积 3.8 万公顷，增长 0.2%。生活垃圾无害化处理能力 3.1 万吨 / 日，生活垃圾无害化处理率 100%。

枢纽功能更加完善。机场旅客吞吐量 5273 万人次，增长 144.6%，国内航线旅客量居全国第二。年末公路总里程 721 公里，其中高速公路 392 公里。年末公共交通营运线路总长度 19591 公里。年末实有公共汽（电）车营运车辆 35979 辆，比上年增长 1.2%。其中，出租小汽车 20625 辆，增长 5.2%。全年公共汽（电）车客运总量 11 亿人次，增长 11.9%。建成轨道交通运营线路长度 567 公里，轨道交通线路 17 条，轨道交通客运总量 27.1 亿人次，增长 54.5%。

（五）对外开放不断深化

2023 年，全市累计进出口 3.9 万亿元人民币，同比增长 5.9%。其中，出口 2.5 万亿元，增长 12.5%，出口总额连续三十一年居全国首位。民营企业进出口 2.5 万亿元，增长 12.3%，占深圳进出口总值的 65.7%，是外贸增长主要推动力。一般贸易进出口 2.1 万亿元，增长 14.4%，占进出口 53.6%，带动外贸整体增长。对共建“一带一路”国家进出口 1.3 万亿元，增长 9.3%，占比超 1/3。出口锂电池、电动载人汽车、太阳能电池等“新三样”产品 887.6 亿元，增长 33.9%，增长速度较快。

跨境电商等外贸新业态蓬勃发展，全年跨境电商进出口额首次突破 3000 亿元。服务贸易规模创历史新高，数字贸易、服务外包竞争力持续增强。全年新设外资企业 8002 家，同比增长 86.6%，占全国新设外资企业比重超过 15%。

深港澳合作更加紧密，深港口岸全面恢复通关，日均通关 42.0 万人次、单日最高达 78.4 万人次。深圳国际仲裁院全年化解商事纠纷金额 1419.9 亿元、保持全球前列。

（六）发展扎实推进

提升医疗卫生水平。年末全市有卫生医疗机构 5431 个，比上年增加 230 个，其中医院 159 个；卫生机构拥有床位 69877 张，增长 6.3%，其中医院病床 64825 张，增长 6.9%；卫生技术人员 125993 人，增长 6.5%。全年各级各类医疗机构完成诊疗量 12884.3 万人次，增长 24.3%；入院人次 225.9 万人次，病床使用率 81.0%。

教育事业发展取得新进步。年末全市各级各类学校总数达 2940 所，毕业生 66 万人，招生 74.9 万人，在校学生 274.8 万人。年末全市有幼儿园 1973 所，在园幼儿 55.5 万人。有小学 359 所，在校学生 122.7 万人。有普通中学 554 所，在校学生 66.9 万人。有普通高等学校 14 所，在校学生 16.1 万人。全年全市普通高等学校招生 5 万人，在校生 16.1 万人，毕业生 4.6 万人；成人高等学校招生 1.4 万人，在校生 4.1 万人，毕业生 1.3 万人。

社会保障能力显著增强。年末提供住宿的各类社会服务机构 88 个，比上年末增加 6 个，床位 14682 张，增长 5.5%，其中，养老机构床位 13240 张，增长 3.3%。编办登记生活无着人员救助管理站 3 个，救助管理站床位 312 张。全年共发放最低生活保障金 4565.8 万元。

精神文明建设不断深化。年末全市有各类公共图书馆 845 座，公共图书馆总藏量 6476.3 万册，比上年增长 7.0%。全市拥有博物馆 61 座，美术馆 13 座，拥有广播电台 1 座，电视台 2 座，广播电视中心 3 座，广播、电视人口覆盖率达 100%。

三、问题与建议

2023 年，深圳扎实推动高质量发展，经济持续恢复、回升向好。但也要看到，目前经济发展中还存在一些值得关注的问题：稳增长面临较大压力，从内部结构来看，行业发展不均衡，部分行业增速较低。民间投资低速增长，仍需进一步提振信心，优化民间投资结构。消费增速逐步放缓，增长点比较单一。

面对当前复杂严峻多变的外部形势和不断加大的经济压力，深圳应坚定信心、积极进取、迎难而上、攻克难关，坚持稳中求进工作总基调，聚焦发展新质生产力，完整、准确、全面贯彻新发展理念，全面深化改革开放，加快构建新发展格局，抓住一切有利时机，利用一切有利条件，拓展新的经济发展空间。

（一）以科技创新推动产业创新，大力发展新质生产力

一是开展关键核心技术攻关，打造一批硬核科技成果。聚焦产业重大需求和“卡脖子”技术领域，发挥深圳市场化机制优势，强化政府在基础研究和应用基础研究中的主导作用，增强企业在产业创新中的主体作用，集聚力量开展原创性引领性科技攻关。二是持续壮大优势产业集群，夯实高质量发展底盘。培育和优化产业集群结构，提升产业集群核心竞争力，提升产业链供应链韧性和安全水平。优化产业空间布局，对战略性新兴产业重大项目给予政策支持。大力推进新型工业化，推动传统实体产业升级，提升数字化、智能化制造水平。三是持续强化人才支持政策，打造科技产业人才队伍。进一步加强人才引进和培养，通过“鹏城孔雀计划”等人才政策，引进高水平专业人才，靶向引进高端人才、创新团队和管理团队，支持符合条件的人才享受人才税收优惠政策。

（二）着力恢复和扩大消费，增强消费对经济发展的基础性作用

一是发挥科技创新产业优势。支持无人机、智能家居、VR/AR、人工智能等产品与本地消费相结合，支持消费品牌建设，鼓励品牌企业在深圳建设全球总店、旗舰店，深入推进“首店”工程，大力发展首店首发经济。二是释放促销政策红利，激发消费潜力。常态化举办线下促消费活动，聚焦重点消费行业和领域，持续开展消费券投放活动，深度拓展消费新热点。三是促进房地产市场复苏，推动市民住房消费。加快推进保障性住房建设等，满足市民多元化住房需求。探索构建房地产发展新模式，避免房地产市场风险蔓延，防范化解重大风险。

（三）外贸与外资发展并重，扩大高水平对外开放

一是持续扩大对外出口，全力稳住外贸基本盘。加快培育外贸骨干企业集群，增强全球市场“含深度”，加快提升贸易型总部带动力。加强产业与外贸发展联动，全面提升贸易便利化水平，深入推进跨境电商企业阳光化。二是加大力度吸引外资，提高利用外资质量。开展产业链招商、以商招商，聚焦关键产业链环节，招引一批具有雄厚实力和创新潜力的企业。三是重点推进区城创新试点，打造对外开放新标杆。在科技创新、现代服务业、旅游消费等诸多领域持续深化深港合作，促进深港要素流动和服务贸易便利化，加快培育国际合作和竞争新优势。

（执笔人：李冰秀　施洁）

成都市城市高质量发展监测报告

近年来，成都深入学习贯彻党的二十大精神和习近平总书记对四川工作系列重要指示精神，主动服务和融入新发展格局，以成渝地区双城经济圈建设为总牵引，全面落实省委“四化同步、城乡融合、五区共兴”发展战略，以全面建设践行新发展理念的公园城市示范区为统领，加快建设西部经济中心、科技创新中心、对外交往中心和全国先进制造业基地，奋力打造中国西部具有全球影响力和美誉度的社会主义现代化国际大都市。

一、城市基本概况

成都，位于四川省中部，是四川省省会、副省级城市，中国首批国家历史文化名城之一，是西南地区重要的中心城市。成都是古蜀文明的重要发源地，“天府之国”的中心，有着世界罕见的三千年城址不迁、两千五百年城名不改的历史特征。公元前 316 年，秦灭蜀，始设蜀郡并成都县。公元前 311 年，仿秦制重建城垣，为有文献记载的城市规划与建设之始，迄今已有 2300 多年。汉因织锦业发达专设锦官管理，故有“锦官城”“锦城”之称，五代后蜀时遍种芙蓉，故别称“芙蓉城”“蓉城”，简称“蓉”。1921 年始设市政筹备处，1928 年正式设市。截至 2023 年末，全市行政区域土地面积 1.4 万平方公里，下辖锦江、青羊、金牛、武侯、成华、龙泉驿、青白江、新都、温江、双流、郫都、新津 12 个区，简阳、都江堰、彭州、邛崃、崇州 5 个县级市，金堂、大邑、蒲江 3 个县，全市常住人口 2140.3 万人。

二、城市高质量发展成效

成都抢抓时代发展机遇，锐意进取、砥砺前行，经济发展提质增效，高质量发展扎实推进，社会大局保持稳定。2023 年，城市高质量发展指数为 82.9，居全省第一；较上年提高 0.7。

（一）经济综合实力明显提升

2023 年，成都综合质效指数为 80.3，较上年提高 1.3。一是经济发展量质齐升。统筹稳增长和增后劲，注重精准施策，推动经济运行持续向好。2023 年，实现 GDP22074.7 亿元，市辖区 GDP17964.5 亿元，均居省内城市第一。市辖区 GDP 较上年增长 6.1%，增速提高 3.6 个百分点。市辖区人均 GDP 达 11.4 万元，继 2021 年破 10 万元大关后，再上 1 个万元台阶。二是人口集聚效应不断显现。创新推出人才新政，深入实施“蓉漂计划”。2021—2023 年的 3 年间城市常住人口分别同比增加了 24.5 万人、7.6 万人和 13.5 万人，在此之前的 10 年，每年都保持着超 50 万人的增长幅度，人口高速增长支撑着成都向超大城市迈进，成为全国第 4 个常住人口超 2000 万人的城市。三是财政保障不断强化。坚持推进改革、服务大局，增收节支、调整结构，确保重点、收支平衡，集中财力办大事。2023 年，市辖区地方一般公共预算收入 1408.7 亿元，较 2022 年增加 127.9 亿元，增长 10.0%。全市一般公共预算收入居副省级城市第四。

（二）创新策源能力稳步提高

2023 年，创新发展指数为 88.5，较上年提高 1.1。一是创新载体加快建设。西部（成都）科学城、天府兴隆湖实验室、国家超级计算成都中心、国家高端航空装备技术创新中心挂牌运行，国家级科技创新平台达 146 个。出台科技成果转化 28 条政策措施，关键核心技术攻关成果丰硕，航空发动机、燃气轮机、第四代核电机组等高端装备研制取得长足进展。二是科技成果转化深入推进。2023 年，全市高新技术企业突破 1.3 万家，高新技术产业营业收入突破 1.4 万亿元，2021—2023 年市辖区规模以上高新技术产业（工业）年营业收入稳定在 5000 万元以上。2023 年，技术合同成交额达 1614.2 亿元、增长 10.0%、与 GDP 之比实现连续 3 年提升。三是创新生态环境持续优化。西南地区首只科创接力基金、全省首只专精特新基金和成都天使投资母基金在蓉设立，科创生态岛 1 号馆建成试运行，全市拥有有效发明专利 10.4 万件，入选首批国家知识产权保护示范区建设城市，全球城市创新指数排位上升至第 24 位。2022 年全社会研究与试验发展经费支出增长 16%。

（三）区域协调发展扎实推进

2023 年，协调发展指数为 90.5，较上年提高 0.6。一是双核发展联建均衡。聚焦“一极一源、两中心两地”目标定位，全面落实川渝党政联席会议部署，第一批合作事项完成 22 项，311 项“川渝通办”事项和 39 项便捷生活行动深入实施。高校、优质中小学等结对合作增至 166 对，异地就医结算人次增长 66.0%。二是市域发展高效联动。以“主干”担当深化成渝合作，推动成德眉资同

西安市城市高质量发展监测报告

西安市认真贯彻落实习近平总书记来陕考察重要讲话重要指示批示精神，始终牢记发挥西安国家中心城市龙头带动作用的重大要求，自觉扛起“西部示范、西安先行”重要使命任务，完整、准确、全面贯彻新发展理念，加快转变特大城市发展方式，锚定奋斗目标，笃定“创新立市、产业强市、文化兴市”战略，加快推进“双中心”建设，高质量发展迈出坚实步伐。2023 年，西安城市高质量发展指数为 82.2，比上年增加 0.8。

一、城市基本概况

西安位于关中平原腹地，南依秦岭、北跨渭河，是世界历史文化名城。作为省会、副省级城市，下辖 11 区 2 县，拥有 6 个国家及省级重点开发区，代管西咸新区（国家级新区），总面积 1.0 万平方千米，常住人口 1307.8 万人。

强化龙头引领作用，有序推动区域协调发展。2023 年 8 月，《关中平原城市群协同发展三年行动计划（2023—2025 年）》发布，从共促优势产业协作、深化科技领域合作、共促交通能源基础设施互联互通、深入推进文旅融合发展、积极推进“一带一路”建设、推进生态环境共建共治、推进公共服务开放共享等 7 个方面提出 25 项重点任务，并发布了 140 个重点项目。2023 年 11 月，《西安都市圈建设三年行动计划（2023—2025 年）》发布，提出建强国家中心城市功能体系，强化都市圈核心区引领作用，建设七大功能组团，加快实现交通、教育、医疗、养老、政务服务互通互联。西安加快落实两个行动计划，国家中心城市竞争力不断增强，辐射带动能力进一步提升，推动一体化协同发展格局逐步形成。

聚焦核心功能定位，优化生产力空间布局。围绕打造西部经济中心、科技创新中心、先进制造业基地、对外交往中心和国际旅游目的地的核心功能定位，西安统筹建设古都核心功能承载区、东部双向开放引领区、南部高新技术与科教集聚区、北部先进制造集聚区、国家科学与科技创新中心引领区、新型城镇化发展区和秦岭生态保护示范区“七大功能区”，着力构建一主一副、多中心多组团、枢纽型网络化城市发展格局。以功能布局统筹行政区、开发区协调发展，以文物保护为先，实施“中优”提升计划，立足“东拓”合理布局产业，打造城市高质量发展示范区，推动“北跨”提速发展，统筹“南优”“南控”协同并进，保持“西融”良好发展势头，持续提升西安核心竞争力和综合承载力。

二、高质量发展成效

（一）综合实力明显提升，深化高质量发展实践

西安始终坚守新发展理念，紧扣高质量发展首要任务，经济发展水平显著提升，2023 年，城市综合质效指数达到 79.3，比上年增加 1.0。

城市实力迈上新台阶。自 2020 年成为西北地区首个 GDP 突破万亿元的城市以来，西安经济稳步增长。2023 年，GDP 总量达到 1.2 万亿元，比上年增长 5.2%，增速高于全省 0.9 个百分点，GDP 占全省比重提升至 35.5%，比上年增加 0.5 个百分点。

发展质量稳步提高。2023 年，人均 GDP 达到 92128 元，分别高于全国、全省 2770 元和 6680 元。一般公共预算收入 951.6 亿元，比上年增长 14.1%，其中税收收入占比达 72.3%。城镇、农村居民人均可支配收入分别比上年增长 5.7% 和 8.4%。全员劳动生产率 17.3 万元 / 人，为全国平均水平的 1.1 倍。

城市能级持续跃升。2023 年末，常住人口 1307.8 万人，比上年末增加 8.2 万人。国家中心城市建设和西安都市圈发展深入推进，西咸一体化和西渭融合加速，加快地铁、西安东站、机场三期和西延、西康、西十高铁等重大工程建设，辐射全国重点城市的“米”字形综合交通运输网络加速形成。

（二）创新潜力持续释放，打造科技创新引擎

西安坚定不移推进创新驱动发展战略，持续加大科创投入，推动产学研深度融合，培育高新技术企业，建设创新型城市，为高质量发展提供强有力的科技支撑，2023 年，城市创新发展指数达到 93.4，比上年增加 0.5。

科技创新实力持续增强。协同推进“双中心”和“秦创原”建设，积极当好国家科技力量第一梯队，争取更多重大科技基础设施布局。2022 年，研究与试验发展（R&D）经费支出与 GDP 之比为 5.2%，

稳居全国前列。截至 2023 年末，建成国家级工程技术研究中心 2 家，国家级科技企业孵化器 34 家。2023 年，技术合同成交额 3900.1 亿元，占全国 6.3%。万人发明专利拥有量达到 71.5 件，比上年增长 25.1%。

现代产业体系加速构建。加快发展以先进制造业、新兴产业、生产性服务业、文化旅游业为核心的现代产业体系，实施支柱产业倍增计划和新兴产业发展行动，推动生产性服务业与先进制造业融合发展。2023 年，规模以上工业 6 大支柱产业产值比上年增长 10.1%。新能源汽车产量占全国比重达 10.4%。规模以上五大新兴产业和六大生产性服务业营业收入分别比上年增长 6.1% 和 6.6%。

数字化赋能产业转型升级。数字经济已成为西安新兴产业发展和传统产业转型升级的重要引擎。国家超算西安中心、未来人工智能计算中心建成投用。2023 年，规模以上计算机、通信和其他电子设备制造业产值比上年增长 5.9%；限额以上企业（单位）通过公共网络实现的消费品零售额比上年增长 6.8%；规模以上信息传输、软件和信息技术服务业营业收入占规模以上服务业营业收入比重达 24.4%。

（三）经济发展协同共进，构建城市繁荣模式

西安始终坚持深化供给侧结构性改革，优化功能布局，推动产业升级，促进区域协调发展，经济结构不断优化，2023 年，城市协调发展指数达到 85.5，比上年增加 0.4。

区域格局统筹融合。推进中心城区非核心功能疏解，积极推动开发区体制机制改革，发挥开发区产域融合、区域协调发展作用，强化开发区实体经济主要承载区、创新驱动核心区、改革开放引领区、高质量发展示范区功能。从全面代管西咸新区到整合国际港务区和浐灞生态区，不断提高开发区运行效率。2020 年，开发区 GDP 占全市比重超过 50%，2023 年提高至 54.3%，有效带动阎良、长安、高陵、鄠邑、周至等区县经济发展。

经济结构持续优化。2023 年末，国家级高新技术企业、科技型中小企业数量分别达到 1.4 万家、1.7 万家。制造业、信息服务业、科技服务业成为引领经济发展的“实力盘”，2023 年，三大行业增加值合计占 GDP 比重达 33.5%，对 GDP 增长的贡献率达 47.3%。非公经济稳步壮大，2018 年以来，非公有制经济增加值连续跨越 3 个千亿台阶，2023 年达到 6181.4 亿元，占 GDP 比重 51.5%。

城乡融合加快推进。创新推进农业景区和乡村空间站建设，促进“农文旅”融合发展，“关中忙罢艺术节”入选国家级文旅赋能乡村振兴优秀案例。2023 年，城乡居民收入比为 2.6，比上年缩小 0.1。城镇化水平持续提升，2023 年末，常住人口城镇化率达 79.9%，比上年提高 0.3 个百分点。

县域经济加快发展，2020 年 291 个贫困村全部出列，脱贫攻坚取得决定性胜利。2022 年县域经济规模超过千亿，2023 年达到 1179 亿元。

（四）绿色发展扎实推进，绘就生态文明画卷

西安始终践行绿水青山就是金山银山的理念，持续打好污染防治攻坚战，积极开展生态修复工程，大力推广绿色生活方式，生态环境保护和治理成效明显，2023 年，城市绿色发展指数达到 83.0，比上年增加 0.8。

低碳转型成效明显。积极开展国家“无废城市”、气候投融资、海绵城市、气候适应型城市建设试点，加快建设能源节约型社会。2023 年，碳排放强度降低率达 4.9%，单位 GDP 能耗比上年下降 1.6%，降幅超过全国 1.1 个百分点。能源消费结构不断优化，规模以上工业企业天然气、电力消费量占比分别为 20.1% 和 18.1%，比上年分别提升 0.6 个和 2.6 个百分点。

人居环境持续改善。2023 年，建成区绿化覆盖率达到 44.6%，高于全省 2.0 个百分点。全面落实河湖长制，加强渭河滩区治理和生态修复，持续开展河湖生态补水工作。污水处理厂集中处理率提高至 97.0%，生活垃圾无害化处理率达到 100%。空气质量优良天数 228 天，优级天数 63 天，刷新 2013 年有监测记录以来优级天数纪录。$PM_{2.5}$ 年平均浓度比上年下降 5.9%。

绿色理念深入人心。坚定履行秦岭生态卫士职责，从人巡、车巡到卫星、无人机、智能监控、网格员组成“空天地网”，智慧监管守护秦岭绿水青山。获评全国绿色出行考核达标城市，公交车实现能源全面清洁化，2023 年，城市公交客运量 6.8 亿人次，比上年增长 15.1%；城市地铁客运量 12.9 亿人次，比上年增长 68.3%；新能源汽车保有量突破 40 万辆。

（五）融入共建“一带一路”建设对外开放高地

西安始终坚持高水平对外开放，深度融入共建“一带一路”，深化落实中国—中亚峰会成果，对外开放和国际化进程稳步前行 ,2023 年，城市开放发展指数达到 83.4。

对外流通循环加快。在全国率先实现中亚客运航线全覆盖。2023 年，中欧班列（西安）开行量达到 5351 列、比上年增长 15.3%，运送货物 464.8 万吨、比上年增长 12.9%。对共建“一带一路”国家进出口占比 31.2%，比上年提高 9.0 个百分点。新设外商投资企业 309 家，比上年增加 62 家；实际使用外资 12.5 亿美元，比上年增长 13.7%。

外贸新动能不断显现。成功举办欧亚经济论坛等重要活动，持续释放中国—中亚峰会效应，国际“朋友圈”不断扩大，国际友好城市增至 40 个。西安内陆港建成全国首个内陆自动化无人码头。

适数化发展生态。

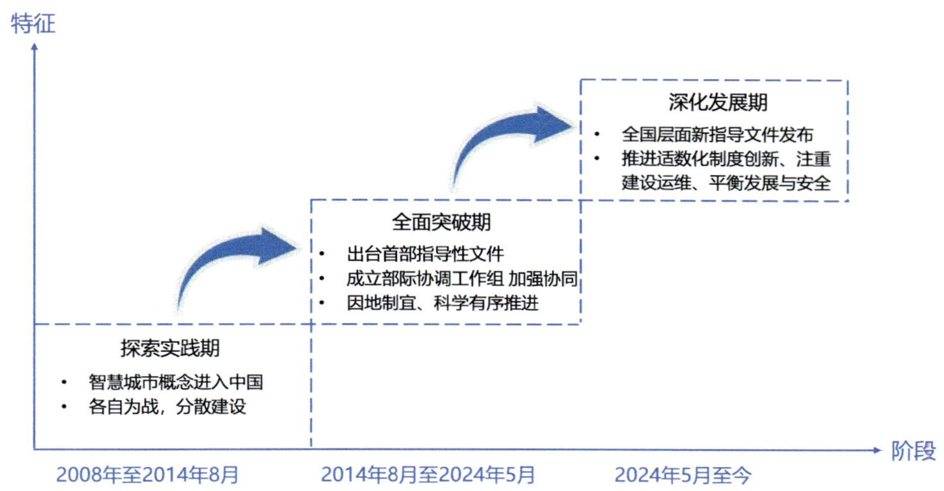

图 1　我国新型智慧城市发展特征

（二）新型智慧城市统筹协同推进机制进一步理顺

新型智慧城市是一项包罗数字基础设施，数据资源体系和服务、治理、产业等领域智慧应用的系统性工程，是多方协同推进的共同成果。2019 年全国新型智慧城市评价结果显示，超过 88% 的参评城市已建立智慧城市统筹机制，进一步推动新型智慧城市建设落地实施。浙江省推进“数字化改革”，融合多部门合力丰富场景化应用，实现“跨部门、跨区域、跨层级”的大协同[1]；2021 年 3 月北京市发布《北京市“十四五”时期智慧城市发展行动纲要》，统筹推进“民、企、政”融合协调发展的智慧城市 2.0 建设。自国家数据局 2023 年 10 月正式挂牌以来，多个省、自治区、直辖市等省级单位和地级市进一步归集智慧城市规划、项目建设运营、数据要素管理等职能，为统管区域内智慧城市建设、促进可持续良性发展奠定了良好基础。

（三）新型智慧城市发展评价理论与实践日益丰富

国家层面，新型智慧城市评价指标设计经过历次迭代，为分级分类推进新型智慧城市建设提供指引。2016 年，全国信息技术标准化技术委员会和住建部发布《新型智慧城市评价指标》（GB/T 33356—2016），从“以人为本、惠民便民、绩效导向、客观量化”等方面提出客观指标、主观指

1.https://www.gov.cn/xinwen/2022-01/08/content_5667128.htm

标以及自选指标。后续修订形成《新型智慧城市评价指标》（GB/T 33356—2022），适用于新型智慧城市评价工作，并可用于指导新型智慧城市的规划、设计、实施、运营与持续改进等活动。此外，各部门也围绕城市高质量、高品质、智慧化开展了统计评价与工作实践，例如国家统计局施行的《城市高质量发展统计监测报表制度》，突出反映城市“创新、协调、绿色、开放、共享”发展成效；住建部发布城市体检指标体系并选取样本城市开展填报统计；国家市场监管总局、国家标准委对标质量强国建设要求，共同研制发布推荐性国家标准《新型城镇化 品质城市评价指标体系》（GB/T 39497—2020），并在实践中结合国家政策、经济社会发展、最新研究成果等作动态调整完善。地方层面，河北、山西、辽宁、上海、山东、河南、湖北等省市在国标的基础上修订、增加特色指标，形成了地方性的新型智慧城市评价指标体系，对各地新型智慧城市建设提供有力指导。行业层面，新型智慧城市分领域评价指标体系持续完善，目前已发布了信息资源、信息基础设施、智慧城市建设、智慧交通、智慧社区、智慧文旅、网络安全等细分领域特色指标体系。

基于《新型智慧城市评价指标》，国家发展改革委、中央网信办曾于 2017 年、2019 年两次组

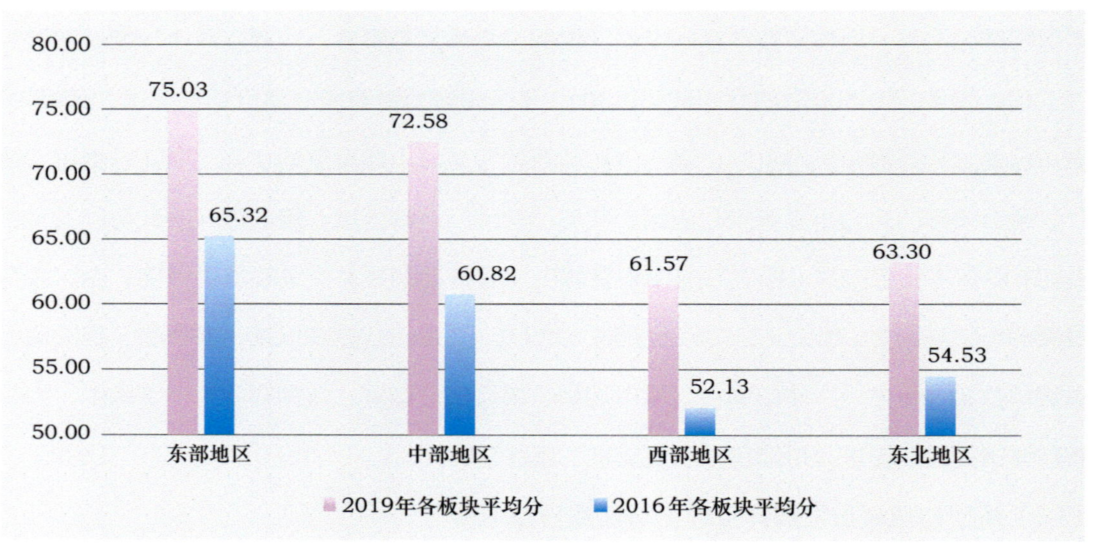

图 2　我国新型智慧城市分区域发展水平[2]

2. 资料来源：《新型智慧城市发展报告 2018—2019》。

织全国新型智慧城市评价工作，两年间，各地新型智慧城市建设的惠民服务、精准治理、生态宜居、智能设施、信息资源、创新发展等领域均实现了一定提升。从2019年新型智慧城市评价来看，东部地区省份得分较高，中部部分省份表现良好，得分最低的省级单位位于西部地区。从具体领域来看，除市民体验和精准治理外，东部地区各领域得分率明显高于其他三个地区，惠民服务、智能设施等发展均相对较好；西部和东北地区惠民服务、精准治理、智能设施、信息资源与中东部相比差距较大；西部与东北地区总得分相近，差异主要体现在西部地区信息资源明显领先，而东北地区在市民体验上相对领先。

二、我国新型智慧城市建设取得积极进展

（一）数字基础设施建设态势持续向好

近年来，城市数字基础设施扩容提速发展，5G网络广泛覆盖、IPv6全面增长、光纤宽带网络升级提速，城市传统基础设施的数字化、网络化、智能化建设和更新改造深入开展，为新型智慧城市建设提供了坚实的基础。

一是信息通信网络建设规模全球领先。5G网络覆盖面更广，截至2023年底，我国5G基站已覆盖所有地级市城区、县城城区，5G基站总数达337.7万个，占移动基站总数的29.1%，平均每万人拥有5G基站24个，较2022年末提高7.6个[3]；5G移动电话用户规模达8.05亿户，占移动电话用户比重达46.6%[4]。光纤宽带网络服务能力持续增强，千兆宽带用户规模达1.63亿户，居全球首位，比2022年末净增7153万户[5]，占固定宽带接入用户比重达到25.7%。2023年，全国新增97个城市、累计207个城市达到千兆城市建设标准[6]。网络基础设施全面向IPv6演进升级，截至2023年底，IPv6活跃用户数达到7.78亿，移动网络IPv6流量占比达到60.88%，固定网络IPv6流量占比达到19.57%[7]。

二是算力基础设施建设扎实推进。截至2023年底，我国数据中心在用标准机架数量超过810万，算力总规模达每秒230百亿亿次浮点运算，其中，智能算力规模达到了每秒70百亿亿次浮点运算，

3. https://wap.miit.gov.cn/gxsj/tjfx/txy/art/2024/art_c3f0194a3a8141488885fc26ca5c98fd.html。
4.《数字中国发展报告（2023年）》。
5. https://wap.miit.gov.cn/gxsj/tjfx/txy/art/2024/art_76b8ecef28c34a508f32bdbaa31b0ed2.html。
6. https://www.miit.gov.cn/jgsj/txs/wjfb/art/2024/art_bd8e009c44af411d898194052ea09322.html。
7.《数字中国发展报告（2023年）》。

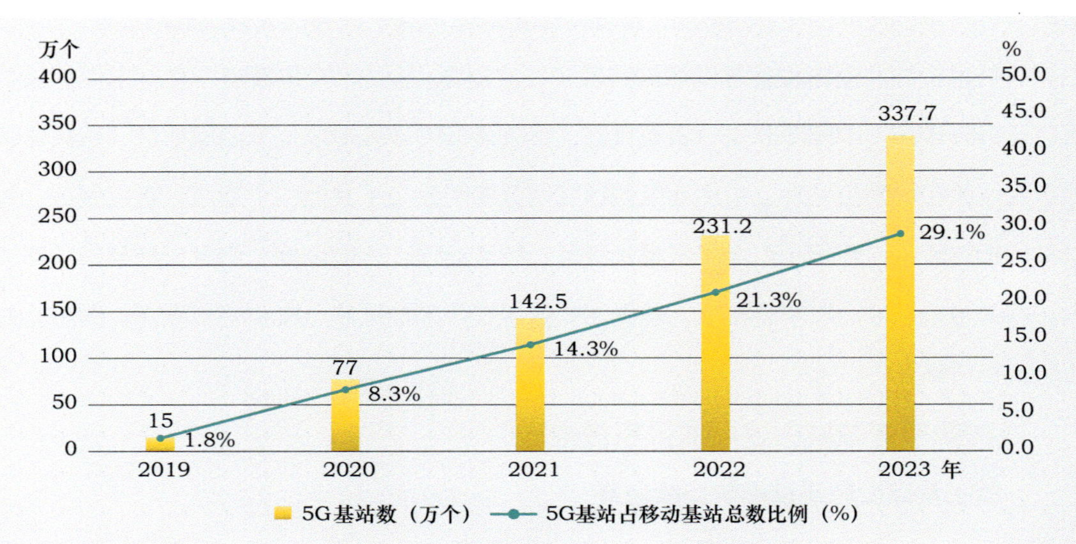

图 3 2019—2023 年 5G 基站建设情况[8]

增速超过 70%[9]，算力结构不断优化。宁夏回族自治区中卫市 2023 年新增标准机架 2.3 万架，较上年增长 52.2%，并建成了全国首个“万卡级”智算基地[10]；甘肃省庆阳市聚力建设全国最大算力生态基地和绿色算力租赁中心，投运绿色智能算力达到每秒 500 万亿次浮点运算[11]。全国累计建成国家级超算中心 14 个，全国在用超大型和大型数据中心达 633 个、智算中心达 60 个（AI 卡 500 张以上）[12]。行业内先进绿色中心电能使用效率降至 1.1[13] 左右，达到世界领先水平。

三是城市传统基础设施智能化升级加速。城市交通、水利、能源等传统基础设施网络化、智能化改造步伐加快，智慧城市物联感知范围不断扩大，设施物联传感数据占比超 40%，摄像头、传感器、无线设备等相互连接形成城市的“神经脉络”，实时捕捉城市交通、人流等各种信息，推动海量数

8. https://wap.miit.gov.cn/gxsj/tjfx/txy/art/2024/art_76b8ecef28c34a508f32bdbaa31b0ed2.html。
9. https://www.gov.cn/lianbo/fabu/202404/content_6952362.htm。
10. https://www.nxzw.gov.cn/zwgk/zfxxgkml/zfgzbg/202401/t20240117_44。20165.html。
11. https://zwfw.gansu.gov.cn/qingyang/zczx/gzdt/art/2024/art_21fdcc2d863a4b9aac7768ed284fe9af.html。
12.《数字中国发展报告（2023 年）》。
13. https://www.ndrc.gov.cn/fzggw/wld/hlf/lddt/202211/t20221116_1341446_ext.html。

道（乡镇）和市、区两级政府部门，以及公共服务企业全部纳入，立足民众诉求及问题解决的现实场景，通过充分利用数字技术辅助，实现“诉求汇聚—信息处理—监督反馈—整体提升”全流程的数字化赋能[26]。南京“一网统管”平台归集了356亿条政务数据，接入全市20多万路视频资源，已形成30多个主题应用场景，海事、机场、消防等21个重点部门业务应用系统接入平台，实现整个南京运行态势“一屏感知”[27]。

二是“城市大脑”成为支撑智慧城市精细化治理的数据底座与能力中心。江苏省无锡市统筹规划“城市大脑”“四横两纵”整体架构，以城市运行管理中心为运营载体、以城市大数据中心为数字底座，为上层各类业务应用的开发和运行提供统一、集约、高效、动态的支撑能力，积极探索“一屏观天下、一网管全城”的现代化治理“无锡方案”[28]。北京市海淀区城市大脑算力已达2028万亿次/秒，可以将遍布于全区的20余万个传感器的数据进行实时汇集，构建“时空信息一张图”，传输到城市大脑的云平台形成数据池，再通过算力中心进行人工智能计算得出决策依据，从而为城市管理提供数据支撑[29]。全国多个地方还开展了在具体治理领域的专题场景应用，如山东省济南市的交通大脑、上海市浦东新区的能源大脑和临港城市大脑、重庆市两江新区的经济智脑等[30]。当今城市大脑已从局部智能提升至跨领域的数据共享和智能场景的衍生应用[31]，为新型智慧城市提供了现代化治理方案。

三是实景三维建设促进智慧城市“数”“实”协同。实景三维是在数字世界建造一座与现实相同的城市，是一个真实场景下的三维数字地图。截至2023年8月，我国已有26个省（区、市）共264个城市，开展约5.52万平方千米的城市三维模型建设，各类场景应用不断丰富[32]。深圳市是最早开始建设城市级实景三维模型的城市之一，已支撑了不少于50个领域应用[33]。青岛市提出了构建三维空间基准，建设实景三维模型底图，推进实景三维青岛建设项目，在国内率先实现陆海

26. https://df.youth.cn/dfjj/202407/t20240702_15353868.htm。
27. http://njdaily.cn/news/2024/0714/6907544878086291633.html。
28. https://www.ndrc.gov.cn/fggz/tzgg/dfggjx/202207/t20220705_1330087.html。
29. https://www.beijing.gov.cn/ywdt/zwzt/2023bjlh/ybs/202301/t20230118_2903915.html。
30. https://www.smartcity.team/reports/%E5%9F%8E%E5%B8%82%E5%A4%A7%E8%84%91%E5%8F%91%E5%B1%95%E7%99%BD%E7%9A%AE%E4%B9%A6%EF%BC%882022%EF%BC%89/。
31.《城市大脑3.0白皮书》。
32. https://news.cnr.cn/native/gd/20230823/t20230823_526393082.shtml。
33. https://www.thepaper.cn/newsDetail_forward_18097140。

统筹建设，综合利用遥感测绘、大数据、云计算、智能感知等新技术，真实、立体、时序化反映和表现全市地形地貌、地表覆盖、建（构）筑物等物理世界的数字虚拟空间，为 20 多个部门提供了数据支撑，满足城乡建设、城市更新、城乡治理、应急管理、生态修复保护等各方面需求。[34]

（五）数智技术赋能产城融合发展

我国城镇化率于 2022 年末突破 65%[35]，提前达到了“十四五”规划纲要提出的目标。在更注重质量提升的城镇化进程中，新型智慧城市建设为数字技术应用和产城融合发展提供了可行路径。

一是城市已成为人工智能技术最佳应用场景。在人工智能技术的加持下，不仅城市运行变得更智能、安全、高效，居民衣食住行等方面的新需求也催生了人工智能产业更多应用场景。成都、长春、郑州、绵阳等地陆续出台了促进人工智能产业发展的政策措施，实现城市发展与人工智能产业成长的双向奔赴。自动驾驶方面，深圳、苏州、杭州、上海市浦东新区等地相继发布了促进智能网联汽车发展的地方性法规。武汉积极推动智能网联汽车项目实施，截至 2023 年底，武汉全市累计开放测试道路里程已突破 3378.73 公里（单向里程），覆盖 12 个行政区，辐射面积约 3000 平方公里，触达人口超 770 万，开放里程和开放区域数量保持全国第一。百度旗下自动驾驶出行服务平台“萝卜快跑”已在 11 个城市开放载人测试运营服务，并在北京、武汉、重庆、深圳、上海开展全无人自动驾驶出行服务测试，截至 2024 年 4 月 19 日，“萝卜快跑”在开放道路提供的累计单量超过 600 万[36]。无人配送方面，截至 2024 年 3 月底，美团无人机已在深圳、上海等城市 11 个商圈落地了 28 条航线，配送服务覆盖了办公、景区、市政公园、医疗、校园等多种场所，累计完成用户订单超 25 万单[37]。

二是数字技术应用促进城市产业转型。数字技术创新融合应用全面深化，截至 2024 年 6 月，我国 5G 应用案例数超 9.4 万个，已融入 74 个国民经济大类[38]；全国建成了 3 万个 5G 行业虚拟专网、300 家“5G 工厂”，“5G+ 工业互联网”项目数超过 1.3 万个[39]。湖南省株洲市运用“5G+ 智慧工厂”

34. https://www.thepaper.cn/newsDetail_forward_17849178。
35. https://www.stats.gov.cn/sj/zxfb/202302/t20230228_1919011.html。
36. http://paper.ce.cn/pc/content/202407/14/content_297670.html。
37. https://www.meituan.com/news/NN240430057006260。
38.《数字中国发展报告（2023 年）》。
39. https://www.gov.cn/zhengce/202407/content_6962084.htm。

上，位居全球前列。基于社区发现算法可以发现，中国城市与城市之间以及与新加坡、泰国等周边国家的城市合作更为频繁，呈现明显的近域化特征（图 5）。

2. 技术创新：以东京领衔的东亚城市创新活跃

技术创新前沿采用近 5 年公开的前沿领域 PCT 专利被引用量、近 1 年公开的所有城市间合作 PCT 专利申请量进行分析，东亚地区表现尤为突出（表 4）。从专利被引用量来看，东京在七大前沿领域中均进入头部，其中，半导体、新材料、新能源及新能源汽车领域的被引用量居全球首位（表 2）。

表 2 各前沿领域近五年公开的 PCT 专利被引次数居前 10 位城市

		生物医药	半导体	通信	人工智能	新材料	新能源	新能源汽车
1	城市	剑桥	东京	深圳	深圳	东京	东京	东京
	数量	14416	11798	16955	16329	33085	1599	1522
2	城市	上海	大阪	斯德哥尔摩	东京	大阪	北京	大阪
	数量	5385	3594	9786	5705	9066	1295	1279
3	城市	旧金山	深圳	东京	北京	首尔	南京	深圳
	数量	5270	3208	7273	5170	2658	746	1234
4	城市	圣迭戈	北京	首尔	广州	巴黎	深圳	首尔
	数量	4973	2968	6510	1492	1960	618	1210
5	城市	纽约	首尔	圣迭戈	上海	上海	大阪	上海
	数量	4566	1917	6413	1427	1644	582	684
6	城市	波士顿	法兰克福	东莞	杭州	纽约	亚丁	斯图加特
	数量	4279	1103	4314	1354	1472	470	575
7	城市	东京	武汉	北京	南京	休斯敦	上海	北京
	数量	3773	966	4119	1225	1432	373	409
8	城市	北京	纽约	大阪	首尔	北京	苏州	横滨
	数量	2407	876	1618	1175	1224	297	364
9	城市	华盛顿	圣何塞	上海	伦敦	深圳	广州	奥什
	数量	2165	855	1404	1039	954	266	295
10	城市	南京	剑桥	纽约	旧金山	维也纳	杭州	香港
	数量	2000	665	759	982	939	233	284

国内北京、深圳、上海名列前茅，其中，北京的专利被引用量在七大前沿领域中均进入头部；深圳、上海在六个维度均进入前列，其中，深圳在通信、人工智能领域位居全球首位。北京、上海、深圳等城市依托跨国公司，与欧洲、北美、东亚城市形成了密切的跨国技术创新合作。比如，上海与纽约依托通用电气、IBM 等企业紧密联系，深圳与慕尼黑则在华为的全球技术创新合作联系下，形成了紧密联系对（图 6）。此外，广州、杭州、南京、武汉、苏州等城市也在某一维度有突出表现。

3. 产业创新：旧金山引领全球产业创新，新兴经济体城市涌现

产业创新前沿主要采用全球代表性科技创新企业关联度、独角兽企业实力等数据进行评

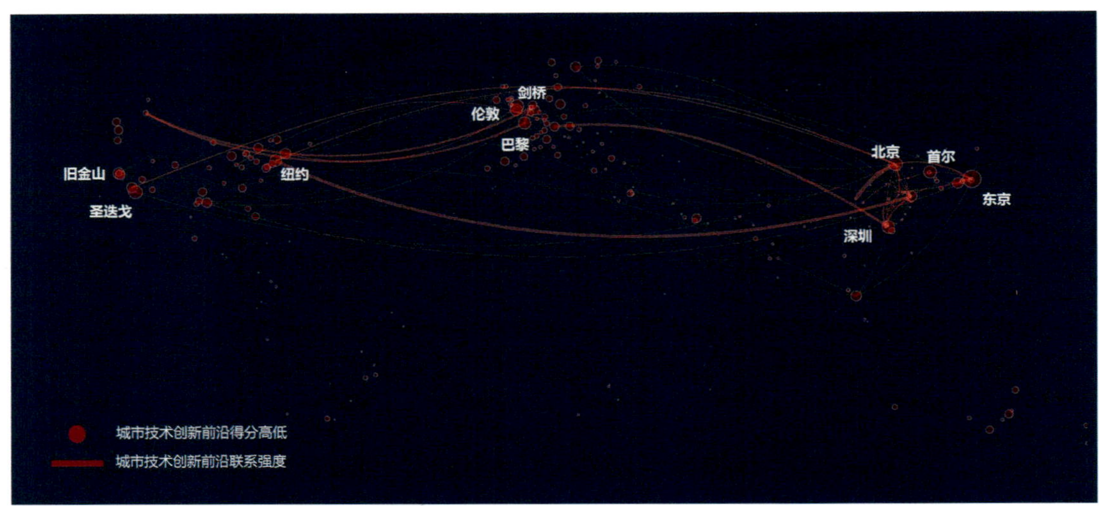

图 6　全球技术创新前沿网络格局

估，反映城市技术转换能力与产业发展水平。旧金山湾区是世界科技产业的心脏，在全球代表性科技创新企业网络中占据核心位置。此外，东京、深圳、上海等东亚城市也形成次一级总部中心（图7，表4）。

从国内城市来看，除了北京、上海、深圳外，杭州在创新产业发展方面也走到了前列，这四个城市是全国产业创新最为活跃的地区。CB Insights 截至 2023 年 6 月数据显示，北上深杭四城独角兽企业数量占全国比例达 78%，北京有 62 家，为全国第一，上海、深圳、杭州为第二、三、四名，企业数量依次为 42 家、20 家、16 家。但对比旧金山（171 家），国内城市独角兽数量仍有较大差距，创新生态有待完善。以风投规模为例，根据 Pitchbook 发布数据显示，2017 年

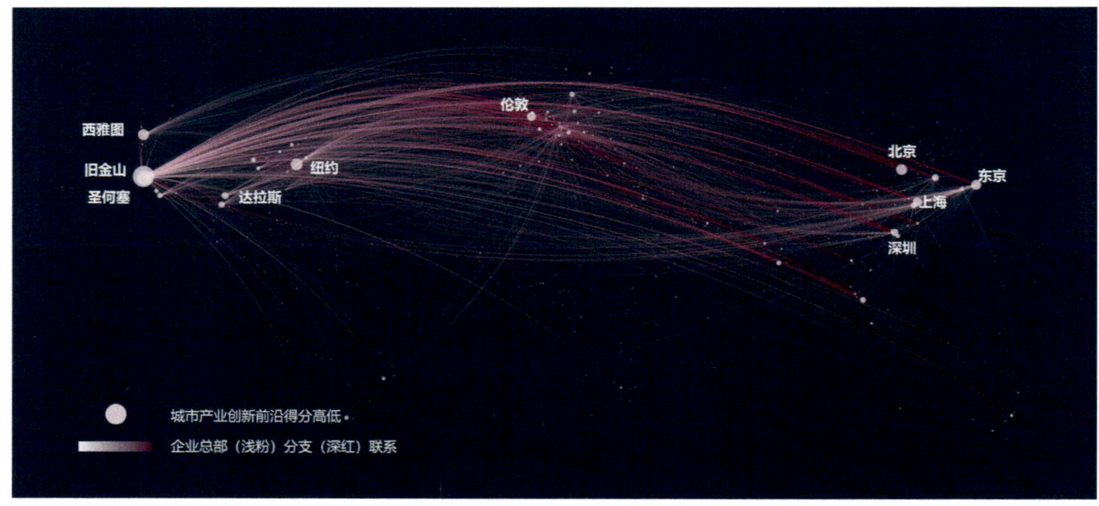

图 7　全球产业创新前沿网络格局

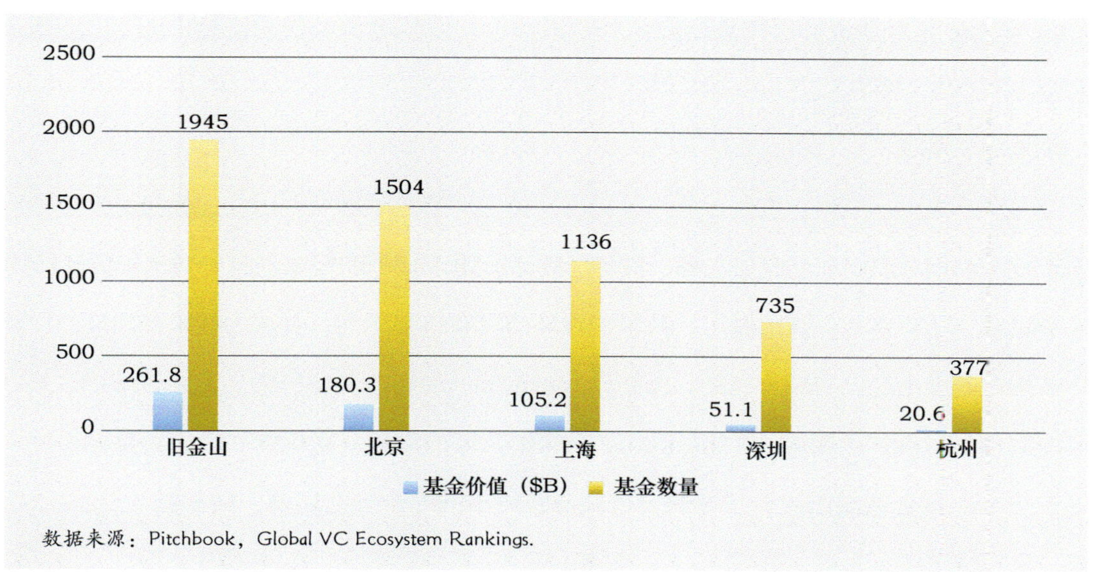

图 8 风投基金数量和价值

表 3 全球创新网络前 20 位城市

排名	1	2	3	4	5	6	7	8	9	10	11	12	13	14	15	16	17	18	19	20
城市	旧金山	伦敦	北京	东京	纽约	上海	波士顿	圣何塞	首尔	巴黎	西雅图	深圳	剑桥	圣迭戈	新加坡	芝加哥	洛杉矶	香港	奥斯汀	慕尼黑

表 4 科学创新、技术创新、产业创新前 20 位城市

排名	1	2	3	4	5	6	7	8	9	10	11	12	13	14	15	16	17	18	19	20
科学创新	伦敦	波士顿	北京	巴黎	牛津	纽约	上海	香港	剑桥	首尔	亚特兰大	旧金山	芝加哥	东京	苏黎世	悉尼	洛杉矶	多伦多	南京	新加坡
技术创新	东京	圣迭戈	北京	剑桥	首尔	深圳	巴黎	伦敦	纽约	旧金山	上海	大阪	波士顿	洛杉矶	新加坡	斯德哥尔摩	休斯敦	圣何塞	埃因霍温	柏林
产业创新	旧金山	圣何塞	纽约	西雅图	北京	东京	上海	伦敦	深圳	达拉斯	首尔	奥斯汀	杭州	新加坡	圣迭戈	哥本哈根	芝加哥	班加罗尔	洛杉矶	大阪

Q3–2023 年 Q2 北京基金价值和数量均位列国内首位，但基金价值仅为旧金山的 2/3，基金数量仅为旧金山的 3/4（图 8）。

4. 我国城市表现

尽管南京、武汉、广州、杭州、苏州等城市在特定环节或领域展现出领先优势，但总体而言，国内创新发展仍相对集中在北京、上海、深圳、香港，国内城市的整体创新参与水平仍有待提升。

从不同创新环节来看，我国城市在科学创新环节具有较强活力，其次为技术创新环节，而产业创新环节相对旧金山等仍有较大差距。创新作为城市的一种复杂涌现行为，人才、环境、基础设施等都可能对创新发展产生影响。2Thinknow 全球创新城市指数从文化资产、人力基础设施、网络化市场三个维度对全球城市进行了评估，可以反映城市的综合创新环境，根据其 2022–2023 年评估结果，我国城市仅有北京（第 28 位）、上海（第 46 位）、香港（第 58 位）、深圳（第 74 位）、广州（第 100 位）进入前 100 位，城市创新生态仍有待进一步完善。

（三）全球生产与服务网络：中国城市表现突出，欧洲城市引领产业迭代突破

根据指标评估结果，中国北京、上海、香港等 6 城进入全球生产与服务网络排名前 20 位，伦敦、慕尼黑等城市依托全球代表性服务或制造企业网络中的良好表现，也位居全球生产与服务网络维度前列（表 5）。

表 5 全球生产与服务网络前 20 位城市

排名	1	2	3	4	5	6	7	8	9	10	11	12	13	14	15	16	17	18	19	20
城市	北京	伦敦	东京	上海	新加坡	纽约	香港	深圳	首尔	慕尼黑	巴黎	芝加哥	都柏林	苏黎世	旧金山	汉堡	迪拜	广州	哥本哈根	杭州

1. 全球生产网络：东亚、西欧城市具备较强竞争力

全球生产网络维度主要采用全球代表性制造业企业关联度、总部集聚度、政策开放度等指标进行综合评价。2023 年，东亚有 9 个城市上榜前 20 位，是引领全球制造业发展的重要极点。其中，北京作为国家首都展现了强大的实力，上海、深圳、香港、杭州、广州均进入全球前列。西欧有 4 个城市上榜前 20 位，鹿特丹、慕尼黑是欧洲的引领城市（图 9，表 6）。

（二）优化城市在全球生产与服务网络中的引领功能

1. 强化科技创新的引领支撑作用，建设现代化产业体系

科技创新正以前所未有的广度深度改变产业发展模式、催生新的产业形态。面对当前“卡脖子”技术难题，围绕重点产业链，加强关键核心技术攻关和战略性资源支撑，着力突破关键基础材料、元器件、零部件等核心技术，以自主可控的科技创新体系保障产业链供应链安全稳定。前瞻研判世界科技发展趋势，超前部署、高效集聚全球创新要素，着力加强基础研究、应用基础研究和颠覆性技术研发，促进产业链垂直领域、不同产业链跨领域的融合创新，培育未来产业竞争新优势。

2. 培育国际化空间品质，打造服务全球的优质营商环境

国际化的空间品质和具有全球竞争力的营商环境是提升产业竞争力的重要支撑。一方面，优化城市环境和公共服务，建设国际社区，建立具有国际共识的社会规则和标准体系，营造开放包容的城市文化和安全稳定的社会氛围，提升国际人才资源吸引力。另一方面，发挥自贸区等特别经济政策区在投资自由化、贸易便利化、金融国际化与行政管理简化等方面的创新优势，破除投资、贸易、金融、税收等方面的制度障碍，扩大金融、科创、教育、旅游等服务领域开放。

（三）强化城市在全球联通设施网络中的链接能力

1. 加快建设国际航空、航运枢纽

国际航空、航运枢纽是联结世界的中枢和纽带。在国际航空枢纽建设方面，将枢纽机场融入城市发展战略，构建与城市功能相匹配的机场体系，强化城市与全球主要经济体的航空联系，联动航企、机场和地方政府各方着力提升枢纽中转服务能力，实现高效链接全球、便捷辐射全国。在国际航运枢纽建设方面，持续优化港口条件的同时，着力提升船舶经纪、海事保险、船舶融资以及海事法律和仲裁等海事服务效能，持续推进航运服务业发展。

2. 推进新兴技术发展，加强信息联通能力

在数字全球化时代，海量的数据流动为经济和贸易活动创造了大量机会，信息基础设施决定城市未来链接全球的基本门槛。城市一方面要加快以 5G、光纤宽带、工业互联网、数据中心等为代表的数字新基建建设，打通经济社会发展的信息“大动脉”；另一方面，要把握数字经济战略机遇，全面推动 5G 与人工智能、云计算、区块链、物联网和大数据等新兴技术相互赋能，不断拓展在工业制造、交通、健康医疗、教育、能源、文化旅游等领域的应用，助力经济高质量发展。

（四）构建基于“在岸发展”的全球城市发展新模式

1. 强化三大城市群的战略引领作用，推动城市创新协同

强化京津冀、长三角、粤港澳大湾区三大城市群的战略引领作用，聚焦“科学创新—技术创新—产业创新”协同，以“广深港澳”科技创新走廊、G60科创走廊等为载体，鼓励城市发挥各自创新优势，共同攻克创新链上的基础研究与核心技术短板、推动创新产业化发展，构筑创新引领、要素协同、链条完整、竞争力强的区域创新体系，形成引领全球前沿领域的创新高地。

2. 分层分类建立产业梯度协作体系，推动产业功能联动

在全球贸易变局、地缘政治博弈等风险下，顺应产业布局区域化趋势，以城市群、都市圈为依托，发挥链主企业生态主导作用，进一步完善“总部＋研发＋试产＋规模化生产”的区域分工体系，促进产业链上下游深度合作。空间上，协同城市之间的产业走廊、重点平台以及顶级城市周边腹地空间，保障优质产业空间供给，加速产业就近协作配套，强化产业发展根植性。

3. 推动交通设施统筹布局、运行协同，加强交通设施共建共享

资源要素配置能力是城市竞争力的关键，要求城市构建高效便捷的交通网络体系，提升全球互联互通水平和辐射能级。一是根据城市创新、产业等功能发展需要，统筹重大交通基础设施布局，推动区域内机场、港口、铁路等重大基础设施形成“差异发展、合作共享”的分工格局，并通过区域内空港、海港、铁路港联运一体与数字港的联动赋能，持续强化全球资源配置功能；二是完善串联重大平台的跨市域轨道建设，推动区域内城市的设施连通、运行协同。此外，顺应疫后全球交通领域追求更高频率、更高密度的新趋势，适当提升跨市轨道交通运行频次，以更好满足快速商务出行及跨市通勤需求。

（执笔人：方煨　何斌　刘菁）

注：本文在中国城市规划设计研究院《“一带一路”倡议下的全球城市》报告的基础上形成，报告的全球专利数据支持机构为智慧芽。

六、附 录

城市高质量发展评价指标体系及方法

一、导言：背景和意义

党的十八大以来，基于对我国发展阶段性特征和趋势性变化的准确把握和深入分析，习近平总书记对高质量发展作出一系列重要论述。党的十九大报告明确提出，我国经济已由高速增长阶段转向高质量发展阶段。2017 年中央经济工作会议指出，高质量发展，就是能够很好满足人民日益增长的美好生活需要的发展，是体现新发展理念的发展，是创新成为第一动力、协调成为内生特点、绿色成为普遍形态、开放成为必由之路、共享成为根本目的的发展，并强调高质量发展，就是从“有没有”转向“好不好”。党的二十大报告指出，高质量发展是全面建设社会主义现代化国家的首要任务，实现高质量发展是中国式现代化的本质要求之一。在 2023 年中央经济工作会议上，总书记强调，必须把坚持高质量发展作为新时代的硬道理。

近年来，中共中央、国务院对“高质量发展”作了一系列重要部署和安排，高质量发展成为“十四五”乃至更长时期我国经济社会发展的主题，成为各级党委政府所有方面工作的中心指导思想。早在2017年中央经济工作会议上，习近平总书记就指出，必须加快形成推动高质量发展的指标体系、政策体系、标准体系、统计体系、绩效体系、政绩考核。为深入贯彻落实习近平总书记的重要指示要求，科学衡量监测各方面各地区各部门贯彻落实高质量发展战略具体情况，推动我国高质量发展不断取得新进展，全国的、某些方面的、地区的或部门的高质量发展统计监测评价工作陆续开展，构建指标体系，计算高质量发展指数，为有关方面地区部门的高质量发展提供有效的统计支撑。其中，国家统计局参与的全国高质量发展综合绩效评价和某些区域高质量发展统计监测等工作，是国家统计局贯彻新发展理念、构建新发展格局、推动高质量发展、树立正确政绩观、服务党中央决策部署的重要举措。

城市是我国经济、政治、文化、社会等方面活动的中心，更是高质量发展的战略要地和科技创新资源聚集地，是现阶段推动高质量发展、培育新质生产力、推进共同富裕和中国式现代化的关键枢纽和重要载体。习近平总书记科学把握城市发展大势，深刻洞察城市发展规律，围绕城市工作发表了一系列重要论述。习近平总书记曾指出，城市工作在党和国家工作全局中举足轻重，是各级党委工作的两大阵地之一；城市工作要贯彻创新、协调、绿色、开放、共享的新发展理念，走出一条中国特色城市发展道路；各级党委要充分认识城市工作的重要地位和作用，像重视农村那样重视城市，像抓“三农”工作那样抓城市工作。党的二十大报告也对城市工作作出重要部署。

国家统计局城市统计以国务院正式批准设置的城市（包括直辖市、地级市和县级市）为统计对象，是反映城市发展进程、监测城市政策效果的重要途径，几十年来在服务城市发展和城镇化战略推进等方面发挥了非常重要的作用，为我国城市发展、规划、治理和研究提供了重要参考。但随着我国城市发展进入注重质量提升的新阶段，原有的城市统计总体框架不太清晰、指标涵盖不太健全、个别指标需规范、统计服务能力不强等问题凸显，不能高效满足现阶段城市发展、规划、治理和研究的需要。

近期，为深入贯彻落实党的二十大精神，更好服务高质量发展这一首要任务和本质要求，促进城市统计工作高质量开展，有效统筹城乡融合发展，贯彻落实《关于更加有效发挥统计监督职能作用的意见》，细化和深化全国高质量发展综合绩效评价工作，提高各级统计部门城市统计工作能力和服务水平，国家统计局启动了城市高质量发展统计监测改革任务。按照国家统计局党组统一部署，在深入开展调研、广泛征求意见的基础上，围绕城市高质量发展内涵，聚焦城市工作重点，重构统计监测指标体系，新建统计监测报表制度，针对城市统计短板弱项，狠抓顶层设计，完善工作机制，优化数据来源和上报时间，加强审核力度提高数据质量，加强分析研究，开展城市高质量发展评价，全面推进城市高质量发展统计监测改革各项任务。

城市高质量发展评价是本次城市高质量发展统计监测改革的重要抓手，测算城市高质量发展指数也是国家统计局今年的重点工作。借鉴国内外理论和实践成果，基于城市高质量发展内涵，结合城市发展实际，对我国城市高质量发展状态和水平进行动态监测，构建了包含综合质效、创新发展、协调发展、绿色发展、开放发展和共享发展六个方面的城市高质量发展评价指标体系，收集整理了

2018–2023 年城市统计数据，采用主客观结合的组合赋权法计算了 2022 年和 2023 年中国地级以上城市的高质量发展指数。

二、城市高质量发展内涵和指标体系构建过程

基于国内外发展、城市发展、城市高质量发展评价的理论和实践成果，本文界定了城市高质量发展的内涵。经反复试算，构建了指标体系。

（一）城市高质量发展的内涵界定

高质量发展是一个极具中国特色的概念，是以习近平总书记为核心的新一代领导集体对我国当下发展问题的综合判断和审慎思考，因而中央领导的讲话指示批示、党中央和国务院的重要文件就成为学者们和社会各界阐释高质量发展内涵的依据。综合上文习近平总书记关于高质量发展和城市工作的论述以及中央文件精神，参考高质量发展和城市高质量发展评价实践中内涵界定的主流做法，本文认为城市高质量发展内涵主要包括以下几个方面：

一是要有坚实的发展基础。发展是解决我国一切问题的基础和关键，只有经济持续健康发展，才能为社会全面进步和人民生活改善提供物质基础。

二是创新成为第一动力的发展。实施创新驱动发展战略，完善国家创新体系，加快关键核心技术自主创新，为经济社会发展打造新引擎，是推动高质量发展的内在要求和重要着力点。

三是协调成为内生特点的发展。协调既是发展手段又是发展目标，同时还是评价发展的标准和尺度，协调发展是解决经济社会发展中不平衡不充分问题、推动高质量发展的必然选择。

四是绿色成为普遍形态的发展。绿色发展是高质量发展的底色，是我国发展的重大战略。绿色低碳发展深入推进，走出一条生产发展、生活富裕、生态良好的文明发展道路，实现中华民族永续发展。

五是开放成为必由之路的发展。开放是人类文明进步的重要动力，是世界繁荣发展的必由之路。推进高水平对外开放，为加快推进中国式现代化注入强劲动力。

六是共享成为根本目的的发展。共享发展注重的是解决社会公平正义问题，发展为了人民、发展依靠人民、发展成果由人民共享，是中国特色社会主义的本质要求。

（二）城市高质量发展评价指标体系构建

1. 评价目标。全面反映城市高质量发展进展，科学监测城市高质量发展政策成效，有力引导城市发展“补短板、强弱项”，系统推进城市高质量发展各项工作。

2. 构建原则。城市高质量发展评价指标体系构建遵循的主要原则是科学性、系统性、前瞻性、独立性、可行性和简便性等。

（1）科学性原则。突出反映城市“创新、协调、绿色、开放、共享”各方面发展成效，结合城市高质量发展的特点和内涵，选择代表性较强的指标，立足国内，参考国际，使指标体系能充分反映城市高质量发展状况。

（2）系统性原则。系统全面构建指标体系，充分反映城市发展全貌，从大量指标中选择无可替代的指标，构成完整合理的指标评价体系。

（3）前瞻性原则。评价指标体系既立足当下，也兼顾未来，首先反映城市高质量发展现状，然后力求展示城市发展全貌，同时考虑满足未来监测城市新质生产力培育、现代化建设、共同富裕进展的需要，密切关注新形势新要求，坚持与时俱进、动态改进指标体系。

（4）独立性原则。注重评价指标之间的独立性，删除共线性较强的部分指标，确保每个指标都有自己的代表维度。

（5）可行性原则。立足城市高质量发展统计监测指标，充分考虑各专业统计、部门统计和社会调查等城市统计数据基础实际，尽量选择基础较好和质量可靠的指标，保证指标的完整性和可得性。

（6）简便性原则。评价指标不要太多，能够充分反映一级指标即可，避免繁琐和作用互相抵消，从而有效提高工作效率和评价效果。

3. 构建过程。借鉴各种城市评价指标体系，参考高质量发展综合绩效评价指标体系，基于城市高质量发展统计监测报表制度，我们先是初选出 130 多个指标，建立了备选指标库。然后经过多重共线性检验、使用历史数据反复试算、广泛征求局内外专家意见、多次修订完善，最终构建了包含 35 个指标的城市高质量发展评价指标体系（详见附件 1）。

三、城市高质量发展指标体系

（一）指标体系基本框架

为充分反映城市高质量发展内涵，主要应用强调新发展理念的指标体系构建思路，在城市高质量发展评价指标体系中设置 6 个维度，即综合质效、创新发展、协调发展、绿色发展、开放发展和共享发展（具体指标 35 个，见下图）。本次评价可用指标为 32 个，前瞻性指标 3 个（规上工业高技术产业增加值占地区 GDP 比重、城镇调查失业率和人均预期寿命数据有较多城市未开展统计，暂不纳入指标计算）。

城市高质量发展统计监测指标体系

序号	一级指标	二级指标	计量单位
1		市辖区地区生产总值（总量、人均、增速）	—
2		市辖区人均地方一般公共预算收入	元
3	综合质效	市辖区人口增长率	‰
4		全市城市综合信用指数	—
5		全市城市文明程度	—
6		城区消防救援 5 分钟可达覆盖率	%
7		全市 R&D 经费支出（规上）	万元
8		全市技术合同成交额与地区生产总值之比	%
9	创新发展	全市发明专利有效量	件
10		全市高等教育在校生数	人
11		全市 R&D 人员数（规上）	人
12		全市规上工业高技术产业增加值占比	%
13		全市常住人口城镇化率	%
14		全市城乡人均可支配收入比	—
15	协调发展	市辖区第三产业增加值占地区生产总值比重	%
16		市辖区社会消费品零售总额与地区生产总值之比	%
17		市辖区地方财政支出收入比	—
18		全市万元地区生产总值电耗	千瓦时
19		市辖区万元地区生产总值城市现状建设用地面积	平方米
20	绿色发展	城区实体地域绿化覆盖率	%
21		全市细颗粒物（$PM_{2.5}$）年平均浓度	微克 / 立方米
22		全市单位工业增加值主要污染物排放量	吨 / 万元
23		全市实际使用外资金额	万美元
24	开放发展	全市货物贸易进出口总额与地区生产总值之比	%
25		全市货物贸易进出口总额	万元
26		全市港澳台居民及外国人员数	
27		全市城镇居民人均可支配收入	元
28		市辖区万人医护人员数	人
29		全市城镇居民人均住房建筑面积	平方米
30		市辖区人均住房保障、社会保障和就业支出	元
31	共享发展	全市城镇居民人均教育文化娱乐支出	元
32		全市每百户城镇居民家庭家用汽车拥有量	辆
33		全市平均受教育年限	年
34		全市人均预期寿命	岁
35		全市城镇调查失业率	%

城市高质量发展评价指标体系包含六方面内容，一是城市综合质效，统筹反映发展和安全，从硬实力和软实力两个方面来反映，具体选择地区生产总值（总量、人均、增速）、人均地方一般公共预算收入、人口增长率、城市综合信用指数、城区 15 分钟社区生活圈覆盖率、城区消防救援 5 分钟可达覆盖率等指标；二是创新发展质量，从创新投入、创新主体和创新成果三个方面来描述，具体选择 R&D 人员数、R&D 经费支出、技术合同成交额与地区 GDP 之比、发明专利有效量、高等教育在校生数等指标；三是协调发展程度，包含区域均衡、城乡融合、产业协调、财政均衡等方面内容，具体选择常住人口城镇化率、城乡人均可支配收入比、第三产业占地区 GDP 比重、社会消费品零售总额与地区 GDP 之比、财政支出收入比等指标；四是绿色发展情况，包含资源节约、

环境友好等方面内容，具体选择万元地区GDP电耗、万元工业增加值主要污染物排放量、细颗粒物（$PM_{2.5}$）年平均浓度、城区实体地域绿化覆盖率、万元地区GDP城市现状建设用地面积等指标；五是开放发展水平，包含人口、资金和货物往来等方面内容，具体选择港澳台居民及外国人员数、货物贸易进出口总额、货物贸易进出口总额与地区GDP之比、实际使用外资额、新设立外商直接投资企业数等指标；六是共享发展成效，包含教育、医疗、社会保障、文化和生活质量等方面内容，选择平均受教育年限、每万人拥有医护人员数、人均社保、住保和就业支出、城镇居民人均教育文化娱乐支出、城镇居民人均住房建筑面积、百户城镇居民家庭家用汽车拥有量等指标。

（二）指标体系特点

与其他城市高质量发展评价指标体系相比，本指标体系有四大特点：一是充分体现高质量发展内涵，综合选取总量、人均、比率、结构、效益和速度等方面的指标，创新、协调、绿色、开放、共享和安全等方面内涵皆有体现和反映。二是指标来源更加丰富，除了常规数据，还积极应用了我局第七次人口普查、部委行政记录和专项调查的城市统计数据。三是评价维度更加多元，“城市综合信用指数”和“城市文明程度”指标的基础数据包含社会调查数据和大数据，整个评价指标体系由此包含了宏观、中观和微观内容，兼顾了客观和主观方面。四是统计口径更加科学合理，尽可能采用“市辖区”和“城区”统计口径，因为“市辖区”是城市的基本空间单元和基本功能单元，相对于“全市”口径，更能反映城市发展情况。

（三）指标解释

1. 地区生产总值（总量、人均、增速） 本指标从总量、人均和增速三个方面综合衡量地区生产总值状况。地区生产总值指本地区所有常住单位在一定时期内生产活动的最终成果。等于各产业增加值之和。人均地区生产总值指一定时期内地区生产总值与同期常住平均人口的比值。地区生产总值增速指地区生产总值在一定时期内的增长速度。

2. 地方一般公共预算收入 指地方本级纳入地方一般公共预算管理的收入，为年度决算数。属于地方一般公共预算的收入，包括部分国内增值税、企业所得税和个人所得税，环境保护税、房产税、城镇土地使用税、城市维护建设税（部分银行总行和保险总公司等集中缴纳的城市维护建设税为中央固定收入），土地增值税，资源税（不含海洋石油资源税），印花税（不含证券交易印花税），车船税，耕地占用税，契税，烟叶税，地方非税收入等。

3. 人口增长率 指一定时期内由人口自然变动和迁移变动而引起人口增长的比率。人口指年末常住人口。

4. 城市综合信用指数　来自国家公共信用和地理空间信息中心开展的城市信用状况监测。依托全国信用信息平台，运用大数据监测技术对全国城市信用状况开展动态监测分析，主要包括信用政策制度贯彻落实、信用信息基础设施建设、事前事中事后信用监管、信用服务实体经济、信用主体守信与失信情况、诚信宣传与社会舆情、政务诚信建设等七方面。年度城市综合信用指数为月度指数的算术平均值。

5. 城市文明程度　由中央文明办第六次全国文明城市及复查确认保留荣誉称号的前五届全国文明城市确定，根据全国文明城市、全国文明城市提名城市和其他城市分档赋分。

6. 城区消防救援 5 分钟可达覆盖率　指一个地区城区内消防站 5 分钟车行范围覆盖城区面积占城区总面积的比例。

7.R&D 经费支出（规上）　指一个地区规模以上企业内部为实施研究与试验发展活动而实际发生的全部经费，按支出性质分为日常性支出和资产性支出。不包括调查单位委托其他单位或与其他单位合作开展 R&D 活动而转拨给其他单位的全部经费。

8.R&D 人员（规上）　指一个地区规模以上企业内部从事研究与试验发展活动的人员，包括直接参加 R&D 项目活动的人员，R&D 项目管理人员，以及为 R&D 活动提供资料文献、材料供应、设备维护等直接服务的人员等。

9. 技术合同成交额　指本地区报告期内技术开发、技术转让、技术咨询和技术服务类合同的成交额。

10. 发明专利有效量　指报告期末经我国国家知识产权局授权且在有效期内的发明专利数量。

11. 高等教育在校生数　指具有学籍并在本学年初进行学籍注册的高等教育学生数。包括普通本科、职业本专科、成人本专科、研究生，不包括网络本专科。

12. 规上工业高技术产业增加值　根据《高技术产业（制造业）分类》，通常指规上工业中高技术产业常住单位在一定时期内生产活动的最终成果。

13. 常住人口城镇化率　指一个地区城镇常住人口占该地区常住总人口的比例。

14. 居民人均可支配收入　指居民可用于最终消费支出和储蓄的总和，即居民可用于自由支配的收入。既包括现金收入，也包括实物收入。按照收入的来源，可支配收入包含四项，分别为：工资性收入、经营净收入、财产净收入和转移净收入。

15. 城乡人均可支配收入比　指一个地区城镇居民人均可支配收入与农村居民人均可支配收入的比值。

16. 第三产业增加值　指第三产业常住单位在一定时期内生产活动的最终成果。第三产业即服务业，是指除第一产业、第二产业以外的其他行业。

17. 社会消费品零售总额　指企业（单位、个体户）通过交易直接销售给个人、社会集团非生产、非经营用的实物商品金额，以及提供餐饮服务所取得的收入金额。个人包括城乡居民和入境人员，社会集团包括机关、社会团体、部队、学校、企事业单位、居委会或村委会等。

18. 地方财政支出收入比　指地方一般公共预算支出与地方一般公共预算本级收入的比例，衡量一个地区财政收支平衡情况。

19. 万元地区生产总值电耗　指是指一定时期内一个地区每生产万元地区生产总值所消费的电量。

20. 城市现状建设用地面积　指报告期末对应有关城市建设用地实际情况的面积。城市建设用地面积指城市内的居住用地、公共管理与公共服务设施用地、商业服务业设施用地、工业用地、物流仓储用地、道路交通设施用地、公用设施用地、绿地与开敞空间用地等。

21. 城区实体地域绿化覆盖率　指报告期末城区实体地域内绿化覆盖面积与实体地域面积的比率。计算公式为：城区实体地域绿化覆盖率 = 城区实体地域绿化覆盖面积 / 城区实体地域面积 ×100%

22. 细颗粒物（$PM_{2.5}$）年平均浓度　细颗粒物指环境空气中空气动力学当量直径小于等于 2.5 微米的颗粒物。通过年平均浓度衡量一个地区一年内的空气质量。

23. 万元工业增加值主要污染物排放量　指一定时期内一个地区每生产万元地区生产总值主要污染物的排放量，包括工业化学需氧量排放量、工业氨氮排放量、工业二氧化硫排放量、工业氮氧化物排放量、工业颗粒物排放量。

24. 实际使用外资金额　指合同外资金额的实际执行数，包括境外投资者实际缴付的注册资本、营运资金，以及受让境内投资者股权实际支付的交易对价。

25. 货物贸易进出口总额　指实际进入或离开一个地区关境并改变境内物质存量的进口货物和出口货物的总金额。

26. 港澳台居民及外国人员数　指普查标准时点居住在我国大陆 31 个省、自治区、直辖市接受普查登记的港澳台居民和外籍人员，不包括因出差、旅游等原因短期停留的港澳台居民和外籍人员。本指标使用第七次人口普查数据。

27. 万人医护人员数　指一个地区每万人常住人口中执业（助理）医师和注册护士人数。

28. 城镇人均住房建筑面积　指一个地区报告期末，按城镇住户居住人口计算的平均每人拥有的住房建筑面积。

29. 住房保障、社会保障和就业支出　指一个地区地方一般公共预算支出中住房保障支出及社会保障和就业支出之和。

30. 城镇居民人均教育文化娱乐支出　指居民用于满足家庭日常生活消费需要的全部支出中用于教育文化娱乐的支出。

31. 每百户城镇居民家庭家用汽车拥有量　指全国住户收支与生活状况调查中，每百户城镇居民家庭用于消费的各种家用汽车拥有量，包括轿车、面包车等，不包括经营用卡车、面包车、无法上牌的各类非正规车辆等。

32. 平均受教育年限　指第七次全国人口普查中 15 岁及以上人口的平均受教育年限。受教育年限由各种受教育程度折算成受教育年限计算平均数得出的，其中小学 =6 年，初中 =9 年，高中 =12 年，大专及以上 =16 年。

33. 人均预期寿命　指一个地区新出生婴儿预期可存活的平均年数。

34. 城镇调查失业率　指城镇调查失业人数占城镇调查从业人数与城镇调查失业人数之和的比，通过城镇劳动力情况抽样调查所取得的城镇就业与失业汇总数据进行计算。

三、城市高质量发展测算方法

参考高质量发展综合绩效评价体系，经专家反复论证，最终确定该测算方法。

1. 正常情况指数测算

（1）权重设置

采用专家打分法和主成分分析法主客观结合的方法确定权重。

（2）基期与阈值选取

为实现指数纵向横向可比，无量纲化处理采用阈值法、将 2018 年作为监测起点，以 2018—2022 年作为基期，使用基期内各城市所有监测指标基础数据筛选出正常最大值、最小值作为阈值固定下来，对 2023 年及以后各年份进行年度测算。

（3）数据标准化

为消除原始数据单位量纲等影响，对监测数据进行标准化处理。根据统计指标属性（正向指标和逆向指标）分别进行标准化处理，计算公式如下：

正向指标（即指标值越大，代表城市高质量发展发展水平越高）：

$$Y_i=(X_i-X_{i,\min})/(X_{i,\max}-X_{i,\min})$$

逆向指标（即指标值越小，代表城市高质量发展发展水平越高）：

$$Y_i=(X_{i,\max}-X_i)/(X_{i,\max}-X_{i,\min})$$

其中，Y_i为第 i 个指标的标准化值，X_i为第 i 个指标在测算年度的指标值，$X_{i,\max}$、$X_{i,\min}$为第 i 个指标的阈值，i 为监测指标在整个指标体系中的序号。

（4）指数计算

首先采用加法合成法计算指数，即将二级指标标准化值乘以对应二级指标权重，加总求得各领域和城市高质量发展发展指数初值；然后对初值进行标准化处理，计算各领域和城市高质量发展发展指数终值。

A. 计算指数初值

$$F=\Sigma W_i Y_i$$

其中，F 表示城市高质量发展发展指数初值，W_i 为第 i 个指标的权重，Y_i 为第 i 个指标的标准化值，i 为监测指标在整个指标体系中的序号。

B. 计算指数终值

$$F'=50+F\times 50$$

其中，F' 表示城市高质量发展发展指数终值，F 表示城市高质量发展发展指数初值。

2. 特殊情况处理说明

（1）部分指标阈值的确定

根据指标特征及专家意见，设定了常住人口城镇化率、市辖区第三产业增加值占地区生产总值比重、货物贸易进出口总额与地区生产总值之比等部分指标的上下限。

（2）缺失数据处理情况

R&D 相关 2 个指标统一采用上一年度数据。剩余缺失数据结合实际情况插补处理。

（3）特殊测算情况

北京、天津、上海，厦门、南京、武汉、广州、深圳，乌海、鄂州、珠海、佛山、海口、三亚、克拉玛依等 15 个城市为全域设区市，全市数据即为市辖区数据。东莞、中山市、儋州和嘉峪关不设市辖区，全市数据作为市辖区数据使用。

“城市综合信用指数”和“城区消防救援 5 分钟可达覆盖率”指标，由于实际值即代表各地得分水平，不另作标准化处理。

“城市文明程度”指标根据第六届文明城市测评结果赋分。对于地级市，成功创建文明城市的赋 1 分，仅获得提名的赋 0.2 分，其余城市赋 0 分。四个直辖市均有多个区县被列入全国文明城市，均赋 1 分。文明城市停牌、复牌、摘牌等情况不作考虑。

（执笔人：张丽草　韩宜臻　李敏）

城市高质量发展评价研究述评：从发展到高质量发展

为科学开展城市高质量发展评价，合理测算发展指数，明确城市高质量发展评价的理论渊源和实践脉络，本文对城市高质量发展评价相关文献进行综述，梳理国内外发展评价、城市发展评价、城市高质量发展评价发展成果和趋势，从概念内涵、指标体系和评价方法等方面为城市高质量发展评价提供理论参考和实践借鉴。

一、发展观和发展评价的演进

发展是永恒的主题。高质量发展，首先是要有发展，是发展的更高要求和更新阶段。发展评价是历史悠久的人类活动，但最近几十年才逐渐发展出比较规范的定量评价方法体系。随着现代政府统计的不断发展、社会调查的普及、统计指标的增加和统计分析软件的进步，发展评价维度和内容不断增加，评价手段逐渐从单一指标发展为综合评价指标体系，而且评价指标体系日益完善，评价流程和方法不断优化。

城市发展是发展的重要领域。城市高质量发展是高质量发展的重要部分，是城市发展的最新要求。城市高质量发展评价是高质量发展评价的重要领域，是城市发展评价的最新热点。高质量发展评价和城市高质量发展评价的理论和实践脉络都源自发展评价，因此本文始于发展评价的介绍。

发展评价的基础是发展观。发展观是一定时期经济与社会发展的需求在思想观念层面的聚焦和反映，是对什么是发展、为什么发展以及怎样发展的总的看法和基本观点，决定着发展方向和道路。发展观的根源是发展现状和发展阶段，随着人类社会的不断发展，人们对发展的认识逐步深化，发展观的内涵也更加丰富，发展理论和评价内容也随之不断深化和扩展。

（一）国外发展评价

大致说来，世界范围内的发展观演进主要经历了五个阶段，发展评价也相应经历五个阶段。

1. 经济增长观和单一指标发展评价。经济增长观盛行于 20 世纪 50 年代，源于“二战”后发展经济学的兴起，是发展经济学早期的发展观，认为只有促进经济增长，落后国家才能实现追赶的目标，因此在理论和认识上也将发展等同于经济增长。其基本观点是，经济增长是一个国家或地区发展的首要标志，国内生产总值（GDP）的增长是衡量一个国家或地区经济发展的主要标尺。

在这种发展观的指导下，GDP 成为衡量一个国家或地区经济社会是否进步的主要指标，成为很多国家政府统计的核心指标。经济增长观和以 GDP 增长为核心的发展评价对促进经济增长、迅速积累财富起到了积极作用，欧美国家经历了高增长、低通胀的黄金 30 年。但 GDP 增长不能体现收入分配改善和社会结构完善，不能反映技术进步、生活水平提高和精神幸福满足，经济高增长的大背景下分配不公、两极分化、社会腐败、政治动荡、环境污染、生态破坏、精神失落等问题日益凸显。学术界将这种现象归纳为“无发展的增长”，在理论上确认了发展与增长之间的差异。

2. 社会发展观和社会发展综合评价。1965 年，著名发展经济学家汉斯·辛格就曾指出，发展是增长加变化，而变化不单在经济上，而且还在社会和文化上，不单在数量上，而且还在质量上。20 世纪 70 年代，“无发展的增长”引起关注，辛格关于增长与发展的观点被普遍接受，逐渐形成以经济与社会全面发展为目标的社会发展观，即在肯定经济增长基础作用的基础上，强调发展是经济、政治、教育和文化等方面的上升运动过程，是经济社会各方面综合协调发展的系统工程。联合国社会事务部统计处设立社会指标考察经济、社会、人口之间的关系，其 1970—1980 年发展报告指出，发展已不再是单纯的经济增长，社会制度和社会结构变迁以及社会福利改善具有同等重要的地位，经济增长、财富分配、社会公平、就业、教育、科学、文化、环境以及地区间协调等都是发展的目标

发展评价也随之演化为社会发展评价。世界范围内迅速出现被称为“社会指标体系”的研究高潮。1975 年，联合国统计委员会正式发布社会和人口统计体系（SSDS），加强社会与人口统计。欧美学者发起“社会指标运动”，建立包括经济、社会、环境、生活、文化等各项指标在内的新的发展评价体系。数十个国家及国际组织建立了各种社会发展评估指标体系，其中一些社会影响深远。

社会发展观矫正了原来单一强调经济增长的发展模式，促进了经济社会全面发展，对各类社会问题解决和社会矛盾缓和发挥了积极作用。但是最初的社会发展观局限于强调当代发展的各种综合协调，没有考虑到后代的发展空间问题。后来，随着可持续、共享、安全和韧性等发展观念的强调，社会发展观先后纳入这些理念，社会发展观内涵日益丰富和完善，融合成为影响较大的综合发展观，

包含各维度指标的综合发展评价也成为各个国家和地区开展发展评价的主流方法。

3. 可持续发展观和可持续发展综合评价。1980 年 3 月，联合国大会第一次使用了可持续发展的概念，随后这一概念逐渐被更多的官方文件使用。1987 年，联合国世界环境与发展委员会在《我们共同的未来》研究报告中，首次清晰阐释了可持续发展观，即“可持续发展是既满足当代的需求，又不对后代满足需求能力构成危害的发展”。1992 年联合国环境与发展大会通过《里约热内卢宣言》和《21 世纪议程》两个纲领性文件，标志着可持续发展观被全球持不同发展理念的各类国家所普遍认同。可持续发展观包括以下主要内容：一是肯定发展的必要性，二是显示了发展与环境的辩证关系，三是提出了代际公平的概念，四是在代际公平的基础上提出了代内公平的概念，后来循环经济的观点也纳入其中。

可持续发展评价由此成为发展评价的热点领域。可持续发展评价尽管有不少是单独针对可持续发展的评价，但是更加主流的做法是把可持续发展的指标（资源利用效率和污染程度等）纳入综合评价之中，由此丰富和完善综合评价的内容，强调社会大系统（包括人口、资源与环境、经济、社会子系统）发展的协调性和持续性，认为发展应是以人为中心的全面的协调持续的发展。可持续经济福利指数（ISEW）和真实进步指数（GPI）都是经济福利核算测量（MEW）理念的实践，把宏观经济、社会和环境账户整合在一起，扩展了核算框架。1995 年，世界银行发布包含生产资本、自然资本、人力资本和社会资本的国家财富指标。2012 年，联合国环境与经济核算委员会正式颁布环境经济账户（SEEA）框架白皮书，把 GDP 中的自然资源损害与环境成本等负面因素剔除，建议各国用 SEEA 取代传统的 SNA，以“绿色 GDP”取代 GDP。2000 年，联合国千年峰会通过为期 15 年的千年发展目标（MDGs），包括消灭极端贫穷和饥饿、确保环境的可持续能力等 8 项总目标，涉及 48 项具体指标。2015 年，联合国又正式通过可持续发展目标（SDGs），包含消除贫困、消除饥饿、健康生活、优质教育、性别平等、清洁用水和卫生设施、廉价和清洁能源、体面工作和经济增长、工业、创新和基础设施、缩小国内外差距、可持续城市和住区、可持续的消费和生产、气候行动、海洋资源可持续、陆地生态保护、和平和包容社会建设、促进全球伙伴关系等 17 个总目标和 169 个具体指标，旨在 2030 年前以综合方式彻底解决社会、经济和环境三个维度的发展问题，转向可持续发展道路。

4. 以人为中心的综合发展观及相关综合发展评价。20 世纪 90 年代，很多国家尤其是发达国家的发展实践进一步把发展观的视角从“物”转向了“人”，人的需求满足和人的发展成为发展的重点。1983 年联合国推出《新发展观》一书，提出了“整体的”“综合的”“内生的”新发展理论，在此基础上逐步形成了综合发展观。综合发展观强调经济与政治、人与自然的协调，将人与人、人与环境、人与组织、组织与经济的合作作为发展主题，提出发展应以人的价值、人的需要和人的潜力发挥为中心，旨在满足人的基本需求，促进生活质量的提高和所有成员的全面发展，把发展看作是以民族、历史、文化、环境、资源等内在条件为基础，包括经济增长、政治民主、科技水平、文化观念、社会转型、自然协调、生态平衡等各种因素在内的综合发展过程。它包括以下两层主要思想：一是强调以人的发展为核心，二是强调经济与社会的协调发展。

按照这种发展观，对经济发展的最终检验，不是普通的物的指标，而是人的发展程度，发展的目标就是为人类创造一个享受长寿、健康和有尊严的生活环境。1990 年联合国发展规划署开始使用人类发展指数（HDI）衡量各成员国发展水平，包含预期寿命、教育水平和经济发展 3 项基础变量，同时还提出性别发展指数（GDI），反映了各国的性别不平等情况。生活质量相关的研究和评价也逐渐流行，成为发展评价的重要领域，经济学、社会学和心理学纷纷开展相关研究，其中以心理学人为基础的模式使得满意度和幸福感等主观评价开始兴起，“国民幸福总值”（GNH）测量成为其中代表，相关指标也开始进入发展评价体系，显著丰富了综合发展评价的内容。

5. 共享、韧性发展理念及综合发展评价的丰富。近年来，针对发展机会不平等造成发展结果不平衡、社会矛盾凸显等现实问题，面对生态危机、新冠疫情、俄乌冲突等危机交迭的“风险社会”，共享式发展观（包容性增长观）、强调安全和韧性的发展理念获得广泛关注和认同，主流发展观的内涵更加丰富。

2007 年，亚洲开发银行首提“包容性增长”，明确国家或地区在实现经济增长的同时，要实现教育、医疗、社会保障等各种社会发展进步目标，提高社会公平的程度，让经济增长的成就由社会各阶层共享。后来“包容”的对象得到拓展，成为不同国家、民族与公民共同发展、平等参与、成果共享的发展模式。这一发展理念追求权利公平、机会均等、规则透明、分配合理，最终实现人的全面发展，近期受到国际社会和各国各界的高度关注。

“韧性”理念诞生于生态科学，随后扩展至工程学、心理学和经济学等其他领域。ZOE 未来经济研究所参考各学科韧性相关文献的基础上，总结出“韧性”的六大维度:“暴露程度和易感性”“复原”“灵活度”、“能力”“福祉”和“可持续性”。2017 年欧盟联合研究中心（JRC）发布报告提出韧性概念框架的目标与定义。2020 年欧盟委员会计划将韧性整合入政策思维，助力未来的挑战应对和未来大趋势的战略选择。新冠疫情和因俄乌冲突而加剧的能源危机等因素促进了关于韧性的新见解，很多国家就提高发展韧性做出系列部署，但韧性的定义变得更加模糊，确定韧性衡量指标的挑战较大。

在世界各国学术界和相关机构的努力下，共享发展和韧性发展的内涵和外延日益明晰，尽管尚未统一和成熟，但关于共享和韧性发展的专项评价开始出现，综合发展评价也逐渐纳入相关内容。联合国的千年发展目标和可持续发展目标及具体指标体系也都将韧性理念包含在内。欧盟“超越GDP”（Beyond GDP）倡议激发了一系列相关政策出台和指标使用，后来众多指标由巴斯（Barth）等人整合在2021年发布的《面向2030年的行动指南》中，该指南包括韧性仪表板等多项内容，是欧盟2030年目标的全景图。

总的来说，世界范围内的主流发展观大致经历了经济增长、社会发展、可持续发展、以人为中心的综合发展、更加包容和韧性的发展这样一个演进历程。但这一演进历程并不是彼此替代的历程，而是持续丰富、完善和累积的过程。很多国家或地区的发展观都经历了这一演进历程。因此目前的主流发展观是内涵非常丰富的发展观，包含了上述提到的多项内容。发展评价亦是如此，当前国外的发展评价指标体系趋向于多元化和个性化，指标设置更加科学、合理、多维，注重宏观、中观和微观指标的兼顾，注重客观和主观指标的结合。

（二）国内发展评价

改革开放以来，我国的发展观基本经历了以经济建设为先的发展观和以人民为中心的“新发展理念”两个阶段的演进历程。我国综合发展评价指标体系也大致经历了由单一向多元、由宏观向宏中微观结合、由静态向动态、由数量向质量转变的发展过程，反映了我国对经济社会发展规律认识的深化和发展战略的不断升级。

1. 以经济建设为先的发展观和发展评价。改革开放后，党和国家工作重心转移到经济建设上来，核心发展理念就是以经济发展为主，确立以经济建设为中心的发展战略，坚持效率优先的发展方式。GDP（前期是国民收入）增长成为衡量各级政府和各级干部绩效的核心标准，也成为发展评价的主要标准。

早期的发展评价主要关注经济增长速度和规模。社会发展和可持续发展理念引入国内后，人们意识到单一的经济指标无法全面反映发展的全貌，开始注重发展过程中的资源利用效率、环境保护、社会公正等问题，一些有代表性的综合发展指标体系也先后产生并投入应用，评价指标开始涵盖经济、社会、环境等多个维度，指标体系日益多元，也更加系统和全面。2006 年国家统计局开始开展全面建设小康社会统计监测是比较权威的发展评价，该指标体系包括经济发展、社会和谐、生活质量、民主法制、科教文卫、资源环境等 6 大部分的 25 项指标，后来该体系依据新理念新思想新战略不断修订监测体系，不断调整组成部分和具体指标，为我国顺利完成全面建成小康社会任务提供了高效统计支撑、做出重要贡献。

2. 以人民为中心的新发展理念和高质量发展评价。党的十八大以来，我国经济发展进入“新常态”，中国特色社会主义进入了新时代，以习近平同志为核心的党中央，围绕新时代中国特色社会主义建设主线，紧密结合新的时代条件和实践要求，科学认识我国社会主要矛盾的变化，提出了创新、协调、绿色、开放、共享的新发展理念。新发展理念包含了以经济建设为先发展观对“量”的追求，但更加突出对“质”的重视、对科技创新和对外开放的强调，体现了鲜明的时代特色，具有明确的问题导向和目标导向，旨在解决新时代建设的主要矛盾，是促进高质量发展、全面建设社会主义现代化国家的理论指南和行动指导。

发展评价发展到高质量发展评价阶段。高质量发展是一个极具中国特色的概念，是习近平同志为核心的新一代领导集体对我国当下发展问题的综合判断和审慎思考，因而中央领导的讲话指示批示、党中央和国务院的重要文件就成为学者们和社会各界解读高质量发展内涵、开展高质量发展评价的重要基础。近年来，学术界对高质量发展评价开展了一系列研究，形成了一系列理论和实践成果。

在高质量发展内涵方面。社会各界主要是从新发展理念、五位一体或社会主要矛盾等角度对高质量发展内涵进行界定，关注到当前生态环境问题突出、科技创新能力不足和城乡建设质量亟需提升等问题，普遍认为高质量发展不仅包括经济增长的质量，还涵盖了创新、协调、绿色、开放和共享发展等多个维度。学者们普遍认为高质量发展是体现“五大发展理念”的发展。部分学者认为高质量发展是涵盖经济、政治、文化、社会和生态文明一体的协调发展。部分学者则细化高质量发展的内涵，认为微观层面的高质量发展主要是指产品和服务的质量，中观层面更多强调的是产业链价值链，而宏观层面则是国民经济整体的质量和效率。在评价指标体系构建方面。研究者们提出了多种高质量发展的评价指标体系，这些指标体系通常包括经济、社会、环境等多个方面的指标，也经常设置包括“五大发展理念”的维度，有的还包含安全、韧性、满意度等内容，这方面国家发展改革委和国家统计局等联合开展的高质量发展综合绩效评价具有较强的代表性。在评价方法使用方面。已有研究使用了多种评价方法，综合评价法是大家普遍采取的方法。

从上述发展观和发展评价的发展历程可以看出，无论是国内还是国外，为适应时代发展的新变化、新要求和新挑战。发展评价指标体系不断演进和完善。目前主流评价指标体系越来越注重发展的全面性、协调性和可持续性，力求全面反映一个国家或地区社会、经济和环境的综合发展水平。这些理论和实践成果为开展城市高质量发展评价提供了重要参考。

二、城市发展评价成果丰富

城市发展评价是发展评价的重要领域，既吸纳了发展评价的理论和实践成果，又聚焦于城市各方面发展状况，涉及城市建设、经济发展、社会进步、人居环境、居民生活等多方面内容。国内外学者从多元视角诠释了城市发展质量的内涵，构建了形形色色的城市发展质量评价指标体系，对城市发展质量进行综合评价或分类研究，形成了丰硕的研究成果，积累了大量成功案例。

需要注意的是，国内外城市发展评价对象存在较大差别。国外学者在评价城市发展质量时，往往将评价对象设定为都市区或城市群，注重可持续发展，强调城市发展的长期效益和生态、社会、经济的平衡，以及城市的宜居性。国内学者在评价城市发展质量时，往往以建制城市（或建制城市的市辖区）为对象，更多地关注城市之间的综合实力对比，包括经济实力、社会发展和民生改善等方面。

城市发展评价研究可以分为整体评价研究和分项评价研究两类。前者包括城市发展质量、城市化质量、城市现代化、城市可持续发展、城市综合实力、城市竞争力等多个视角。后者包括城市经济发展质量、城市环境质量、城市居民生活质量、市民生活满意度、城市生活成本、城市商业魅力、城市基础设施建设、城市体检等某一方面的考察。本文重点关注城市发展整体评价研究和实践。

（一）国外城市发展评价

发达国家工业化和城镇化起步较早，其城市发展评价也开展较早，经验丰富，很多国家在此领域积累了大量成功案例。1960 年日本学者稻本幸男从城市规模、区位、经济活动、就业和人口增长五个领域出发，设立了全球第一套城市发展评价指标体系。随后很多高校、科研院所以及政府部门也相继开始开展城市发展评价研究，最初开展的是城市住房、交通、用地、空气质量等某个方面的评价，也仅评价某个城市或某个区域的城市。后来随着城市发展评价理论和实践的不断丰富，城市发展评价也逐渐多元化和系统化。美国的英克尔斯提出了社会现代化与人的现代化互为基础的观点，并构建了包括人均国民生产总值、教育水平、医疗卫生、人口增长率等多个指标的城市现代化指标体系。《伦敦规划》2004 年版设置了住宅、经济、环境、交通、健康、空气质量、遗产和文化等方面 20 多项关键绩效指标（KPIs）监测和评估城市发展质量，经济、社会、文化和环境等方面皆包括在内；其 2014 年版则强调以人为本、公平、繁荣、便捷和绿色发展等理念。

系统全面的全球性城市评价实践工作起始于 1993 年联合国人居署城市指标项目，该项目涵盖住房、健康、交通、能源、水资源供应、卫生和就业、公共参与、地方管制和妇女发展权益等领域，相关指标应用于 1996 年的《城市议程》和 2016 年的《新城市议程》，同时也成为联合国 2030 年可持续发展目标（SDGs）部分指标的源头。2002 年联合国人居署发布《世界城市发展报告》，编制发布城市发展指数。2022 年，联合国人居署发布《全球城市监测框架》，以服务 SDGs 和《新城市议程》的全球城市指标监测，涵盖了经济、社会、环境、治理等关于城市发展的多个方面，旨在监测和评估全球城市可持续发展状况，为衡量城市可持续发展提供了统一的框架和指标，目标是实现城市的安全、包容、韧性与可持续发展。

国外城市发展质量评价随城市发展阶段和发展重点的不同而有所侧重，为城市决策提供了全面的参考。现阶段呈现两大特征：一是评价内容通常包括城市创新力、社会包容性、环境可持续性等方面。二是评价方法更侧重于使用主观评价方法。

（二）国内城市发展评价

国内城市发展评价研究始于 20 世纪 80 年代，吸纳了国外城市发展评价的理论和实践成果，一开始就比较关注社会经济综合发展水平和城市环境质量。90 年代，国家统计局城调总队（现城市司）多次开展地级以上城市综合实力比较研究，使用的评价指标体系包括人口和劳动力、经济发展、社会发展、基础设施与环境状况 5 个一级子系统、19 个二级子系统及 50 个指标，基本采用市辖区统计口径。1998 年，南开大学郝寿义等提出一套包括综合经济实力、资金实力、开放程度、人才及科技水平、管理水平、基础设施的城市竞争力评价体系。2003 年开始，中国社会科学院倪鹏飞等连续多年出版《中国城市竞争力报告》。

进入 21 世纪后，随着可持续发展理念深入人心，以及生态城市、创新城市、宜居城市、紧凑城市、低碳城市、智慧城市等理念从国外传入，城市发展评价涉及的领域和范围逐渐扩大。1998 年，21 世纪议程管理中心提出了一套可持续发展指标体系，包含了经济、资源、环境、社会、人口和科教六个子系统共 83 个指标，旨在从多个角度衡量国家和地区的可持续发展水平。2001 年，中山大学许学强等开始开展城市可持续发展综合评价。2004 年，21 世纪议程管理中心和中国科学院合编《可持续发展指标体系的理论与实践》一书专章介绍城市可持续发展，介绍了 4 个国内外较为典型的城市可持续发展评价指标体系并分析了差异和特点。2005 年，中国科学院王如松等提出了生态城市指标体系与评价方法。2016 年，中国科学院张文忠等对宜居城市建设的理论基础、研究框架和评价指标体系等进行系统总结。近几年随着新冠疫情流行和我国双碳目标的制定，城市健康、城市韧性、城市低碳水平、城市活力、城市体检等成为新的评价研究热点。

国内城市发展质量评价起步较晚，是在我国城镇化水平不断提升过程中和城市持续发展中逐步丰富和完善起来的，评价的主要内容是城市建设、经济、社会和生态环境，其他方面发展方面的评价普遍薄弱，而且主观指标和微观指标使用较少。城市发展专项属性评价非常丰富，各种城市发展指数或排行榜层出不穷，城市竞争力、城市国际化程度、幸福城市、创新城市、宜居城市、智慧城市等等，部分城市发展评价影响较大。如第一财经的“城市商业魅力排行榜”[1]、中央广播电视总台等单位联合开展的《中国美好生活大调查》、新华社的《中国最具幸福感城市大调查》等。这些评价创新性较强，社会影响较大，但侧重点各异、不太全面，且部分评价权威性客观性存疑。

（三）城市发展评价应用广泛

城市发展评价不仅是学术研究的热点，也是很多国际组织、政府机构、社会组织和企业开展具体业务的常用手段，不同侧重点的城市评价报告或指数定期或不定期发布，产生了较大的社会影响。联合国人居署（2012 年开始）发布城市繁荣指数（CPI），基于生产力、基础设施、生活质量、公平与社会包容、环境可持续性以及城市治理与立法 6 个维度 72 个指标衡量全球 400 多个城市的繁荣程度和可持续发展能力。联合国（2015 年开始）SDG11[2] 从住房、交通、环境、公共空间、气候变化等方面建立指标对城市可持续发展进行评价和监测。2003 年中央文明委制定《全国文明城市测评体系》，开始开展首届（3 年一次）全国文明城市评选。经济学人智库（2011 年开始）每年发布的全球城市宜居指数（GLI），根据治安、基础建设、医疗水平、文化与环境及教育等 5 个维度的指标，评估全球 100 多个主要城市的生活宜居性。全球化和世界城市研究网络（GaWC）（2000

1. 2016 年，第一财经新一线城市研究所开始发布“中国城市商业魅力排行榜”的榜单，这一城市发展评价以近 200 个主流消费品牌商业门店数据、17 家各领域头部互联网公司和数据机构的城市大数据为基础，围绕商业资源集聚度、城市枢纽性、城市人活跃度、生活方式多样性和未来可塑性五大维度把中国大部分城市分为 1–N 级线。其中，榜单的一级与二级维度权重以新一线城市研究所专家委员会打分的方式计入，二级维度以下指标数据则采用主成分分析法。2024 年改为“中国城市魅力排行榜”，一级维度更新为：商业资源集聚度、城市枢纽性、城市人活跃度、新经济竞争力和未来可塑性，二级维度也有所修订更新。
2. SDG11 是 SDGs17 个目标中的第 11 个：建设包容、安全、有抵御灾害能力和可持续的城市和人类住区。

年开始）使用六大“高级生产性服务业机构”的分布为指标对全球主要城市进行分级。欧洲可持续城市框架（RFSC）通过5个维度和30个目标定义了未来城市的发展愿景，并为政策制定和实施提供在线工具。科尔尼全球城市指数对150多个城市的国际竞争力与发展潜力进行了系统评估。中国城市规划设计研究院（2019开始）发布全球活力城市指数，探讨全球城市在科学、技术、产业三个创新环节的表现。

一些城市评价相关的指标体系、工作流程、管理体系也越来越多地被规范化成为全球、国家或行业的标准和指南。国际标准化组织（ISO）发布了一系列与城市评价相关的国际标准，包括城市可持续发展指标体系（ISO37120）、智慧城市基础设施管理、评价和支持技术标准（ISO3715X）、城市可持续发展—韧性城市指标（ISO37123）等。近些年，我国政府在城市管理和城市规划实施过程中也出台了一系列城市评价（考核）指标体系或标准指南。例如，《国家园林城市标准》《国家循环经济示范城市（县）建设评价》《国家生态文明建设示范市县指标》《美丽中国建设评估指标体系及实施方案》《国土空间规划城市体检评估规程》等政府文件，以及《海绵城市建设评价标准（GB/T51345–2018）》《新型城镇化：品质城市评价指标体系（GB/T39497–2020）》《安全韧性城市评价指南（GB/T40947–2021）》《城市发展质量评价指标（GB/T40482–2021）》《新型智慧城市评价指标（GB/T33356–2022）》等国家标准。

概括起来，已有的城市发展评价指标体系最为核心的还是经济、社会和生态环境。有的学者在此基础上增加了人口质量、基础设施、居民生活、城市管理、就业、创新能力、土地、城乡一体化、智慧化水平、满意度等构成更加完善多元的指标体系。还有学者考虑了城市文化发展和制度建设，评价体系更加完善，但由于缺乏相关数据，具体评价难以操作。

国内外城市发展评价都是一个动态发展的领域，随着城市发展重点的不同和科技的进步，评价体系和方法也在不断地演变，但都是立足于各自的城市发展现状和发展重点，为城市规划、管理和发展决策提供了全面的参考。随着技术的发展，智能化城市评价系统逐渐兴起，为城市发展提供更加精准的数据支持。

三、城市高质量发展评价述评

近年来，我国城市发展进入注重质量提升的新阶段，高质量发展成为全面建设社会主义现代化国家的首要任务和新时代的硬道理，城市高质量发展的重要性日益凸显，城市高质量发展统计监测和评价成为当前城市工作和研究领域的热点问题。城市的高质量发展研究受到相关政府部门与学术

表 1 城市高质量发展评价指标体系

评价报告	评价机构及对象	评价指标体系
面向中国式现代化的城市高质量发展综合评价报告（2023）	西安交通大学，285 个城市。	客观评价体系以“条件—效率—结果”为框架，包括城市先天禀赋、城市后天努力（营商环境、政府治理能力和人居环境）、城市人口、经济、空间、社会和协同发展及其效率等 12 个维度近 190 项指标。 主观评价体系以“居民对城市高质量发展主观感受”问卷采用李斯特五级量表从城市基因、营商环境、政府治理能力、人居环境、人口发展、经济发展、空间发展、社会发展与协同发展等 9 个维度调研 200 多个城市居民对城市高质量发展的主观感受。
** 省（区、市）城市高质量发展监测报告	部分省统计局，省内城市。	多数设置综合、创新、协调、绿色、开放、共享等维度。
长江经济带绿色高质量发展指数（2023）报告	中国长江经济带发展研究院，110 个城市。	经济、生态、创新、质量发展 4 个一级指标，8 个二级指标，20 项三级指标
2023 年中国城市社会发展评价	华东理工大学，297 个地级以上城市。	一级指标分别为经济发展与民生建设、人口发展与社会潜力、生态文明与环境治理、社会治理与社会服务、文化教育与科技创新、公共医疗与居民健康、社会保障与社会救助。
2023 中国高质量发展评估报告	环球时报“中国城市高质量发展与国际合作大会”，直辖市和计划单列市。	创新活力、绿色生态、协调发展、开放合作、民生共享五个层面。
2022 年城市体检指标体系	住建部，59 个城市。	城市体检包含生态宜居、健康舒适、安全韧性、交通便捷、风貌特色、整洁有序、多元包容、创新活力 8 个方面 69 项内容。
中国中小城市发展报告 2022	国信中小城市指数研究院，城区常住人口 10 万 -100 万的城市。	包括综合实力、绿色发展、投资潜力、科技创新、新型城镇化质量等 5 个维度。
现代化成都都市圈高质量发展指数 2022	清华大学中国新型城镇化研究院、清华同衡规划设计研究院。国内 9 个头部都市圈。	城镇化基础、发展质量效益和同城化水平 3 个一级指标，其中发展质量效益包含创新、协调、绿色、开放、共享和安全韧性 6 个二级指标。
中国城市高质量发展指数研究报告（2021）	北京大学，2020 年地区 GDP 排名前 40 的城市。	经济发展、创新发展、协调发展、绿色发展、开放发展和共享发展 6 个一级指标和 20 个二级指标。
2021 中国城市竞争力报告 NO.19	中国社会科学院财经战略研究院，291 个城市。	包括综合经济竞争力、可持续竞争力、科技创新竞争力、社会和谐竞争力、城市经济活力竞争力、城市当地要素竞争力。
2021 中国城市高质量发展报告	壹城智库，297 个地级及以上城市。	综合、创新、协调、绿色、开放、共享和安全 7 个维度
2020 年中国城市高质量发展报告	21 世纪经济报道，35 个大中城市。	综合、创新、协调、绿色、开放、共享等六大维度、33 项二级指标，

界的广泛关注。

近年来，专家学者们围绕相关概念内涵、指标体系、评价方法、实证研究、发展路径等开展了内容丰富、方法多样的理论研究和评价实践。本文对其进行了归纳和整理，具体如表 1 所示。

（一）城市高质量发展的内涵

国外城市研究或管理者没有专门提出“高质量发展”的目标或倡议，但他们提倡的城市“可持续发展”与城市“高质量发展”有些类似。如 2011 联合国人居署发布的《伊斯坦布尔宣言》[3]、2014 年出台的 ISO37120[4]。近年来，国际城市规划实践也接连提出韧性城市、包容城市、健康城市、智慧城市等城市发展方向，基本以城市居民的实际感受与需求为发展核心，体现了国外城市发展的方向。

国内早就有学者试图阐释城市高质量发展内涵，尽管城市高质量发展内涵并未统一，但学者们一致认为城市高质量发展不能再以城市数量增长、城区面积扩大作为重点，而要以是否环境友好、资源节约、高效集约、居民生活满意度与幸福感提升作为新的评判基准，以人为中心的发展理念贯穿始终。

近年来，高质量发展成为时代主题和首要任务。相关机构、专家和学者也开始开展城市高质量发展工作或评价研究，大家多从新发展理念和城市构成要素等角度来进行剖析。

（二）城市高质量发展评价指标体系

1. 评价维度的确定

学术界在城市高质量发展评价维度确定方面主要有三种思路：一是从城市发展的核心载体角度出发，侧重于城市发展空间载体的发展评价；二是强调城市发展的构成要素及其协调性，注重从人口、产业、空间和社会等方面的发展评价；三是强调新发展理念，注重从创新、协调、绿色、开放、共享和安全等方面来评价。后者是当前学术界应用最多的一种评价思路。

2. 评价指标选取

指标的选择和确定通常基于文献回顾、专家咨询和实地调研等方法。城市高质量发展评价经常使用的指标包括人均地区生产总值、人均社会保障与就业支出、空气质量优良率、人均道路面积、人均可支配收入、人均预期寿命、城镇化率、单位面积地区生产总值、城乡居民可支配收入比等数

3. 认为城市应该是能够让人类过上有尊严、健康、安全、幸福和充满希望的生活的地方。
4. 标准对城市的可持续发展进行了定义和指标化，2018 的修订版则更加强调城市发展的综合性。

十甚至上百个。学者们经常通过一定的步骤选取评价指标，并通过多重共线性检查或专家筛选等步骤优化指标体系。

（三）城市高质量发展评价方法、流程

当前，城市高质量发展评价测度主要有投入产出效率评价和多层级综合发展评价两种方法，随着计算机普及和统计分析软件发展，多层级综合发展评价方法成为多数学者普遍采用的方法。城市高质量发展评价的步骤主要包括：确定指标体系、收集整理数据、指标数据处理（无量纲化等）、确定指标权重、计算综合评价指数及开展评价分析等。

计算方法主要包括两点：一是指标无量纲化处理；二是综合时权数的确定。常用的无量纲化处理方法主要有三种：直线型方法（有阈值法、Z-score 法和比重法等）、折线型方法（两折和三折线法等）和曲线型方法。城市高质量发展评价常用指标赋权方法有三种，分别是主观赋权法、客观赋权法和主客观相结合的组合赋权法。主观赋权法的共同特征是由有关专家通过研究决定，优点是可以集中专家集体智慧、工作效率较高，不足是很难找到客观的评价标准。具体方法包括层次分析法 AHP、权值因子判断表法、德尔菲法（专家打分法）、模糊分析法、二项系数法、环比评分法、最小平方法、序关系分析法、直接赋权法等，其赋权原理在于根据专家知识储备与经验来对指标权重进行主观判断。主观赋权法中，部分学者认为应该等权赋值，但大部分学者还是认为不等权赋值更加合理。客观赋权法的共同特征是权数由实际数据确定，优点是比较客观，不足是缺乏对研究对象的深入了解、容易偏离重点。具体方法包括主成分分析、因子分析、熵值法、变异系数法、均方差法、回归分析法等，其赋权的核心在于指标本身信息量和样本差异的驱动。部分学者还尝试使用神经网络等智能技术来对城市高质量发展进行评价，但其方法适用性由于样本量过小等原因而受到了诸多质疑。组合赋权法则是在指标体系不同层级分别使用主观或客观赋权法，或对比主观与客观赋权法的赋权值差异后进行权重调整，结合了中客观方法的优点，是当前大家普遍采用的方法。

（四）城市高质量发展评价数据和主体

城市高质量发展评价使用的宏观和客观数据通常来源于《中国城市统计年鉴》、各市统计年鉴、统计公报和政府工作报告等政府统计数据，中观和微观数据则基本来自社会调查或大数据。尽管社会调查数据或大数据可能存在信度和数据质量问题，但拓展了城市高质量发展评价维度，丰富了评价指标，显著提高了评价的效度。城市高质量发展评价使用的多是“全市”统计口径，也有“市辖区”统计口径和“城区”统计口径。

城市高质量发展评价主要有两类主体：学术界开展的城市高质量发展评价科学性和系统性较强，维度丰富，指标多元，但常常存在可行性低、权威性不足等问题。政府及相关部门，构建的评价体系大多是基于国家政策方针和社会经济发展需要，突出服务大局和决策咨询功能，理论性和创新性稍弱，但具有可行性高、可靠性强、影响力大等特征。而且近年来又将调查数据、主观指标或减分项纳入评价，保持权威性和可靠性之余，又提高了科学性和系统性。

四、结语：

总体来看，无论是国内还是国外发展评价研究，无论是针对发展还是针对城市发展的评价研究，评价基础都是经济社会发展现实，评价内容都经历了从注重物质经济到以人为本的转变，评价流程和方法日益规范先进，评价成果为我们开展城市高质量发展评价提供了充分的理论和方法借鉴。

（执笔人：张丽草）

城市高质量发展统计监测改革：历史、现状和未来

城市是我国经济、政治、文化、社会等方面活动的中心，在党和国家工作全局中具有举足轻重的地位，是推动高质量发展、推进中国式现代化建设的重要载体。城市统计是反映城市发展进程、监测城市政策效果的重要途径，多年来收集丰富的城市统计数据，取得丰硕的研究成果，为社会各界把握城市发展规律、科学管理城市、推动城市健康发展提供了重要的数据支持和决策参考。

近期，为深入贯彻落实党的二十大精神，更好服务高质量发展这一首要任务和城乡融合发展这一重大战略，贯彻落实《关于更加有效发挥统计监督职能作用的意见》，细化和深化全国高质量发展综合绩效评价工作，提高各级统计部门城市统计工作质量和服务水平，国家统计局开展了城市高质量发展统计监测改革。在深入开展调研、广泛征求意见的基础上，围绕城市高质量发展内涵，明确概念外延，聚焦城市发展重点，针对城市统计短板弱项，狠抓顶层设计，完善工作机制，重构统计监测指标体系，新建统计监测报表制度，优化数据来源和上报时间，加强审核力度提高数据质量，开展发展评价研究，试算发展指数，加强分析研究，全面推进各项改革任务。

为使大家充分了解这一改革，进一步凝聚改革合力，本文介绍了城市高质量发展统计监测改革的历史、现状和未来，即城市统计基本情况、历史变迁和存在问题，现阶段城市高质量发展统计监测改革进展和未来改革任务。

一、城市高质量发展统计监测工作简介

（一）城市统计和高质量发展统计监测工作简介

城市统计是国家统计局组织实施的以国务院正式批准设置的城市（包括直辖市、地级市和县级市）为统计对象，通过国家统计局正式年报统计报表制度按年度收集整理城市人口、经济、政治、

文化、社会和生态文明等方面资料[1]的一种统计调查。

城市统计主要包含两部分内容，分别由两家单位实施。一是城市司负责的《城市高质量发展统计监测报表制度》(原为《城市基本情况统计报表制度》)中的“城市高质量发展基本情况表”(G301–1表)，统计范围是全国地级以上城市。二是农村司负责的《乡村振兴统计监测一套表制度(试行)》(原为《县域社会经济基本情况统计报表制度》)中的“县(市)社会经济基本情况(G301–2表)”，统计范围是全国县级市。

（二）城市高质量发展统计监测工作特点

城市高质量发展统计监测工作由延续了几十年的城市统计工作改革而来，把城市作为一个个有机联系的整体来进行综合研究，研究城市发展各个方面，监督城市高质量发展各个维度，具有全面性、系统性、实用性和可比性等特点，和城市统计一样，城市高质量发展统计监测还具有以下特点。

1. 实施在地统计的原则。城市高质量发展统计监测按在地原则进行统计，统计范围包括城市辖区内的所有企业、事业单位和机关团体，无论其行政关系属于哪一级主管部门均应统计。如果有城市的城市资料统计范围不符合上述规定，应由当地统计部门收集资料，并据此调整范围后再填报，以保证全国城市统计资料的不重不漏和可比性。

2. 指标和数据来源于多个部门。城市高质量发展统计监测的指标体系是比较系统和全面的，指标和分类来自统计部门专业统计和部门统计业务。目前城市高质量发展统计监测报表制度的统计数据来自地方统计局、调查队、住建厅和民政厅等20多个部门。开展城市高质量发展评价时使用了个别部委的少量城市统计数据。

3. 统计口径主要是“全市”和“市辖区”1963年首次收集城市统计数据时使用的就是“市区和近郊区，不包括远郊区和市辖县”的统计口径。1975年的“国民经济基本情况(卡片)”调查，规定按照“全市总计(包括市辖县)”(后改为“全市”)和“其中市区(不包括市辖县)”(后改名为“市辖区”)两个口径填报数据。此后城市统计一直按照这两个口径收集数据。1997年“市县制度”改革后县级市只收集全市口径的数据，但2002—2012年间设“县级市社会经济基本情况补充资料”报表时，曾收集过“城区”[2](市人民政府所在建制镇)统计口径的数据。使用“市区”“市

1. 城市按照“在地统计”原则统计所得数据。

2.“城区”指城市实际开发建设、市政公用设施和公共服务设施基本具备的空间地域范围。但本文此处“城区”指建制镇。

辖区”或“城区”统计口径是为了剔除建制城市行政区域范围的非城市因素，剔除城市市辖县数差别造成的偏差，同时这种统计口径更接近西方国家的城市范围界定，便于国内外城市开展比较分析。

二、我国城市统计工作历史变迁

新中国城市统计的历史最早可以追溯到 1963 年。几十年来，随着城市社会经济的快速发展和城镇化进程的快速推进，我国城市统计工作从简单到复杂，从一次性调查到国家正式年报制度，从保密到公开，指标不断调整，体系不断完善，制度不断修订，组织单位和填报单位不断调整，经历了一系列的变迁和发展，可以简单概括为以下三个阶段。

（一）改革开放前的城市统计：比较简单、资料保密

1963 年，为服务国家调整方针和加强城市工作的政策，国家统计局布置了一次性调查，收集 39 个城市 1957 年、1960 年和 1962 年的 31 个国民经济主要指标，涉及工业、基本建设和城市公用事业、商业、财政、劳动、教育和人口等方面。1964 年，国家统计局使用《城市基本统计资料整理表》收集全国 166 个城市的统计数据，涉及人口、工业、农业、城市建设、商业、就业、教育和医疗等方面指标。这两次调查可以算是我国城市统计的起点，但受各种因素影响没有持续开展。

1975 年，为满足当时计划工作要求，国家计委（现国家发展改革委）统计组布置要求全部城市填报 1974 年“城市国民经济基本情况（卡片）”，当时指标共有 49 个，其中工业指标有 36 个。此后这项调查持续开展。当时这一报表设置在工业统计报表制度内，又称为“城市工业（卡片）”。这段时期的城市统计与现在城市统计差别较大，只能说是现在城市统计的雏形。

改革开放前城市统计由国家统计局综合或工业部门组织开展，地方统计局填报数据。由于当时国内外政治形势比较复杂严峻，这段时期的城市统计数据基本被定为保密数据。

（二）改革开放后至 2012 年：逐渐丰富、服务社会

改革开放后，我国国民经济逐渐步入蓬勃发展的新阶段，政府统计工作重新步入正轨，城市统计工作也迅速开展起来，成为国家正式制度并迅速发展，部分数据也逐渐向社会公开，为我国城市快速发展提供了重要的数据支持和决策支撑。

1979 年，国家统计局对“城市国民经济基本情况（卡片）”进行了重大修订，初步形成包括 8 个大类共 166 个指标的一项全国统一的制度，奠定了现在城市统计指标体系的基础。

1982 年，国家统计局在综合司内设城市统计专门机构，将制度名称修改为“城市基本情况年报”制度，正式纳入统一制定的国家统计年报制度，统计内容包括人口和土地面积、工业、农业、固定

资产投资、城市公用事业和环境保护、国内商业、文教卫、劳动工资、职工家庭基本情况和财政金融等 10 个大类，共 344 个指标。

1988 年，国家统计局将综合司城市经济统计处的任务及编制划归城调总队（城市司），为反映城市社会经济的综合发展，城市统计又增加了一些经济综合指标，包括国民生产总值、国民收入、外经贸和旅游等，指标大类达到 12 个，指标近 400 个。之后部分城市的城市年报的组织工作也因此陆续由各省（区、市）统计局转向各省（区、市）调查队，但 2005 年调查队系统改革之后又逐渐转回各省（区、市）。

20 世纪 90 年代，城市统计删减了按所有制、农业产值、零售业等分组的指标，增加了财政、环保、文体、城市用地等指标，指标大类增加到 14 个。然后很长一段时期制度的修订和调整基本上是在原框架上叠加或删减一些指标，对指标体系没有重新建构。

期间，城市统计工作内容曾有所扩展。1984 年 8 月，为及时反映沿海开放地区的经济发展动态，国家统计局收集 14 个沿海开放城市和经济特区城市 29 个指标的季度资料，之后指标有所增加。1990 年，“沿海开放地区城市主要经济指标统计表”列入局报表制度，按季报送我局并反馈各市，1995 年这一报表制度取消。2013 年，按照国家发展改革委、财政部、国土资源部和国家统计局联合印发的《资源枯竭城市转型年度绩效考核评价办法（试行）》，国家统计局开始开展资源枯竭城市转型监测统计，2021 年这一工作停止。20 世纪 70 年代末，“县农村社会经济统计卡片”（县卡）统计开始开展，最初只有农村基本情况、农业生产条件和农业生产情况三个方面的内容。之后随着经济体制改革和对外开放不断深入，社会各界对城市和区域社会经济统计资料的需求日益增多，各级政府统计和部门统计蓬勃发展，“县卡”内容也不断充实发展。“市县制度”改革将城市统计一分为二。1997 年，国家统计局建立统一的《市县社会经济基本情况统计报表制度》（简称“市县制度”），由城调总队负责地级以上城市统计，农调总队（农村司）负责县级市统计，资料共享。自此城市统计一分为二，并延续至今。2004 年，“市县制度”再次分为两部分，分别是城调总队的《城市社会经济基本情况统计报表制度》和农调总队的《县域社会经济基本情况统计报表制度》中的“县（市）社会经济基本情况”报表，延续至 2023 年。

1985 年，国家统计局开始整理部分城市统计数据编制出版《中国城市统计年鉴》并公开发行，至今这一年鉴仍然是国家统计局出版的重要统计资料，是城市规划和研究领域重要的参考资料。

（三）党的十八大以来城市统计：积极完善、探索改革

党的十八大以来，我国城镇化进程进入坚持以人为本、注重质量提升的新型城镇化阶段，城市也进入新的发展时期。2015 年中央城市工作会议提出了“五大统筹”顶层设计原则，提高了各方推动城市发展的积极性。

2017 年，针对城市统计中存在的问题，以习近平新时代中国特色社会主义思想为指导，结合中共中央、国务院深入推进新型城镇化建设和城市可持续发展作出的系列重大决策部署，依据“五位一体”总体布局内涵，遵循新发展理念，坚持全面性、可行性和层次性为基本原则，国家统计局重构了城市基本情况统计指标体系，将原来的 14 大类（行政区划、土地面积及水资源、人口与就业、综合经济、规模以上工业、交通运输通信与能源、贸易外经与旅游、固定资产投资、教育科技文化与卫生、人民生活、社会保障、公共管理、市政公用事业和环境保护）整合成 8 大类（行政区划、人口规模、资源环境、经济发展、科技创新、人民生活、公共服务和基础设施），当年指标数为 294 个。重构后，主要有以下几点改进：一是减少了分类，主体结构更加简明，更加清晰呈现新时代城市发展状况及趋势；二是将资源环境指标合为一类，便于展示生态文明建设情况；三是将科技创新单独分类，充分体现创新发展在城市工作中的重要作用；四是调整了人民生活指标的内容，着重体现以人为本，突出反映就业状况和人民生活质量情况；五是指标更加丰富和科学，新增指标体现了城市发展的最新成果。总体来看，这一指标体系更加全面、系统、科学和规范。但后续改革删减了大量统计指标，指标一度减至 189 个，但 8 大类的基本框架保持稳定。

综上所述，伴随我国城市社会经济快速发展，我国城市统计的指标体系一直处在发展变迁之中不断改革完善指标体系，适时增减修订统计指标，力求为服务城市发展、治理和研究提供更好的统计支撑。

三、我国城市统计存在的挑战和机遇

尽管城市统计改革持续推进，但新时代新征程，城市的战略地位和作用更加凸显，原有的城市统计已不能完全满足现阶段城市发展、治理和研究需要，显现出一些问题，面临着多重挑战，也迎来了发展新机遇。

（一）城市统计存在的问题与挑战

1. 城市定义不统一。我国城市定义主要有以下两种。一是行政意义上的城市定义。城市是指国家按行政建制设立的直辖市、地级市和县级市。目前最新的设市标准是2016年5月国务院出台的《设

立县级市标准》，设立地级市的标准则是1993年《国务院批转民政部关于调整设市标准报告的通知》（国发[1993]38号）中的《设立地级市的标准》[3]。二是统计意义上的城市定义。按照2008年国家统计局等七部委共同制定的《关于统计上划分城乡的规定》（国函[2008]60号，下文简称《规定》），"城区"是指在市辖区和不设区的市，区、市政府驻地的实际建设连接到的居民委员会和其他区域。"镇区"是指在城区以外的县人民政府驻地和其他镇，政府驻地的实际建设连接到的居民委员会和其他区域。与政府驻地的实际建设不连接，且常住人口在3000人以上的独立工矿区、开发区、科研单位、大专院校等特殊区域及农场、林场的场部驻地视为镇区。而"城区"加"镇区"即城镇地区，通常就是大家所理解的城市。

第一种定义非常清晰，区域相对稳定，易于开展统计研究和制定政策，我国城市管理、规划和政府统计均采用了这一定义，但这一定义是行政区划和地域概念，不仅包括以非农产业和非农人口为主的城市中心区，也包括大面积从事农牧业的农村或牧区，与大家对"城市"非"农村"基本认识相悖，易引起质疑。第二种定义兼顾了行政地域与实际建设，界定清晰，操作规范，《统计用区划和城乡划分代码》每年依据实际情况进行更新，比较符合社会大众认知。但其只是统计上划分城乡的依据，目前应用范围比较有限，只有人口统计、住户调查、教育部门和住建部门等部分统计使用了这一定义，而且部分部门统计还存在误用或不规范使用的情况。两种城市定义存在明显差别，但都在官方统计和文件中使用，容易引起误解或质疑。

2."市辖区"统计口径适用性有所降低。改革开放之前，基于当时控制大城市规模的城镇化政策，我国城市市辖区的设置一直保持从严、从紧的基调，市辖区数量仅增加了40个，年均增加1.4。其间城市统计使用"市辖区"统计口径是一种基于现实的、简便可行的操作，可以排除我国城市的非城市因素，衡量我国城市发展的基本情况。

改革开放之后，随着城镇化战略逐步转型，尤其是市管县体制全面推行，市辖区设置大大放松。通过撤地设市与地市合并，我国地级市和市辖区数量快速增加，但市辖区增加的数量远远大于城市增加的数量。1997年国家"冻结县改市的审批"，一些大城市纷纷通过撤县（县级市）改区来扩展其规模，由此县级市数量不断减少，市辖区数量持续增多。1978年至2003年，市辖区增加了437个，年均增加17.5个。2003年以来，国家收紧了县改市辖区的审批和部分市辖区合并，市辖

3. 据悉，地级市设立标准未变，但因为中央文件有新的要求，地级市设立标准实施中也有所调整。

区数量增速放缓，2004 年至 2012 年，市辖区共增加了 15 个，年均增加 1.7 个。2013 年，县改市再次启动，市辖区数量增速有所加快，2013 年至 2019 年，市辖区共增加了 93 个，年均增加 15.5 个。市辖区的大幅增加一定程度上是我国城市发展的必然结果，但是大量县、县级市改为市辖区使得市辖区中“农业”的成分增多，导致我国城市与国外城市概念的差别越来越大，城市统计中“市辖区”统计口径的适用性、历史性和国际可比性有所降低。

3. 城市统计指标体系有待进一步完善。一是总体框架仍然不太清晰。由于城市数据的统一性不足、可得性有限，现行指标体系还是基于原有的框架进行的修订，对“五位一体”来说在“政治”发展方面反映不足，对新发展理念来说“协调”“共享”方面的指标缺失，城市治理、城市现代化建设等方面的指标较少，仍然存在较大的改进空间。二是指标体系涵盖还是不太全面：城市基本情况统计的指标全部来自各城市统计机构和部门统计。地方部门统计主要受上级部门领导，存在统计机构不健全、职能弱化、数据质量不高和共享机制不完善问题，各城市部门统计的水平参差不齐，城市统计指标一再删减，难以涵盖那些最近开展的、比较新的指标，无法紧跟形势的发展，满足各方的需要。三是部分指标不太规范。个别指标名称不够规范，城市统计数据源自 20 多个部门，涉及多种统计调查制度，近年来各种统计调查都在积极开展现代化改革，指标不时发生变动，个别指标没能及时更新名称。个别指标由于认识不充分而没能明确统计口径。个别指标数据来源不够准确，机构改革正在逐步开展，个别指标的统计负责部门发生改变，若不及时了解相关信息可能会标错数据来源。

4. 数据收集不太及时、内容不够丰富。依据《城市基本情况统计报表制度》，我国城市数据的填报日期是次年的 6 月 1 日至 7 月 31 日。这主要是由于相关指标的确认数确定下来的时间比较晚，环保方面的部分指标甚至拖至 10 月底才能上报数据。但是各城市的统计公报及快报数基本上在 4 月份左右公布，相关研究机构或新闻媒体随即开展相关分析和报道。与之相比，城市统计数据比较准确和权威，但其公布和分析明显有些滞后。

尽管《城市基本情况统计报表制度》包含 8 个大类、100 多个指标，但与越来越丰富的城市统计数据相比，还是明显不足。而且我们城市统计收集的数据都是宏观数据，缺乏微观调查和舆情监测等数据。因此城市统计数据不能非常详细地描绘城市社会经济文化等方面发展的全貌，而只是一种“简笔画”。

（二）城市统计改革面临重要机遇

1. 中共中央、国务院高度重视统计工作。党的十八大以来，中共中央、国务院高度重视统计工作。习近平总书记多次就统计工作发表重要讲话、作出指示批示。中共中央、国务院印发《关于深化统计管理体制改革提高统计数据真实性的意见》《统计违纪违法责任人处分处理建议办法》和《防范和惩治统计造假、弄虚作假督察工作规定》《关于更加有效发挥统计监督作用的意见》等多部关于统计工作的文件。党的十九大、十九届四中全会就完善统计体制、发挥统计监督职能作用作出重要部署，党的二十大、党的二十届三中全会就“健全支撑高质量发展的统计指标核算体系”等统计任务提出明确要求。

2. 新型城镇化等对城市统计提出更高要求。《深入实施以人为本的新型城镇化战略五年行动计划》提出“要夯实城镇人口统计基础”“定期科学开展城乡划分代码调整”“探索开展城市城区常住人口年度统计”。《我国特大城市治理中的风险防控及政策措施建议》明确要求“建立健全城市人口等基础数据库”。习近平总书记强调城市治理要注重在科学化、精细化、智能化上下功夫，这需要更加丰富的城市统计数据做支撑。

3. 社会各界对城市统计数据需要更加广泛。城市统计数据全方位、多视角反映城市社会经济发展情况，除了用于反映城市政治、经济、社会、文化和生态发展情况，还被用于监测各部门和各地区贯彻重大政策措施的效果、评价各部门和各地区落实国家重大战略的进展等，是促进城市高质量发展和推进城市治理体系和治理能力现代化建设的重要基础，中共中央、国务院、有关部委等社会各界对城市统计数据提出了更多的需求。

4. 大数据和统计技术进步提供了必要条件。计算机和互联网技术的发展产生了表征城市经济社会各方面发展状况的海量大数据，政府统计的现代化建设使得城市统计数据更加科学、准确和可靠，数字政府和智慧城市建设使得政府行政资料更加丰富系统，各类研究机构对城市问题的研究使得城市统计数据更加多元，更加先进的统计技术和统计工具，更加丰富多元的城市统计数据，为城市统计探索推进改革提供了必要支撑。

四、我国城市高质量发展统计改革实践

近期，针对城市统计短板弱项，国家统计局在深入开展调研、广泛征求意见的基础上，围绕城市高质量发展内涵、聚焦城市工作重点、狠抓顶层设计，完善工作机制，重构统计监测指标体系，优化数据来源和上报时间，新建统计监测报表制度，加强审核力度提高数据质量，开展城市高质量

发展评价，试算城市高质量发展指数，撰写城市高质量发展系列报告，加强数据开发提高统计服务水平，全面推进城市高质量发展统计监测改革各项任务。

（一）重构指标体系、新建报表制度

1. 重构原则

（1）科学性原则。完整、准确、全面贯彻新发展理念，突出反映城市“创新、协调、绿色、开放、共享”发展成效，围绕监测目标选择代表性较强的指标，使指标体系能有效反映城市高质量发展。

（2）系统性原则。从体系构建、指标设置、数据整理、审核上报、开发使用等全流程进行重构。系统全面构建指标体系，充分反映城市发展全貌，同时反映宜居、韧性、智慧等新型城市发展成果。

（3）前瞻性原则。指标体系既立足当下，也兼顾未来，首先反映城市高质量发展现状，还要满足未来监测城市中国式现代化建设、共同富裕的需要，及时纳入新建的统计指标，密切关注新形势新要求，坚持与时俱进、动态改进指标体系。

（4）协调性原则。注重国家、省（自治区、直辖市）、地级城市三级统计机构以及城乡统计指标之间统计指标的协调性，同时与相关部门的相关统计指标保持协调一致。

（5）可行性原则。立足已有的城市基本情况统计指标体系，充分考虑各专业统计、部门统计和社会调查工作实际，高度重视指标数据采集的难易程度和质量问题，坚持充分论证，尽量选择相对成熟、易于收集、应用较广、便于实施的指标，舍弃无法获得准确数据的指标。

2. 新建制度过程

参考相关部委统计制度、公报和年鉴，借鉴城市发展评价和高质量发展评价成果，充分征求各方面意见，拟定了《城市高质量发展统计监测改革任务工作方案》，重构了指标体系，由原来的8大类（行政区划、人口规模、资源环境、经济发展、科技创新、人民生活、公共服务和基础设施）修订为9大类（城市概况、经济发展、科技创新、协调发展、绿色生态、对外开放、社会共享、基础设施和城市治理），增加了100多个指标，删除了部分指标，指标数增至261个。增加了数据辅助信息，形成《城市高质量发展统计监测制度（试行）》。

3. 新建制度特点

一是基本框架更加清晰，突出对创新、协调、绿色、开放、共享新发展理念的反映，基本体现新型城市发展的特点，更加符合城市高质量发展的基本内涵。二是指标体系更加全面完整，新增指标加强了对城市更新、人民城市、安全、韧性、和数字化等方面发展情况的反映，综合了近期国家统计、部门统计和地方统计的最新成果，指标体系的科学性、系统性、前瞻性、协调性和可行性明显提高。三是指标来源取得重大突破，多方征求意见后确认了从部委层面获取城市数据的可行性，明确了利用相关部委或部门行政记录或大数据优化数据来源改革方法制度的工作思路。四是工作时间显著优化，上报时间大幅提前，开始时间由6月1日提前至3月1日，截止时间由11月20日提前至5月31日，数据分析和上报时间也相应提前加强，显著提高统计监测数据和报告时效，为城市高质量发展提供更加有效的统计支持。

（二）有序组织数据上报、加强数据审核

国家统计局组织各地认真做好数据收集、上报任务，夯实城市高质量发展统计监测工作根基。一是统筹谋划，提前做足功课。考虑到今年是新制度执行首年，新增指标较多，各方面都有一个适应的过程，国家统计局组织各地开展指标上报时间摸底调查，提早下发工作通知布置工作任务。二是加强数据上报审核。加强业务培训力度，规范数据填报流程，强化数据审核强度，采用多渠道数据开展评估验证，完善数据审核机制，首次使用相关部委城市统计数据交叉对比验证城市上报数据，着力提高统计数据真实性。

（三）开展发展评价、测算发展指数

国家统计局遵循科学性、系统性、独立性、前瞻性、可行性和简便性等原则，积极开展城市高质量发展评价研究，先后完成指标体系确定、评价数据收集整理、指标数据处理（无量纲化等）、指标权重确定、发展指数计算及分析报告撰写等工作任务。

一是确定评价指标体系和测算方法。城市高质量发展评价指标体系包含综合质效、创新发展、协调发展、绿色发展、开放发展和共享发展6个维度，共35个指标，其中大部分指标来源于城市高质量发展统计监测指标体系或由其再加工，少量评价指标使用其他部委的行政记录数据、调查数据或大数据研究成果。综合权衡多种方法，使用历史数据反复试算，最后确定使用比较主流的阈值法进行指标数据的无量纲化处理，采用主成分分析和定性分析相结合的组合赋权法方法确定指标权重，并对试算结果进行了专家评估和研讨改进。二是正式测算发展指数，撰写分析报告。使用2023年数据测算城市高质量发展指数，基于指数和统计监测数据组织撰写城市高质量发展系列报告，报送信息并编制出版《中国城市高质量发展监测报告》。

五、我国城市高质量发展统计改革未来展望

尽管城市高质量发展统计监测改革取得一定成效，但仍然存在一些问题和挑战。我们要坚持问

题导向，认真分析问题的主客观原因，深刻认识解决这些问题的难易程度，统筹各方面资源和力量，积极探索解决之道，在直面问题、破解难题中不断打开新局面，持续提高城市高质量发展统计监测工作水平，为统计现代化改革和高质量统计建设做出应有的贡献。

（一）积极完善城市高质量发展评价

城市高质量发展评价首次开展并取得成效，但毕竟是首次，经验不足，可能存在一些问题和错漏，我们已经解决了“有没有”的问题，接下来将继续推进改革重点解决“好不好”的问题。从工作实践看，我们将继续推动各地提高城市统计工作水平，夯实城市统计数据质量根基，丰富城市统计数据资源，持续完善城市评价指标体系，优化指数计算方法，加强城市发展各方面的分析研究，提高城市层级的统计服务水平。

（二）系统谋划城市统计口径改革

由于目前《规定》并未充分发挥其统计地理单元的作用。后续我们将充分借鉴国外“都市区”等统计口径实践经验，以现行《规定》为基础，与自然资源部、住建部等相关部委充分合作，系统谋划，多方调研，周密设计，使《规定》能够得到充分应用，使年度《全国统计用区划代码和城乡划分代码》在统计工作中得到实施操作，切实把“城区”和“镇区”和“乡村”作为各专业统计和部门统计的基础单元，由此完善城乡相关统计、监测和研究等各项工作，更好服务我国城乡融合发展战略和中国式现代化建设目标。

（三）逐步开展城市发展各方面系列评价研究

在逐步夯实城市高质量发展统计监测数据质量的基础上，按照中国式现代化和共同富裕建设的要求，或是智慧城市、韧性城市、宜居城市、绿色城市、海绵城市、健康城市等新型城市建设的需要，逐步构建开展城市有关方面发展的评价指标体系。无论开展哪一方面的城市发展评价研究，都应充分借鉴已有研究成果，理清政策演进脉络和要求，明确概念内涵和操作化外延，构建科学可行的指标体系，立足城市高质量发展统计监测数据，兼顾其他数据源数据，科学计算发展指数，全面监测发展程度，客观反映发展问题，为全面提升城市发展质量提供优质的统计服务。

（四）探索建立健全城市统计数据库

目前城市统计数据来源众多，确保数据质量存在一定挑战，需要各部门各地区各城市的通力合作才能实现。建立健全的城市统计数据库是实现城市高质量发展和城市现代化治理的重要基础。后续将整合统一地级以上城市和市辖区的城市统计业务，建立国家统计局牵头、各部委和各地区统计局参与、各城市和市辖区负责的城市统计数据库工作组。市辖区统计部门和有关部门、各城市统计部门和有关部门负责数据填报、维护和解释本部门生产的统计数据；各城市统计部门负责验收并审核所辖市辖区的统计数据；各部委负责审核本专业各城市的统计数据；各地区统计局负责审核本地区各专业的统计数据；国家统计局负责数据库的组织架构、方案制定和总体管理，使得城市统计数据库能够最大范围综合各城市政府统计的统计数据，能够最大限度整合各城市社会调查数据和大数据，为我国新型城镇化和城乡融合发展战略顺利实施、城市治理体系和治理能力现代化建设快速推进提供充足的统计支撑和信息服务。

（执笔人：张丽萍）

后 记

2023年是全面贯彻党的二十大精神的开局之年，是实施“十四五”规划承上启下的关键之年，也是全面建设社会主义现代化国家新征程起步之年。为全面贯彻落实党的二十大和二十届二中、三中全会精神，客观、准确反映我国城市高质量发展情况，推动城市发展不断取得新成就，我们组织编写了此书。

砥砺奋进新时代，昂首阔步新征程。新时代新征程，要以改革激发活力，以创新驱动发展，走高质量发展之路，奋力谱写中国式现代化新篇章。作为经济社会发展的重要综合性基础性工作，统计工作也应把改革创新作为事业发展的不竭动力，在守正创新上实现新作为。过去两年多时间，全国城市统计系统在国家统计局党组领导下，凝心聚力，勇毅前行，全力以赴做好城市高质量发展统计监测改革攻坚任务，各项工作取得新进展新成效。呈现在您面前的这本《中国城市高质量发展监测报告》，就是城市高质量发展统计监测改革的重要成果之一。

《中国城市高质量发展监测报告2024》的成稿饱含着全国各级城市统计系统工作人员的辛勤付出。国家统计局城市社会经济调查司负责全书的组织策划，并撰写了总报告和附录。各省（自治区、直辖市）统计局和部分典型城市统计局撰写了本地报告，北京、辽宁、浙江、山东、河南、广东、湖北和陕西等地统计局撰写了区域报告，天津、内蒙古、上海、江苏、山东、河南、广东和陕西等地统计局参与了书稿校审，中国统计出版社有限公司对本书的编辑出版给予了大力支持。在此，谨向支持帮助本书编辑出版的各位同仁致以衷心感谢！让我们以此共勉，共创城市统计事业美好的明天！

编　者

2024年9月